怎样当好
现代幼儿导师

顾国荣　编著

主　编：顾国荣

副主编：文　君　李立华　谭敦梅

编　委：王　林　高美桃　娄明九

　　　　龚桂萍　刘开莲　顾　野

中国书籍出版社
China Book Press

图书在版编目（CIP）数据

怎样当好现代幼儿导师 / 顾国荣编著. —北京：中国书籍出版社，2016.3

ISBN 978-7-5068-5488-7

Ⅰ. ① 怎… Ⅱ. ① 顾… Ⅲ. ① 幼儿教育—教育研究 Ⅳ. ① G612

中国版本图书馆CIP数据核字(2016)第068098号

怎样当好现代幼儿导师

顾国荣　编著

责任编辑	张　娟　成晓春	
责任印制	孙马飞　马　芝	
出版发行	中国书籍出版社	
地　　址	北京市丰台区三路居路 97 号（邮编：100073）	
电　　话	（010）52257143（总编室）　（010）52257153（发行部）	
电子邮箱	eo@chinabp.com.cn	
经　　销	全国新华书店	
印　　刷	北京睿和名扬印刷有限公司	
开　　本	787毫米×1092毫米　1/16	
字　　数	300千字	
印　　张	22.75	
版　　次	2016 年 6 月第 1 版　2016 年 6 月第 1 次印刷	
书　　号	ISBN 978-7-5068-5488-7	
定　　价	39.50 元	

全国教育科学规划教育部重点课题"农村幼儿教师供给保障机制研究"（课题批准号 DHA110246）研究成果。

献给立志做好幼儿教育工作的广大幼儿导师和现代父母及父母的父母们！

全国教育科学"十二五"规划教育部重点课题"农村幼儿教师供给保障机制研究"（课题批准号 DHA110246）

总课题组

| 前　言 |

　　理念决定方法，方法决定内容和结果。

　　幼儿教育理念决定幼儿教育的方法、内容与结果。

　　怎样运用前沿的、先进的幼儿教育理论，科学地开展幼儿教育工作，使幼儿健康快乐地成长，这是每一个现代幼儿家长、幼儿教师及每一位幼儿教育专业的大学生不得不思考的问题。而本书，就是对解决此类问题的一次有益尝试。

　　本书从介绍国内外流行、先进的幼儿教育理念入手，提出了当代幼儿教育工作者应具备的现代幼儿教育理念、方法。

　　全书分上下两篇。上篇为理论篇，是幼儿教育的教育理论。下篇为幼儿教育的实践操作方法与内容，由有多年幼儿园实际工作经验的在职园长、教师编写。

　　书中有流行于国内外幼儿教育领域内的主要教育理念综述、简评、建议；有课题组几年来研究我国幼儿教育现状所得的成果；有幼儿教育工作者及家长应该注意和掌握的幼儿教育理论与方法；有幼儿园不可或缺的安全保障策略；有幼儿提出的一千多个疑难问题与回答策略；有可供幼儿教师使用一到三年的幼儿故事、诗歌、英语短句精选；有幼儿入园、离园路上亲子间的谈话技巧等内容；还有以主题形式编写的当前幼儿教育领域流行、实用的幼儿教育活动、游戏所需的教学操作文字方案；有从全国各地幼儿园搜集到的先进、环保的幼儿园手工作业，教具玩具及室内设置介绍插图范例上百幅。

　　参加本书编写的有湖南省常德市教育局原学前办王林主任（负责第四章），深圳市晶晶教育集团课程总监谭敦梅（负责第十一章编写与十一至十四章组稿）、督导运营中心总监娄明九（负责第十二章），资深园长龚桂萍（负责第十三章），深圳市英皇幼儿园副园长高美桃（负责第十四章），江西省赣州市中心幼稚园园长刘开莲（负责第六章、第十五章），以及湖南幼儿师范高等专科学校学前教育系副教授文君（负责第八章及本书文字综合）、李立华（负责第九章及校稿）、顾国荣（负责绪论、第一、二、三、五、七、十六章及全书统稿），英语国家留学生顾野（负责第十章）。书中所有图片除另加说明者外均为顾国荣在课题调研时所摄。

本书在编写过程中得到了湖南师范大学杨莉君教授多次精心指导、大力支持与帮助，得到了我国大陆学习华德福教育第一人黄晓星先生、多元智能理念的首要翻译与推动专家北京工商大学沈致隆教授等多位专家对相关章节编写的指导。在此，对这些专家们表示衷心的感谢。

本书在调研过程中得到了湖南省教育科学规划办李小球副主任，湖南省常德市教育科学研究院研究员刘忠义，湖南幼儿师范高等专科学校的赵星、郭立纯、骆绍华、赵淑君、张爱华、梁平、杨锋、刘军、周咏波、邓萌、周启山、申象珍、肖丽俐、邓小菊、赵竞、双立珍、鲁道辉、孙碧艳、周先利、唐磊、罗玲等教授的帮助。

得到了湖南省、陕西省、四川省、山东省、福建省、广东省、湖北省、广西壮族自治区等省教育厅，湖南省邵阳市、岳阳市、湘西自治州、郴州市、常德市等市教育局的大力支持。

还得到了湖南文理学院、吉首大学师范学院、山西晋中师范专科学校、湖南长沙师范专科学校、湘南幼儿师范专科学校、湖南民族职业技术学院、邵阳师范学校的特别支持。借此也对这些专家和教育厅、局、院校的领导表示衷心的感谢。

由于时间仓促，作者水平所限，材料的搜集容有未周，具体的分析或有不当，错误之处在所难免，所研究的结果和主张的理念恐难完全正确。敬请读者提出宝贵意见，以便改正提高。

主　编
2015 年 12 月

目 录

前 言

上 篇 育儿理念

绪 论

一、家长对幼儿园寄予厚望 ················· 4

二、逐渐被重视的幼儿教育 ················· 5

三、宏观层面监管乏力的市场化幼儿教育 ·········· 5

四、微观层面家长、教师欠缺理念而不知所措的幼儿教育 ··· 6

第一章 幼儿园的起源与国外主要幼儿教育理念

第一节 西方主要国家幼儿教育的兴起与世上第一家幼儿园 ······ 10

第二节 国外主要幼儿教育理念 ················· 11

一、玛利亚·蒙台梭利的幼儿教育理念 ·········· 11

二、"瑞吉欧集体教育"理念 ··············· 31

三、霍华德·加德纳的多元智能教育理念 ········· 37

四、多湖辉的"父母是关键因素"的教育理念 ······· 47

五、华德福的个性化教育理念 ·············· 55

六、皮亚杰的阶段性与榜样的教育理念 ·········· 60

七、奥尔夫的原本性音乐教育理念。 ··········· 64

第三节 国外幼儿教育理念发展趋势 ·············· 67

一、幼儿教育中心由智育向整体发展转移 ········· 68

二、幼儿不分班级教育的形式将长期发展 ········· 69

三、幼儿教育社区化，出现多形式、多功能、综合性发展 ··· 69

四、幼儿教育倡导多元化 ··············· 70

第二章　国内主要幼儿教育理念

第一节　现代教育家陶行知、张雪门、张宗麟幼儿教育理念概述　72

一、陶行知的生活教育与创造教育 …………………………… 72

二、张雪门的行为课程论和幼稚师范实习论 ……………… 73

三、张宗麟的社会教育论 …………………………………… 75

第二节　陈鹤琴的主要幼儿教育理念 ………………………… 76

一、用观察实验法系统研究幼儿心理发展 ……………… 76

二、陈鹤琴的幼儿观 ………………………………………… 76

三、陈鹤琴的教育观 ………………………………………… 79

四、陈鹤琴的教师观 ………………………………………… 81

五、陈鹤琴与时俱进的新中国幼教理念 ………………… 81

第三节　我国当前幼儿教育理念现状分析 ………………… 83

第三章　当前我们推崇的幼儿教育理念

第一节　自然教育理念 ………………………………………… 86

一、从航天员成长看自然教育 …………………………… 87

二、3～6岁幼儿自然教育的一般方法： …………………… 91

第二节　尊重教育理念 ………………………………………… 93

一、幼儿选择学习内容的观点 …………………………… 94

二、教给幼儿知识时的观点 ……………………………… 95

三、对幼儿传授技能技巧的观点 ………………………… 96

四、对幼儿行为规范进行教育的观点 …………………… 97

五、对待幼儿智能差异的观点 …………………………… 98

六、尊重教育的方法 ……………………………………… 99

七、幼儿教师改称为幼儿导师更显贴切与尊重 ……… 102

第三节　完整教育理念 ……………………………………… 102

第四节　赏识教育理念 ……………………………………… 103

第五节 多元教育理念 ……………………………………… 104

一、办园主体、形式、理念要中外结合、兼收并蓄、多元

并存 …………………………………………………… 105

二、教育内容要古今通用、中外并存、虚实结合、深入浅出

………………………………………………………… 105

三、教育方法要以游戏为主、形式多样、尊重兴趣与自由 105

第六节 母亲教育理念 ……………………………………… 107

一、父母亲的自身素质直接影响幼儿发展水平 ……… 108

二、我国急需加强父母亲教育培训 …………………… 108

三、提倡父母亲自己教养幼儿是发展的方向 ………… 108

第七节 我们推崇的幼教"三观" …………………………… 110

一、幼儿观 ……………………………………………… 110

二、幼儿教育观 ………………………………………… 110

三、幼儿教师观 ………………………………………… 111

第四章 合格的保育员是不可或缺的幼儿导师

第一节 保育工作的概述 …………………………………… 113

一、保育工作是幼儿教育活动的首要内容 …………… 113

二、保育工作由保育员与教师共同完成 ……………… 114

第二节 合格保育员的基本素质要求与提升途径 ………… 115

一、保育员职业道德的内涵 …………………………… 115

二、保育员提高自身职业道德修养的主要途径 ……… 117

第三节 保育工作的发展趋势 ……………………………… 119

一、保教统一是幼儿教育发展的必然趋势 …………… 119

二、提高保育员自身素质，提升保育工作质量是幼儿园发

展不可或缺的保障 …………………………………… 121

第五章　身心安全是幼儿园的工作重心

第一节　幼儿身心安全内容与措施 …………………………… 123

第二节　幼儿教育机构要建立一系列安全制度并落实到实处 … 125

一、建立幼儿健康检查制度 ……………………… 126

二、建立并落实幼儿园安全防范制度 …………… 126

三、建立环境卫生管理制度 ……………………… 128

四、建立幼儿园食品卫生安全管理制度 ………… 128

五、建立门卫岗位制度 …………………………… 129

六、建立幼儿外出活动工作规范 ………………… 129

七、幼儿园要有规避伤害事故的措施和工作预案 …… 129

下　篇　育儿方法、内容

第六章　上下幼儿园路上的亲子谈话艺术

第一节　幼儿入园前的功课与亲子间话别技巧 …………… 134

一、做好幼儿入园前的功课 ……………………… 134

二、上园路上亲子间的话题要讲艺术 …………… 135

第二节　离园回家途中亲子间的谈话艺术 ……………… 136

一、要说鼓励的、肯定的、正面的话题 ………… 136

二、少说消极的、否定的、批评的话题 ………… 136

三、要信任自己的孩子，对其做得好的多点赞，这是我们

要特别强调的 ……………………………… 137

四、多谈容易回答的具体话题或在幼儿园里的生活细节 137

第七章　幼儿的疑难问题与回答策略

第一节　难题的由来与汇总 ……………………………… 140

第二节　汇总分析难题 …………………………………… 182

一、对幼儿提出的难题按两种分类方法进行分类汇总　182

二、幼儿的难题所反映出的很多问题 ·················· 182

第三节 解决现代幼儿难题的策略 ·················· 185

第八章 儿歌精选

一、动物篇 ······················· 189

二、植物篇 ······················· 189

三、食物篇 ······················· 190

四、节日篇 ······················· 190

五、自然篇 ······················· 191

六、四季篇 ······················· 192

七、家庭篇 ······················· 192

八、生活篇 ······················· 193

九、游戏篇 ······················· 194

十、手指篇 ······················· 194

第九章 幼儿园常用故事精选

一、童话故事 ······················· 197

二、益智故事 ······················· 207

三、历史故事 ······················· 220

四、品德故事 ······················· 228

五、民间故事 ······················· 239

第十章 幼儿常用英语短句精选·················· 248

第十一章 社会领域主题活动文字方案·················· 256

第十二章 科学领域主题活动文字方案·················· 268

第十三章 健康领域主题活动文字方案·················· 277

第十四章 艺术领域主题活动文字方案示例·················· 282

第十五章 奥尔夫音乐活动文字方案·················· 297

第十六章　幼儿园教具、玩具、手工设计经典范例

　　第一节　自制幼儿园教具、玩具精选 …………………… 302

　　　　一、巧做绳龙、手鼓教具 …………………………… 303

　　　　二、别致有趣的幼儿健身圈 ………………………… 305

　　　　三、巧用废物做低碳教具 …………………………… 306

　　第二节　幼儿手工作业精品范例 ……………………… 316

　　　　一、利用一次性纸杯子、纸筒、纸片为主料的手工作品317

　　　　二、易拉罐类手工作品 ……………………………… 321

　　　　三、一次性餐具制作的作品 ………………………… 323

　　　　四、蛋壳类手工作品 ………………………………… 325

　　　　五、纸盒与纸质类手工作品 ………………………… 327

　　　　六、废旧酒瓶类手工作品 …………………………… 330

　　　　七、奶瓶、奶盒、塑料瓶子、瓶盖制作手工作品 … 332

　　　　八、废旧碟片、泥塑、纸塑类作品 ………………… 335

　　　　九、食材、食品类手工精品 ………………………… 339

　　　　十、幼儿心中的小角、杂院 ………………………… 340

参考文献 ……………………………………………………… 342

后　　记 ……………………………………………………… 349

本篇主要从宏观层面上介绍了当前我国幼儿教育的简要现状及存在的主要问题；幼儿园的起源；当代幼儿教育的主要理念。其中着重介绍了蒙台梭利教育理念与目前我国最流行的多元智能幼儿教育理念的相关内容；国内陈鹤琴等主要专家学者的幼儿教育理念；提出了当前与今后一段时间我们应持的幼儿教育理念；提出了幼儿的保育重于教育，幼儿的安全高于一切等观点。

上篇

育儿理念

| 绪 论[①] |

一般来说，凡是能影响幼儿身体成长和认知、情感、性格等方面发展的有目的的活动统称为幼儿教育。狭义的幼儿教育特指幼儿园和幼儿教育机构对幼儿实施的有目的、有组织、有计划的活动。

目前，"幼儿教育"与"学前教育"二词混为一谈的现象随处可见。有的文件、文章说的是"学前教育"，要完成的却是"幼儿教育"工作；甚至一句话中也是两词混用，人们把二词理解为了一个意思。但是详细分析，二者内涵是有区别的。"学前教育"是一个宽泛的概念，包含了"幼儿教育"。 当前政府大力发展的主要是"幼儿教育"的内容。理顺二者关系有助于彰显"幼儿教育"的原貌。

"幼儿教育"词条概念在 1936 年版《辞海》中解释为"施于未达学龄儿童之教育也，……为初等教育之一阶段。"在 2009 年版《辞海》中解释为"亦称学前教育，……入小学前的幼儿在教养机构所受的教育。……"2012 年版《现代汉语词典》对它的解释为"对儿童进行的教育，……"

"学前教育"词条在 1936 年版《辞海》中找不到，1980 年版《辞源》也没这个词。2009 年版《辞海》中对"学前教育"解释为"即幼儿教育"。1979 年版《现代汉语词典》释为"对学龄前儿童进行的教育（参看幼儿教育）。"[②]

---

① 绪论的主要内容曾发表于《教育教学论坛》，2013 年 8 月第 32 期
② 中国社会科学院语言研究所词典编辑室编 . 现代汉语词典 [Z]. 商务印书馆，1979：1296.

在英语中"preschool education""infant school""infant Preschool"等词都可直译为"学前教育"，其中"preschool education""infant school"等也可意译为"幼儿教育"①。

冯晓霞教授认为："学前教育"一词是我国在 20 世纪 50 年代中后期学习苏联时引进的，来自于俄语 Дошкольное воспитание。在俄语中，школа 意为小学，加前缀 До 和形容词后缀，构成了"小学之前的""接近小学的"意思。在苏联，儿童心理学将 0～1 岁称婴儿期；1～3 岁先学前期；三至六七岁称学前期。因此，20 世纪 70 年代以前，学前教育的概念是狭义的，仅指对三至六七岁儿童的机构教育。之后，由于心理学对 3 岁以前儿童学习能力的新研究成果，也由于社会的需要和管理的方便，开始出现了托幼机构联合或合并的趋势，此时，学前教育一词也开始被在广义上使用。广义的学前教育指的是入学之前儿童的教育，即 0～6 岁儿童的教育。在这个概念下的学前教育机构包括托儿所（0～3 岁）和幼儿园（3～6 岁）②。

从工具书对这两个概念的解释可以看出：在我国，"幼儿教育"一词比"学前教育"出现得早，用得多、直观易懂，适合汉语习惯；后者出现得迟，基本可以认定是由外文直译而来。

从时间范围上理解分析："学前教育"的"学前"，字面分析是指上学学习以前的时间段。可以理解为上小学以前的一至三年这个时间段，也可以指更早的婴儿期，甚至包括胎教和婚前教育期，还可以指几十岁的文盲上学校前的时期。不论是指谁，这段时间长短都不确定，且学校前还有小学前、中学前、大学前。"幼儿教育"的"幼儿"指幼小的儿童。目前，我国与多数国家将三至六七岁的人称幼儿。从时间上看"学前教育"包含"幼儿教育"。

① 濮阳翔主编.英汉翻译辞典 [Z].山东友谊出版社，2000：1324、1421.
② 摘自北京师范大学冯晓霞教授主持的教育部重点课题"21 世纪中国幼儿教育管理体系与政策研究"总报告

从内容上理解分析：如果把"幼儿教育"理解为小学前一至三年的教育，"学前教育"理解为"上小学学习前"的教育，则"学前教育"在内容上包括了"幼儿教育"。前者是"大"概念，后者是个"小"概念，是前者中的一个部分或一个阶段。如果没有特别说明二者相互替代，或者用"学前教育"替代"幼儿教育"，造成后者的内涵与范围扩大，时间提前、延长，使后者隐没于前者之中，那么"幼儿教育"的重点、主题会分散混淆，使其工作内容扩大，就会增加"幼儿教育"工作实施的难度。

因此，尽管当前"学前教育"的说法有超过"幼儿教育"的趋势，为了准确、简洁，本书仍使用"幼儿教育"这一概念。

幼儿教育主要有家庭幼儿教育和社会有组织成建制的幼儿园教育。前者自古代就有，它伴随着人类社会发展的全过程；后者在我国始于1903年清朝《奏定学堂章程》即"癸卯学制"颁布后所建武昌模范小学堂的蒙养院。[①]本书所说幼儿教育主要指狭义的对三至六七岁幼儿有组织成建制地幼儿园教育，在其中工作的人员称幼儿教师或幼儿导师。

我国的幼儿教育尽管起步稍晚一些，但经过陶行知、陈鹤琴等一大批教育家的努力也有较快的发展，人们对幼儿园也有了新的认识。近几十年来，由于各种原因，我国的幼儿教育经历了一波三折的发展历程。

一、家长对幼儿园寄予厚望

每一个刚刚当上父母的现代青年，都想把自己的子女教育好，让他们成为社会的栋梁；每一位刚当上爷爷奶奶、外公外婆的现代老人都想帮助自己的子女教育好孩子。为了培养孩子成才，他们不辞辛劳，呕心沥血，倾其所有，但是往往很难取得期望的成效。究其原因就在于他们缺乏科学的幼儿教育理念。他们想学习，但是一是要忙于生计，没有时间；二是面

---

① 有人认为"中华第一园"是创建于1898年，现存于厦门鼓浪屿永春路83号的厦门市日光幼儿园，但其前身为英国基督教长老公会的"怜儿班"，算作我国首创的幼儿园有些牵强。

对千千万万、浩如烟海的幼儿教育资料又不知从哪儿学起，哪些适合自己，只好抓住一种就用，谁说好就用谁，很难找到一本汇集了当今主要先进幼儿教育理念，又很有实际操作性的指导和保障用书。所以，多数家长都不惜重金让幼儿上自认为最好的幼儿园，把希望寄托于幼儿园和教师。

二、逐渐被重视的幼儿教育

1994 年以来，由于我国经济转型和体制调整，幼儿教育被推向了市场。失去了政府的经济支撑与保障，幼儿园发展的制度基础和幼儿教育公平性受到了巨大的冲击，多数原有企业、事业、部门单位和农村集体组织等公办幼儿园转向民办，走入市场。一段时间内，由于制度不健全、管理松散等诸多原因，大量幼儿园经营不善，纷纷倒闭。这一时期，幼儿教育事业大幅度滑坡，更谈不上幼儿教育理念和教育方法的运用与研究了。

近十年来，随着经济的发展，多方呼吁终于唤醒了人们对幼儿教育的重新认识和重视。各种政策的扶持、鼓励使幼儿教育有了大的调整与发展。特别是近年来我国幼儿教育的两个"三年行动计划"的连续实施，政府加大了政策和资金支持，各类幼儿园才如雨后春笋，遍地开花。

幼儿是家庭的希望所在，也是国家的前途和希望所在，而幼儿的教育又具有基础性、普及性和难以补偿性的特点，因此，幼儿教育的重要性对于家庭和国家来说意义重大、影响深远。这一认识已逐渐得到了全体家长和整个社会的认同。

三、宏观层面监管乏力的市场化幼儿教育

随着幼儿教育的蓬勃发展，幼儿园硬件现状也大为改观。但是幼儿教育过程中"幼儿教育小学化""虐童事件""校车事故""药儿园事故"等人为问题又层出不穷，屡禁不止。原因何在？经过对多个案例解剖，我们认为宏观层面上主要是教育理念出现了偏差。办园主体在社会化后，扭曲了办园宗旨，办园就为赚钱，为了盈利，在利益驱使下无视法律法规，

不择手段降低成本而减少教师待遇。幼儿教育"管理体制政府职责定位不清晰、各级政府与政府各部门间权责划分不合理、管理机构和人员设置不健全、督导制度不完善"①。政府财力又有限，不能将幼儿教育全部纳入义务教育阶段等等是主要原因。

四、微观层面家长、教师欠缺理念而不知所措的幼儿教育

在微观层面，教师队伍素质欠缺，家长急功近利不懂幼儿教育的理念。我们在幼儿园调查发现没有几位教师能清楚表达自己的教育理念。新任教师尽管在学校学习了零零碎碎的幼儿教育知识，如唱歌、跳舞、弹琴、画画等等，但不知这些知识如何恰当地综合性地用到现实工作中去，也就是没有整体的教育理念，只知道零散的、局部的、单项的、机械地教幼儿做，不知道为什么要这样做。家长交了不菲的入园费，为了获得回报，众多家长就用测试自己的幼儿在园学习内容的多少和教师布置了多少家庭作业来评价幼儿园的优劣（幼儿学会的字越多，能算的数越多，家庭作业越多就是好幼儿园）。评价不高就要将幼儿转园。为迎合家长，多数园只能被迫模仿小学以教幼儿知识为主。如此，出现把幼儿"灌醉"、养成"胖子"、铸成"废品"现象就不足为奇。

经过调查统计，当前幼儿园所持教育理念大约有如下三类：

一是模仿型。随着我国对外开放政策的不断扩大，国外幼儿教育理念对国内幼儿教育的影响也越来越深。很多有一定经济能力的幼儿教育机构、幼儿园对这些理念多方位、全角度地学习和模仿，造成当前我国幼儿教育一窝蜂地追捧和模仿国外幼儿教育潮流的现象。他们盲目采用所谓国外先进的幼儿教育理念，忽略中外文化的差异，一味地模仿，很少考虑本土适应性。在教学方法上简单仿效，粗制滥造的多。

二是小学型。这种现象随处可见，主要是农村幼儿园和规模不大的低

---

① 范明丽，庞丽娟.当前我国学前教育管理体制的主要问题、挑战与改革方向 [J].学前教育研究，2013（6）：3.

收费园。由于它们经济能力不强，教师队伍来源庞杂，能力水平有限，又受家长要求的裹挟，为了生存需要只好满足家长要求，采用小学教学模式与方法，课室、幼儿座位、教学内容、方式等与小学无异。

三是"开拓"乱搞型。少部分有雄厚经济实力或为哗众取宠扩大影响的幼儿园，自认为幼儿园就是要有华丽的外表、高端的装饰，深奥新潮的口号，没有或欠缺独立的判断力，或者自己独创一些理论，以开拓的名义乱搞幼儿教育。从幼儿园开设的课程来看，课程内容的难度不断地加大，远远超出幼儿的承受能力和理解力。有的幼儿园则过度地以成人的世界观和思维来度量幼儿教育的内容，使幼儿教育内容严重成人化，忽略幼儿身心特点，甚至出现了在幼儿园举行幼儿集体婚礼的幼儿主题活动这种极端个案。

还有不少幼儿家长受当前应试教育和要赢在"起跑线"思想的影响，对幼儿教育的认识方面存在着较大误区：把幼儿教育等同于幼儿智商教育，如识字、算术、学外语等单纯语言文化知识的学习；盲目地攀比幼儿在园学习文化课的成绩，忽视对幼儿的生活、品德、意志、兴趣、性格、习惯等非智力因素的培养。并且，幼儿园为了生存不得不迎合家长的要求而做。家长们这种过分强调对幼儿智商的培养，而忽视对幼儿情商地培养，不注重幼儿体、德、智、美等的全面发展的错误观点，将严重影响幼儿的健全人格的形成。

据观察，部分幼儿在幼儿园是这样过的：冬天，早上6点就要起床，极不情愿的被家长带到乘车地点，送上挤满幼儿的园车里(因为幼儿园规模大、覆盖范围太大，园车数量不够，所以部分距离幼儿园较远的幼儿只得提前乘车)，到幼儿园后进课室内活动。由于内衣在车上汗湿透了，没有更换湿透的内衣，致使多数幼儿整个冬天常常反复感冒、流鼻涕、咳嗽。幼儿在幼儿园吃的是缺乏有力监管的食物，学的多数是小学的内容，到下午4点开始陆续被送回家里，还要写家庭作业。

理念改变方法，方法决定内容，内容预示成败。幼儿教育方法是否适合幼儿发展规律取决于幼儿教育理念，只有树立了正确的幼儿教育理念才能形成合理教育方式，进而取得良好的教育效果。

为此，我们从借鉴当前国际上流行的、公认较为科学的幼儿教育理念为出发点，参考在深圳等一些经济发达地区流行的幼儿教育方法，结合教育部重点课题组近三年多来的调查研究成果，提出一些汲取各家之长，且符合我国国情的幼儿教育理念、方法。但愿能为广大幼儿教育工作者和家长教育幼儿提供理念保障与支撑，也能成为具体操作方法上的育儿指南与参考。

| 第一章 |
幼儿园的起源与国外主要幼儿教育理念

本章内容导读

　　简要介绍了幼儿园的起源，以及国外主要的、对世界幼儿教育有影响的幼儿教育理念；重点综述了玛利亚·蒙台梭利、"瑞吉欧集体教育"、霍华德·加德纳、鲁道夫·斯坦纳的幼儿教育理念，并对这些幼儿教育理念进行了简要分析，以便读者了解和开拓性地借鉴与运用。

第一节　西方主要国家幼儿教育的兴起与
世上第一家幼儿园

1769 年，法国慈善家、教育家奥伯尔林 (J F.OberLin，1740 ~ 1826) 在法国施泰因塔尔创办了欧洲第一所幼儿学校，对近代法国幼儿教育的发展具有开创性意义。

1802 年，英国以欧文 (Robert Owen 1771 ~ 1858) 为代表的一批空想社会主义者进行社会与教育改革实践，在苏格兰纽兰纳克创办了首个幼儿学校，这是近代英国幼儿教育的起点。

1837 年，德国幼儿教育家福禄培尔 (Friedrtch Wilhelm August Frobe1，1782 ~ 1852) 在其故乡卡伊尔霍附近的勃兰根堡开办了一个发展幼儿活动本能和自我活动的机构，同时创制了一套儿童游戏用的"恩物"（上帝设计恩赐给儿童进行自主活动的材料）及其使用说明。开始时，他曾想把这个机构取名为"婴儿职业所"或"育婴院"，但都觉得不妥而没有确定下来。后来，他和他的助手米登多夫等人在树林中散步时，从所看到的花草树木在花园中自然生长的自然乐趣中得到启发，就决定用 Kindergarten（幼儿园）一词来命名自己创办的幼儿教育机构。他把幼儿的活动场所比作花园，把幼儿比作花草树木，把幼儿教师比作园丁，把幼儿的发展比作花草树木被培植的过程。1840 年 6 月 28 日，他正式将 Kindergarten（幼儿园）这一名词公布于世，同时这也标志着世界上第一所幼儿园的诞生。它是世界上第一个有目标，成建制地教育学龄前幼儿的组织。在园内，福禄培尔不像之前的幼儿教育机构对孩子们进行单调的操练，更不体罚，他经常带幼儿到大自然中去，并同他们一起在花园或室内劳动。他注重培养孩子们的动手劳作技能和集体活动的能力。经过几年的实验，他建立了较完整的幼儿园教育体系，并倡导幼儿园运动。他的幼儿教育理论和实践对世界各国幼儿园的发展以及幼儿教育理论体系的形成和发展产生了广泛的影响。因此，

福禄培尔也被尊称为"幼儿园之父"。

1855 年，美国最早的幼儿园建成于威斯康星州的维特镇，是由德国舒尔茨夫人（M.Schurz，1832 ~ 1876）在她的私人住宅中开设的。这个幼儿园主要是为因参加反对普鲁士政权的 1848 年革命遭到反动当局政治迫害而逃离德国，移居美国的移民子女开办的，并采用德语教学。

第二节　国外主要幼儿教育理念

具有现代意义的幼儿园诞生虽然还不到 200 年，但对幼儿进行教育的探索和思考却是广泛而深远的。本书主要综述幼儿园出现后在园内进行教育所涉及的几种重要的具有代表性的教育理念。

一、玛利亚·蒙台梭利的幼儿教育理念

蒙台梭利（1870 ~ 1952）是意大利著名的教育家。她从事幼儿教育工作 60 多年，对幼儿教育进行过长期的实验研究，并提出自己独特的见解，形成了独到的幼儿教育理念及体系。其理念对世界各国的幼儿教育有巨大、长期的影响，目前仍流行于世界各国。

现今，世界各地有 100 多个国家引用了蒙台梭利教育法（以下简称蒙氏教育）。蒙氏教育正式进入中国并开始广泛推广始于 1994 北京师范大学"蒙台梭利教育中国化实验研究课题"的正式启动。目前，蒙氏教育理念中的部分观点已在我们的幼儿教育政策和策略中得到运用，有些还成为了我们的幼儿教育政策指南。例如，尊重、热爱幼儿；幼儿教育应当涉及幼儿的全部，而不仅是传授知识；要求教育者要仔细观察幼儿，在了解幼儿的基础上采取教育措施；重视幼儿教育科学研究，主张用实验的方法研究并促进幼儿的发展；要注意幼儿的感觉与动作的练习相结合，在练习的

过程中锻炼幼儿的独立性。她所设计的教学设备、教具及学习材料，很多至今仍被很多幼儿园所采用。

（一）蒙台梭利的著作及其理念在我国的发展。

1909 年，《运用于幼儿之家的幼儿教育的科学教育方法》（又名《蒙台梭利方法》）一书问世，这是蒙台梭利对自己创办的"幼儿之家"的一次经验总结。

1912 年，蒙台梭利发表《高级蒙台梭利方法》。此书是《蒙台梭利方法》的续集，主要运用于 7 ~ 11 岁的学龄幼儿，共分两卷。第一卷为《教育中的自发活动》，第二卷为《蒙台梭利初等教具》。

1914 年应美国教师、家长和教育家请求，为指导教师设计制作教具而发表《蒙台梭利手册》。1929 年发表《教会中的儿童》。1934 年出版《童年的秘密》。1946 年发表《新世界的教育》。1948 年发表《开发人类的潜能》。1949 年发表《有吸收力的心理（现也译作"心智"）》《和平与教育》《人的形成》。1950 年发表《儿童的发现》。

1914 年，蒙氏教育理念传入我国。当时江苏省成立了"蒙台梭利教育法研究会"，1923 年，国立北平女子师范大学附属蒙养园，开办了两个蒙氏教育班。

20 世纪 30 年代，由于我国政治局势动荡经济落后，幼儿园的数量极其少且多由外国教会开办，同时国内也没有生产蒙氏教具的厂商，因此幼儿园根本无力进口国外教具，也无法推行蒙氏教育。

1949 年新中国成立初期，全面学习苏联，以苏联的幼儿教育模式改造中国的幼儿教育，并且把西方国家的幼儿教育思想及幼儿教育家均视为资产阶级性质，持批判、否定的态度。因此，蒙氏教育被全盘否定。

改革开放以后，随着经济的快速发展和对外开放脚步的加快，蒙氏教育又重新焕发了活力进入人们的视野。1985 年，我国出版了由卢乐山教授编著的《蒙台梭利的幼儿教育》一书。1990 年和 1993 年相继翻译出版了

蒙台梭利的四本专著，即《童年的秘密》《有吸收性的心理》《蒙台梭利教育法》《教育中的自发活动》。

1994年，北京师范大学与台湾蒙台梭利启蒙研究基金会合作引进蒙氏教育的研究项目，北师大实验幼儿园及北京市北海幼儿园成为该项目的实验基地。

1996年，我国第一家生产蒙氏教具的公司成立。与此同时，北京、宁夏等地蒙台梭利幼儿园也相继开始了蒙氏教育的实验研究。

蒙台梭利于1929年亲自创建蒙台梭利协会，总部设在荷兰阿姆斯特丹，这个组织每隔四年开一次世界性的会议。2005年第25届大会在悉尼召开，中国第一次组团参加大会。2008年开始，得到了浙江省相关部门的支持，在浙江开设了培训基地，协会派专家过来培训。

进入21世纪以来，我国幼儿教育得到了蓬勃发展。中国蒙台梭利协会（Chinese Montessori Society，CMS）也随之成立。2003年7月在青岛举办了我国首期国际蒙台梭利教师资格证书培训，CMS在中国开始大批量培养蒙氏教育骨干。

（二）蒙台梭利的主要幼儿教育理念

蒙台梭利一贯主张重视人的早期教育，认为幼年的教育影响幼儿的一生。她相信幼儿有天然的内在潜能，强调幼儿个性的自由发展，反对成人（教师、家长）对幼儿过多的干涉和指责，认为教师的任务只在于为幼儿提供适合其发展水平的物质环境和教学材料（教、玩具），任幼儿自主地学习，在学习过程中观察、了解幼儿，只在必要时再给予适当的引导等等。因为本书主要探讨3～6岁幼儿的教育问题，所以这里主要只介绍蒙氏在此年龄段的主要教育理念。

蒙氏教育理念主要体现在上述各蒙氏著作中，概括起来主要有以下几点：

1. 蒙台梭利的幼儿观（对幼儿的认识）。

她认为幼儿具有一种很强的、天赋的内在潜伏能力和继续发展的积极力量。幼儿的心理有以下几个特点：

（1）幼儿具有独特的心理准备期且很长。蒙台梭利认为人和动物都是在适宜的环境中自然生长和发展的。人和动物的不同只在于动物的本能动作协调是一生下来立刻就表现出来的，而人并不是生来就能做到动作协调。人的本能是在成长的生活中逐渐显现出来的，是通过自己和环境交往的经验建立起来的，从而发展人的个人行为。这个发展时段比已知的任何生物都长，是在共同依赖的社会关系中实现的。她认为动物用以表现其本能的工具是已经具备的，而人则还必须自己创造工具。

（2）幼儿有吸收（接受）力的心智（潜能）。

她认为幼儿的成长是受内部潜能的驱使，而并不是被动接受知识的空容器，不可任凭成人和外界环境去填补和塑造。她认为幼儿的发展既不是成人所强加的，也不是由遗传得来的，而是幼儿自己利用他周围的一切塑造了自己。幼儿通过他与周围成人的密切接触和情感的联系，积极从周围环境中获得各种印象和文化模式，以此成为幼儿心理，并逐渐从新生儿发展到成人。

她认为大人在面对一项新的事物时，可以借用旧经验来学习，而幼儿是从完全黑暗的母体滑进这个全然不同的世界的，没有任何经验，智力也还没有成熟。幼儿有吸收的心智这项内在力会驱使他潜意识地从环境中大量地、全面地吸收，就像照相机的感光底片一样，将外界的印象全部摄入，然后内化成自己的东西，也就是从无到有地快速吸收、累积、储蓄。这种潜意识的摄取，大约到3岁以后，便会转变成有意识的吸收。

总之，幼儿是在吸收心智驱动下进行学习，不仅与大人不同，速度更是惊人的快，幼儿正是通过这种能力，才能从无到有地奠定智力的基础。

（3）幼儿的发展有敏感期（关键、重点期）。她从生物学的观点出发，认为幼儿心理的发展也有各种敏感期，在发展过程中也经过不同的阶段，并且每个阶段都有某种心理的倾向性和可能性显示出来。在特定的敏感显露期内，官能如果能够得到及时的满足，就会快速地发展。过了这一时期，

其敏感性则会消失。当然这种敏感显露时间的长短和出现的迟早是因人而异的，不能一概而论，也无法使之提前或延迟。这就是为什么幼儿在生活的某一时期，对相关物体或练习活动表现出高度的积极性和兴趣，并学得较快的原因；而过了这个时期幼儿的积极性和兴趣就会消失，再进行相关教育活动幼儿会学得很慢或学不会，也就是常说的不可补偿性。因此，幼儿教育就要重视敏感期，且还要针对幼儿的不同年龄特征和幼儿的个别差异来进行。

（4）幼儿是发展变化的。她认为幼儿的心智发展既不是单纯的内部成熟，也不是环境、教育的直接产物，而是幼儿自身和环境交互作用的结果。她指出创造良好的环境，采取正确的教育措施，及早进行教育，丰富幼儿的经验，可以消除和防止幼儿智力落后的现象。她提倡早期的教育，尊重幼儿自身发展的特点，反对用成人的思想不适当地妨碍幼儿的心理发展。

2.蒙台梭利的教育观（对教育的认识）。

（1）环境育人。她认为教育的基本任务是使每个幼儿的潜能在一个有准备的环境中都能得到自我发展的自由；认为适应环境是幼儿一切智能成长的原因，所以幼儿成长环境很关键。她认为幼儿教育有两方面的目的：一是生物的，一是社会的。生物的是帮助个人身体的自然发展，社会的是为环境准备个人，使个人能适应并利用环境。而教育的任务是使二者结合，使每个幼儿的潜能在一个有准备的环境中都能得到自我发展。成人的主要职责在于承认、培育和保护幼儿自身的能力，主要负责提供一个适宜幼儿生长的有准备的环境，并确保幼儿发展的自由。

（2）生活育人。幼儿教育活动要与实际生活相联结。实际生活泛指的是一种幼儿手脑结合、身心协调的活动，是幼儿现实生活中的部分或片段，也就是常说的游戏活动。因此，当幼儿严肃地做自己那个游戏时，其实他是在学习成人的一切正确行为。

（3）要独立成长。幼儿渴望摆脱大人的摆布和干涉，发展他自己的生命，成为一个未来的社会人。她认为幼儿必须靠自我建设、自我教育和独立地奋斗来达到自我表现。此观点有两层含义：一是独立是幼儿成长为一个人的目的；二是独立代表幼儿各项生理、心理功能上开始成熟。

幼儿成长的路相当漫长，不是一蹴而就，要靠幼儿自身不断地促使生理、心理功能独立成熟，这样才能成为合格的独立的人，才有能力靠着自己的努力，完成生命发展中需要的各种活动。成长规律在幼儿生命的开始时就已经存在。在规律中，幼儿个体为了成长会不断地显露出内在需要，驱使幼儿主动地去接触环境．以满足其成长。

独立成长论在当前独生子女的教育中很值得我们借鉴。孩子开始学习走路，就是尝试独立的开始。孩子一出生，生理的各项功能尚未健全，心智也还没有成长，当然无法独立生存，他必须靠着亲人的照料，提供给他生存的必需品，才能一天天长大。幼儿自然而然地朝向独立，朝向成长前进发展。他一步步地会爬、会走、会跳，渴望脱离大人的摆布，使用自己的双手去触摸这世界，以自己的双脚走向自己想要去的地方。这不仅是孩子天天想把自己变成大人的一种向往，也是所有生物自然发展的内在力量。我们大多数的父母（父母的父母）对子女呵护得很仔细，什么都帮他们安排得好好的、做得好好的，看起来是父母的爱心，实际上却抹煞了许多孩子自我成长的机会。因此，教师、父母等大人帮助幼儿要适量。比如说看孩子穿衣戴帽的动作很慢，母亲忍不住抢过来帮他穿戴好，这种行为其实很不好，因为你不仅仅是剥夺了一次孩子学习的机会，更重要的是妨碍了他的独立成长。父母应该在教第一次后大胆的放手，让孩子自己做他可做的一切事情。可能刚开始会很慢、很笨手笨脚的，但那是一项幼儿天赋的工作，应该视为幼儿正在学习。我们的父母们在帮助孩子时要记住四"最"要诀：用最小的担心、最少的指导、最大的耐性、最多的鼓励引导幼儿自己去做。

（4）利用幼儿的需要、兴趣和意愿很重要。她认为幼儿只有自由选择所能、所喜的事物来探索，才会有兴趣学习，也才能产生学习意愿。因为幼儿们所选择的，一定代表着他们内在有某种特别的需要和兴趣。

（5）先书写后阅读。她认为幼儿的读写能力有其一定的发展规律，

而且幼儿的书写行为的发展早于阅读（此观点颇有争议）。

（6）对幼儿奖、惩有害。她认为奖惩对幼儿的学习不能产生诱因，这种办法只能鼓励儿童从事那种不自然的或被迫的行动，不能促进他们自然的发展。教育人是不应当使人屈服于压力的。当前这一点很值得我们成人思考。

（7）感觉以训练为教育。其主要目的是通过训练幼儿的注意、比较和判断的能力，使幼儿各种感觉器官的感受性更加敏捷、准确、精练。

（8）纪律教育要通过游戏活动来进行。在教育活动（游戏活动）中把自由与纪律、活动与教育协调起来，要求幼儿以不损害集体利益和不冒犯或干扰他人的前提下予以充分的自由。在此前提下幼儿不受任何人干扰。

3. 蒙台梭利的教师观（对幼儿教师的看法）。

（1）幼儿教师必须接受专门的训练，以便掌握、运用幼儿教育理论和方法。

（2）幼儿教师是引导员、观察员、指导员。幼儿教师的主要作用是引导幼儿的心理活动和身体的发展。在教育活动中幼儿是主体、是中心，幼儿全神贯注地从事各自的工作，独立操作，自我发现，自我教育；教师只是幼儿活动的观察员和指导员。这与当前多数幼儿教育活动中教师自编、自导、自演，幼儿呆坐、静听、接受的以教师为主体的师幼观有根本上的不同。

4. 蒙氏教育的最终目的。

蒙氏教育认为，通过正确的教育方式可以以促使幼儿的行为和思想趋向正常，使教育呈现全面性的秩序化。通过教育可以使幼儿安定、诚实、懂礼貌，能够正确使用自由、不使自己犯错、做守规矩的孩子，在自由中守纪律、听话进而从根本上改变没受教育的孩子在一起时的杂乱、不听话、自私、吵闹、心神不定、幻想等不良现象。

（三）"幼儿之家"的创办及蒙氏教育法在其中的运用

蒙台梭利当初办"幼儿之家"主要是为解决住在贫民区公寓中有幼儿的家庭的困难。住在这里的父母们为了生计通常两人都需外出工作以养家，小孩子留在家里没有人照顾管理。闲散的孩子在贫民区到处乱画墙壁、弄坏东西，甚至还搞恶作剧。公寓所有者就提供一间大房子给蒙台梭利，由她创建"幼儿之家"作为对幼儿进行管理和教育的场所。

蒙氏教育法就起源于她开办的"幼儿之家"，其全部要点就在于让幼儿手与脑的联合动作，可分为日常生活教育、感官教育、文化语言教育、数学教育等四个方面。在这里以环境为大载体，训练孩子的手眼协调，做事聚精会神，并让幼儿体验独立的滋味，且能有秩序地完成一件工作。同时也借着四肢的活动，使幼儿的人格、智能、体能、身心各方面都能同时得到发展。

在"幼儿之家"除保障幼儿在生理上的发育外，还从教育学的立场研究幼儿个别差异，让他们接受各种练习，使其从事有助于感官训练且与生活、礼仪有关的片段；同时还要编制许多适合幼儿生活的教具，供其学习。

"幼儿之家"具体操作和教育方法是这样的：

1. 首先制作并公布如下"幼儿之家"的章程[①]，并要求家长做到。

"幼儿之家"的章程规则

罗马改善住宅协会在贫民住宅楼内××号建立"幼儿之家"，凡居住在该楼家庭的学龄前幼儿均可送入。

"幼儿之家"主要目的：向必须离家上班而不能自己照看孩子的父母提供免费服务。

"幼儿之家"将根据幼儿不同年龄特点进行教育。促进其身心健康、全面发展。

"幼儿之家"设有女教师、医生、保育员各一名。

"幼儿之家"教育活动与时间表由教师安排。

楼内所有3～7岁幼儿均可进入"幼儿之家"。进入"幼儿之家"

---

① （意）蒙台梭利著，任代文译.蒙台梭利幼儿教育科学方法[C].人民教育出版社，1993：96.

的幼儿家长不需交费，但必须保证做到如下几点：

（1）准时将孩子送往"幼儿之家"，保证孩子身体、衣服整洁，并有合适的围裙。

（2）尊重并听从"幼儿之家"的指导教师及其他工作人员指导，在教育活动中与指导教师密切合作。幼儿母亲每周至少与指导教师交谈一次，提供孩子家庭生活情况，听取指导教师的建议。

有如下情形者，将从"幼儿之家"除名：

（1）孩子送来时未经梳洗或衣着不整洁者；

（2）父母不守章程屡教不改者；

（3）父母不尊重"幼儿之家"工作人员或有不良行为破坏"幼儿之家"者。

2. 做好有准备的教育环境

（1）"幼儿之家"环境准备的理论基础。蒙台梭利认为遗传无法完全决定人一生的智或愚，后天的环境对人出生后的智能发展有大部分的影响。环境就像人类的头部，影响着幼儿的整体的发展。环境对个人的影响实际上远比遗传重要，它甚至可以决定一个人的智愚和成败；后天良好环境的影响能够弥补个人先天的不足，诱发内在的潜能，使可凶可善的人性向正常化的方向发展。适应环境是万物的一种本能，人也不会例外；幼儿的内在潜能在环境的刺激、帮助下发展起来，是个体与环境之间相互作用的结果。由于现代社会生活环境极其复杂，许多地方对幼儿并不适宜，一个孩子出生后要适应这样的世界，取得经验，也就需要成人的帮助。为此，必须在成人和幼儿的世界之间建立一座有准备的环境这座"桥梁"。

（2）"幼儿之家"的环境标准和要求

必须是有规律、有秩序的生活环境；能提供美观、实用、对幼儿有吸引力的生活设备和用具；能丰富幼儿的生活印象；能为幼儿提供感官训练的教材和教具，促进幼儿智力的发展；可由幼儿独立地活动，自然地表现，并意识到自己的力量；能引导幼儿形成一定的行为规范。

"幼儿之家"达到了这样的环境标准和要求，但没有十分固定的形式，没有一定的规格，可以按经济情况与客观环境而定。主要是幼儿来之前准备好场地并布置好环境：教室的设备包括教室内既稳定又轻便的木制桌椅，每个教室有一排专门设计的装教具的矮长柜，橱门易开，孩子们自己照管教玩具；黑板上端挂一些精选的优美图画，能自然地引起孩子们的兴趣；教室里的另一侧设一用品齐全、放置低的洗手间，以 3 岁小孩也能使用为宜；有一个带植物园的大操场．它与教室直通，孩子们整天都可以随便自由进出。

总之有准备的环境就是一个符合幼儿需要的真实环境，是一个供给幼儿身心发展所需活动、练习的环境，是一个充满自由、关爱、营养、快乐与便利的环境。

3. "幼儿之家"的纪律教育方法。

她认为幼儿纪律必须遵循通过自由活动而获得教育的原则。幼儿的自由活动应以不损害集体利益、不冒犯或干扰他人、对他人没有不礼貌或粗野行为为限。如果有，则教师才能且必须加以制止。

4. "幼儿之家"中教师授课要求。

教师授课必须简单、明白、客观、准确。

5. "幼儿之家"中实际生活练习方法。

在幼儿之家要制定符合当地特点的春、冬季作息时间表，包括适于幼儿身体特点的食品、饮料制作及进餐分配、肌肉操练，自然教育，体力劳动等都需要全面周到的考虑、准备与安排，如扣扣子、系鞋带、农业劳动、动植物培育、泥塑和建筑等活动。我们认为这些练习能弥补目前我国独生子女教育中的一些不足，有助幼儿生活自理能力的提高，值得借鉴。

6."幼儿之家"及蒙氏教育中重要的幼儿感觉训练方法

用各种教具有目的有计划地训练幼儿的触觉、热觉、听觉、味觉、嗅觉、压觉、色觉等是蒙台梭利方法的中心环节和基础。《蒙台梭利方法》一书用1/4的篇幅来论述感觉训练教育。她认为，对于幼儿来说刺激吸引着他的注意，因此感官教育符合幼儿心理发展的需要，是重要的；她还认为智能的培养首先依靠感觉，感觉练习是初步的基本的智力活动。通过感觉的练习使幼儿对事物能辨认、分类、排列顺序；算术、书写、言语，甚至实际生活能力、良好秩序的规范都由感官教育引出。通过感官训练可以在早期发现个别幼儿在感觉机能的某方面所存在的欠缺，以便及时治疗和纠正。

感觉训练既为幼儿将来的实际生活作准备，又是幼儿接受知识和发展智力的基础。其训练目的是发展生命力。幼儿通过反复的感觉练习改善对不同刺激的感觉能力。当然，我们要注意蒙氏感觉训练活动与教具对正常幼儿和缺陷幼儿的刺激反映是不一样的，同一教具对缺陷幼儿可能起到训练作用，对正常幼儿只能产生自动训练的效应。

感觉训练有如下步骤和要求：

第一步，让儿童认清物体的相同属性，建立感知觉与物体名称的联系。根据幼儿对不同的感官刺激存在不同敏感期的原理，将感官训练细分为触觉、视觉、听觉等的训练。每种训练单独进行，并特制了一套教具（超过26种），供感觉练习之用。

第二步，认清物体的不同属性，认识物体和它对应的名称。让幼儿根据自己的意愿和进度选择教材、教具，并自行操作。感觉训练要给幼儿活动的自由，教师尽量不予干涉，以激发幼儿的内在动机，同时使教具与幼儿的敏感期相配合，达到最好的学习效果。蒙氏教具可以通过教具让幼儿进行自我教育，可以控制幼儿活动的错误，还可以促使幼儿进行自我纠正。

第三步，识别相差较小的物体属性，记住物体的名称。用整套感觉训练教具及其外形如形状、颜色、大小、声音等的不同，按幼儿的水平和兴趣，对幼儿进行有等级、有顺序、有系统的，由浅入深、由易到难、由少到多等的刺激，以进一步引起幼儿的自由反应和自导学习。

她还利用节奏练习来促进幼儿动作的协调，发展节奏感。练习的方法是要幼儿在音乐中走路、跑步和跳跃；让幼儿按乐调做出不同的乱跑乱跳。经过多次练习后逐渐具有了强烈的节奏感，并可随着各种音乐翩翩起舞。

她非常重视幼儿生活能力的培养和日常生活课程，其意义不仅仅在于让孩子掌握了一些生活技能。更重要的是，孩子发现成人能做的事自己也能做，从中发现了自身能力和潜力，就会对自己充满信心。

我们要注意：用现代的视野分析蒙氏的感觉训练，它是有明显缺陷的，不能生吞活剥的拿来就用。如，某一感觉的单独刺激，对特定教具和材料的刺激虽然敏锐了，但由于强调单一器官的孤立训练、刺激，必然使个体与丰富的社会生活和现实世界相脱离，影响幼儿全面地认识世界，从而也就影响幼儿的认识与发展。因为一个人感觉的整体并不是色、形、声等感觉的简单总合。另外蒙氏感觉训练所用的教材、教具过于死板单一，并都是要严格的按等级、分类、排列和固定的方法进行使用的，且每种教具只有一个目的，不能变化，不能用来做游戏、发展语言或进行其他创造性的独立活动。这必然影响发展幼儿的想象力、创造力、情感和语言等。此外，单纯掌握物体的外形特征以及大小、长短、高低等的顺序，并不一定能促进幼儿概念的形成，因而也影响到培养幼儿的思维。

7. "幼儿之家"中蒙氏教育的幼儿智力训练方法。

她认为，3～6岁的幼儿已具备学习文化知识的能力，这种能力是与具有吸收力的幼儿心理特点一致的。应当利用这种能力，为幼儿准备适当的教材、教具，并提供正确的学习途径。

她认为幼儿对知识的吸取要依靠个人经验，是智力配合手的动作和有兴趣的重复练习，在其心理发展自然规律的引导和推动下进行的。

幼儿智力教育需从感觉教育开始，教师必须引导幼儿从感觉走向概念即从具体到抽象、到概念之间的联系。要求教师在教学时一定要教授给幼儿准确的名称、术语。所教名称必须简单，只需要引起名称和它代表的物

体或者抽象概念之间的联系即可，同时教师必须随时随地考查自己所教学内容是否达到目的，考查主要局限在名称能唤起幼儿对概念的记忆。

她主张幼儿应多到大自然中从事自由活动，认为幼儿从事在自然环境中进行的园艺活动有很多益处：其一，可使幼儿脱离人为生活的束缚；其二，符合幼儿的兴趣，有益于幼儿的健康；其三，能练习动作的协调；其四，可发展幼儿的智力，主要表现为训练幼儿的感觉、观察力，识别事物的异同，激发他们探求事物发展内部原因的求知欲；其五，可以发展预见性。幼儿所想的只是眼前的事物，而不考虑未来。如通过饲养等园艺活动，让幼儿知道动物需喂养，植物应浇水，否则就会饿死或枯萎时，他们就将过去、现在与未来联系起来了，这也属于一种自动的教育。

8．"幼儿之家"中蒙氏教育读、写、算的教学方法。

蒙台梭利在"幼儿之家"里，将写字的练习先于阅读的练习。她认为文字的书写关键在于握笔，即肌肉的控制能力，因此，主要通过触觉的训练就能循序渐进地过渡到书写练习。一般认为，读、写、算是很枯燥的学习，只能让年龄较大的幼儿去做。但蒙台梭利则不这么看，她认为，3～6岁的幼儿天生就具备学习读、写、算的能为，幼儿教育就应当利用这种能力，为他们准备适当的教材和教具，提供给他们正确的学习途径。6岁以前是幼儿开始读、写、算学习的敏感期，过了这个时期再学习就会感到困难。

幼儿书写要尊重生理的特点，先要有书写的生理准备，不应该要求幼儿在同一时间内既学习拿笔，又学习书写字形。她主张幼儿在学习写字前，先要学习绘画，以作为基础，将绘画称为写字的"间接法"。具体做法是：首先准备各种立体的图形体作为教具，让儿童用手触摸图形的轮廓；再将图形体放在纸上，要幼儿将轮廓勾画出来；最后用色笔涂满所绘轮廓。

教幼儿书写应当分为以下几个阶段：

第一阶段，练习拿笔、用笔的机械动作，以训练幼儿的肌肉机制和握笔的能力为主。

第二阶段，掌握字母的形体。做法是：视觉、触觉与听觉相结合的练习。

先让幼儿用手指触摸字（字母）的轮廓，同时告诉他字的名并读诵，使视觉、触觉、肌肉觉与发音结合起，做感觉的练习，让幼儿辨认字的形体。当幼儿听到一个字的发音时，就能立刻认出它的字形，再记住字的形体。如果再给幼儿笔就会有写字的冲动和能力，这时幼儿就会连续地写，到处去写字了。

第三阶段，练习组词。用游戏的方式用单字组成词或短句，最后再形成语言。

她认为幼儿写字不是教会的，而是他自己经视觉、触觉与听觉相结合进行练习的结果（我们要注意，蒙氏读写教育的内容是拼音文字，而我国汉字是笔画组成的方块象形文字，仿效蒙氏的教育方法时要据实际情况有所区别与变化，可以从简单的字开始或从笔画开始）。要结合感觉训练，提早让幼儿接受读、写、算、音乐等方面的教育。同时，通过谈话发展幼儿的语言能力。通过大量的语言活动与教具，帮助孩子掌握基本的文字书写与阅读能力，并增加幼儿口头表达能力。掌握了文字书写的技能之后，幼儿再转入阅读学习。阅读教学及算术教学也都遵循由简单到复杂的程序，有时可采用生活中的实例，但主要的途径仍然是各种感官教具。

在计数和计算教育方面，蒙台梭利认为人类的学习过程是由简单到复杂，由具体到抽象的，所以在面对数学这类纯抽象概念的知识时，唯一让孩子觉得容易学习的方法，也只有从具体、简单的实物开始。让幼儿们在亲自动手中，先由对实物的多与少、大和小求得了解，再自然而然地联想起实象与抽象间的关系。通过特别设计的教具操作流程与数学教具，帮助孩子掌握数与量的抽象概念。

9."幼儿之家"中蒙氏教育教师的位置与作用。

在幼儿之家及蒙氏教育体系中幼儿的自我教育是主要教育方式。教师的首要任务是用科学的态度、科学的方式去观察、研究自然活动中的幼儿，真正了解幼儿的本来面目，从而揭开幼儿发展的规律。其次，在真正了解和认识幼儿的前提下，教师应成幼儿自我发展的外援。教师主要为幼儿创

造良好的教育环境，如给幼儿提供活动的环境和作业的教具，使幼儿通过自己的作业活动达到自我发现和发展。幼儿教师另一工作是阻止幼儿教育活动中的不良行为，以免危及幼儿本人和其他同伴的发展。当然教师要以身作则，应有无限热爱幼儿、献身教育事业的精神。简单地说，教师是幼儿教育的观察者、保护者。

值得注意的是：由于蒙氏把幼儿的天性理想化，夸大了幼儿的自发冲动和自由活动在教育中的重要性，因而也就夸大了幼儿自我教育的作用和意义。这就使教师的主要职能变得被动、消极，教师的主导作用、直接传授知识和说理方面的作用就发挥不充分，工作中我们要注意二者的平衡。

10."幼儿之家"中蒙氏教育教具与玩具的区别。

在蒙氏教育中，专门设计了各种有独创性的教具。教具与玩具是不同的。教具带有教育、教学的作用和功能，不能随意地被安置在厨房或者客厅，也必须有专属的活动室与特定的使用规则。为了让幼儿能以触觉与视觉来分辨大小，所以蒙氏教具在颜色上也就设计成单一化，目的在于让幼儿注意力的集中，而不会为其他因素所干扰。但是，在幼儿能完全地熟悉这个基本功能后，它能被允许与其他教具变化地使用。

对教具一词，蒙台梭利曾表示，正确的名称应该叫它幼儿教育时的工作材料。教具应兼具增进智力和改善性格的目的和作用。

具体来说教具有感官、语言、知识、自由、书写、阅读、算术及品德等 8 项教育的功能。

在"幼儿之家"里，教具具有以下特点及使用要领：

（1）根据其用途分为不同的种类，每一类教具基本上都由若干部件组成。所有部件除大小、重量、高低等不同外，其余均相同。

（2）每种教具各训练一种特殊的感觉，并要求在训练时，应尽可能排除其他感觉的干扰，以便使所要训练的感官得到的印象尽可能纯正和清晰。

（3）教具具有教育幼儿了解大小、轻重、高矮，乃至最大、次大至最小，让孩子能产生次序、顺位等等秩序感的特质。这种特质还旁及外围的一切行动。所以，使用者必须养成有秩序地取下、有次序地归位教具，以及要产生尊重它、维护它的素养。让幼儿养成长幼有序、先来后到等社会伦理秩序意识。

（4）教具都是以朴实、干净的单色调为主，没有五彩杂色，凸显其真正的教育目标。

（5）每种教具的单独和联合使用，都有其步骤和顺序；使用方法都是由简单到复杂，以培养孩子了解步骤，重视秩序，并间接地培养其内在纪律。

（6）教具具有控制错误的特性，可以使小朋友自行发现错误并能自行改正。

现实中的玩具虽然有些也带有部分教育意义，却不是十分明显，它的大部分目的只是想引起幼儿的好奇心，从而达到转化为商品的目的。而孩子玩了不久，玩具就成了废物，被丢在一旁。

11."幼儿之家"中涉及的教育领域。

概括起来主要有日常生活教育、感官教育、数学教育、语文教育、自然人文教育等5个领域。

（1）日常生活教育包括照顾自己、维护环境、基本动作、社交行为等，锻炼孩子肢体动作的协调能力，帮助孩子适应环境，具有独立生活的能力，同时培养孩子的耐心与注意力。

（2）感官教育包括视觉、触觉、听觉、味觉、嗅觉等，培养孩子敏锐的感官，锻炼孩子辨别力和手眼协调的能力，同时培养孩子观察、比较和判断的能力。

（3）数学教育包括建立数的概念，认识数字，培养初步的逻辑思维能力、判断能力。

（4）语文教育包括进行听说训练，培养孩子听说能力、早期阅读能力，提高孩子的语言能力。

（5）自然人文教育包括音乐、美术、自然等教育，引导孩子接触身

边的世界，形成对形状和色彩的认知；教孩子学会认识事物的方法，培养孩子的好奇心和主动探索的精神。

（四）国内学者、专家、媒体对蒙氏理念的主要评说

1.湖南师范大学杨莉君教授在 2004 年撰文 [①]：蒙台梭利教育法需要科学地解读和本土化，指出了蒙氏教育引进我国后出现的几个主要问题并提出了对策。

（1）蒙氏教育在我国幼教实践中只重形式而忽略其精髓，引进与移植中的形式主义非常严重。比如，有的幼儿园误认为将蒙氏教具摆放在教室的各个区域就是蒙氏教育了。

（2）忽视了蒙氏教育法本身存在的局限性。蒙氏教育法毕竟脱胎于智障幼儿的训练方案，再加上这种教育法的结构化程度较高，所以幼儿的行为常被高结构化的活动所限制，不利于发挥幼儿的主体作用。另外，蒙台梭利设计了多套教具，在这些教具中，每一种教具只训练一种感知能力，而排除了其他感觉。她所设计的教具是系列的，教师出示教具也是有顺序的，忽视了幼儿的情感陶冶。

（3）蒙氏教育法要本土化，应当强调蒙氏课程的实质而非形式。移植蒙氏教育法的目的既不应该是哗众取宠，也不应该只作为幼儿园创收的手段，而应该服务于幼儿教育的改革和发展，服务于幼儿的发展。但是，蒙氏教育法来到我国后，在幼儿园课程中有的不加改造地全盘照搬，有的仅以它作为收取高额赞助费的借口。

（4）应当消除移植蒙氏教育法的文化障碍。西方文化与中国文化存在很大的差异。中国文化推崇谦虚、内敛和含蓄，推崇无规矩不成方圆，强调求同。这种文化中熏陶出来的幼儿，特别恭顺、听话。现代幼儿教育要改革的就是中国文化中这种不利于发展幼儿主体性、不利于培养幼儿创

---

① 杨莉君. 蒙台梭利教育法需要科学地解读和本土化 [J]. 人民教育，2004（11）：23.

造性的痼疾。因此，再将蒙氏教育中一切按程序操作的做法照搬过来，于我国幼儿的发展无益。

（5）平民化的教育不需要贵族化的包装。蒙氏教育法最初是为处境不利的幼儿设计的，引进我国后演变为面向社会高收入家庭的高收费教育，这是有违蒙台梭利的初衷的。当然，蒙氏教育中关于读、写、算的内容和方法，能够较好地弥补我国幼儿教育实践中的一些缺陷，顺应了幼儿的内在需要。重视教育环境的设置与运用，也是其教育精华，但是，我们不能无限夸大它的作用。

2. 北京师范大学教授梁志燊，中国蒙台梭利协会会长、青岛大学教授段云波二位认为：蒙氏理论是目前风行世界最先进，最科学、完善的学前启发式教育之一。它遵循幼儿成长的自然法则，对幼儿有充分的了解与研究，让幼儿在特别营造的环境中自由地学习，增加生活体验，激发幼儿内在潜能；使幼儿在轻松愉快的环境中发展独立、自信、专注和创造的能力，为孩子的成长打下良好的基础，它给世界幼儿教育带来了巨大的变革。中国蒙氏教育的影响将越来越大。

然而，当前许多幼儿教育工作者或家长不清楚什么是蒙氏幼儿园，也不明白蒙氏教育的指导性准则是什么，绝大多数教师没有真正掌握蒙氏教育的理念与方法，使得有些蒙氏幼儿园名不副实。因此，误导了社会对蒙氏教育的认识。有些幼儿园的确在使用蒙氏教学法并引进了相关的教具，但是并不是深刻地去掌握蒙氏幼儿教学法的核心思想与精髓，没有深入地去探讨蒙氏幼儿教学法的理论与实践，在运用蒙氏幼儿教学法时，犯简单化与照搬硬套的错误。更有甚者，打着蒙氏教育的牌子，只是为了招生与经济利益。造成这种混乱的一个重要原因是目前我国没有高水平的蒙氏教师培训机构，教师远达不到蒙氏教师资格的国际标准。因此，在教育过程中，即使具备了其他一切蒙氏教育硬件条件，也很难实施真正的蒙氏教育软件。另外，一些幼儿教具制作公司，根本不了解蒙氏教具的原始设计意图，照葫芦画瓢，制作的蒙氏教具根本不符合国际蒙氏教具标准。有些偷工减料，

做工粗糙，这将对幼儿的人生发展产生相当不良的影响。一些教材编写机构编写的蒙氏教材也偏离蒙氏教育理念。因此，在中国要开展好蒙氏教育必须符合国情，要脚踏实地，勇于探索，逐步前进。

3.2013 年 4 月 20 日《中国教育报》刊文"被金钱异化的蒙氏教育"。该文指出：当前，幼儿园打上蒙台梭利的招牌，来钱就是快，从民办园到公办园，从大城市到中小城市甚至农村地区，到处可见自称蒙台梭利班的特色幼儿教育。这些挂着"蒙氏"招牌的幼儿园、教具厂、教材编写机构及培训机构，没有真正运用蒙台梭利的幼儿教育理念，没有真正理解蒙氏教育的内涵。真正意义上的蒙氏幼儿教育很少，大部分蒙氏班属于"挂羊头卖狗肉"，各种打着蒙氏教育旗号的教具厂、培训机构和教材编写机构，更是形成了一条产业链。记者调查后总结出如下乱象：

乱象一，幼儿园披上"蒙氏"外衣高收费。

挂"蒙氏"牌的幼儿园在当地都是高收费的高端园所。其实这些高档幼儿园原来也是普通幼儿园，只是披上"蒙氏"的外衣后，让人感觉忽然变高档了。这里面有被忽悠的成分，也有从众心理在作怪。还有园长采取的是"平面"蒙氏教育：挂着"蒙氏"牌的幼儿园，对"蒙氏"教育一窍不通，像这样的幼儿园不在少数。"内涵不够，外表来凑"，大多数蒙氏园装修富丽堂皇，蒙台梭利画像到处悬挂，而真正的蒙氏教育却找不到，只用蒙台梭利的招牌，用高学费来吸引家长，没有实际的东西；只有教具繁华、设备完整，就是缺少蒙氏的精神。这些办园者用肤浅的理解为幼儿园贴上走样的"蒙氏"标牌，其目的是"索利"。

乱象二，"蒙氏"教具粗制滥造价格不菲。

生产蒙氏教具的厂家绝大多数不懂得蒙氏教具的设计意图，生产的是没有蒙氏标准的教具，这些借蒙台梭利之名"索利"的商家，严重影响了蒙氏教育在中国的健康发展。蒙台梭利在中国由一种教育理念和教育方法变成了一项很赚钱的产业。一件件根本谈不上什么标准的蒙氏教具被生产出来，这些不同套系的蒙氏教具按不同的高价位被推向市场。

乱象三，"蒙氏"教师"被速成"。

与"蒙台梭利"四个字谐音而字样不同的名称均被注册成了"蒙氏"培训机构。随着这些机构的陆续成立，蒙台梭利教师开始进入速成阶段，出现了初级班、中级班、高级班。随着贴牌蒙氏幼儿园的增多，进行非正式蒙氏教师培训的机构也如雨后春笋般冒出来。

目前国内从事蒙台梭利教师培训的机构近百家，收费标准从近千元到几万元不等，其培训质量则是参差不齐，差距甚大。还有一些蒙氏幼儿园靠聘兼职教师开展蒙氏教育。这样一种世界经典的幼儿教学体系，仅靠一名兼职的蒙氏教师就支撑起一所幼儿园的教学，只能是沦为营销的噱头。

（五）对蒙氏教育的新认识

尽管在蒙氏教育法中提出了很多较为科学的幼儿教育方法，但北京师范大学卢乐山教授指出："蒙台梭利一方面相信科学，试图用科学的原理作为教育的基础；另一方面又相信人类在世界上的使命只是要继续上帝的工作，建立一个和平的世界。正由于宗教的唯心主义世界观和对自然科学的信仰在她身上同时并存，因而在她的教育体系中便出现不少矛盾，使理论与实际脱节，不能自圆其说。她既相信科学的教育学，要尊重事实，又从宗教的神秘主义出发解释儿童的特点；既承认环境和教育对儿童发展的作用，又反对成人对儿童的干涉；既认为早期的智力发展很重要，又忽视思维、语言和想象力的锻炼；既主张自由教育，重视发挥儿童的积极性、主动性，又对儿童加以严格的限制，要求他们用机械、枯燥、刻板的方法进行操作练习；既强调儿童生活的真实性，又设计了整套脱离实际生活的教材与教具。在研究方法上，既注意直接观察，了解儿童的真实表现，力图给儿童教育提供科学的依据，并通过实验加以验证，又常常以偶然代替必然，加以主观臆测…………这一切都是历

史的局限。"　①

21世纪的今天,人们的生活水平,生活习性,幼儿的天资、心智,接受到的各种媒体、方式、信息都与百年前蒙氏教育理念创建时大相径庭。如果我们还把她完全照搬,还追求原始的蒙氏教育,或者像当前部分幼儿园把蒙氏教育魔化为高收费的手段,或神化为能让所有幼儿都能成为天才"秘方"的,就背离了蒙台梭利一切活动跟幼儿走,适应他的需要与变化,教育只能提高、不可决定幼儿心智的宗旨。我们要吸收其关注、观察、重视幼儿,特别是对处境不利幼儿关怀教育的精神,力争幼儿教育的公平性;借用其有科学依据的读、写、算、生活、劳动等的训练与教育内容和方法,改变当前幼儿教育小学化严重的局面;提倡幼儿园中幼儿是主体,提倡幼儿导师(教育工作者)是幼儿教育的观察员、研究员、指导员、合格教育环境的施工员(四员),让当前以教师为中心的教育模式有所改变;少建或不建原味的、挂牌收费的蒙氏幼儿园,多借鉴、运用蒙氏的教育原则、原理、观点、方法等综合性的教育理念。

由于蒙台梭利著较多,建议有兴趣的读者读原著《运用于幼儿之家的幼儿教育的科学教育方法》(又名《蒙台梭利方法》)、《童年的秘密》,将有更高的认识。

二、"瑞吉欧集体教育"理念

瑞吉欧是意大利东北部的一座城镇,自二十世纪60年代以来,洛利斯·马拉古兹(LorisMalaguzzi)和当地的幼教工作者一起兴办并发展了该地的幼儿教育。经过数十年的艰苦创业,使意大利在举世闻名的蒙台梭利之后,又形成了一套独特学校组织方法、创新的课程设置,以及合适环境设计的幼儿教育综合体。人们称之为"瑞吉欧·艾密莉亚教育体系"。

---

①(意)蒙台梭利著,　卢乐山译.蒙台梭利的幼儿教育[M].北京师范大学出版社,
1985:164.

（一）瑞吉欧幼儿教育的理论和观点

1.幼儿观：关注、了解、尊重儿童。

（1）幼儿是社会的一份子，是社会文化的参与者，也是他们自己文化的创造者，他们有权利发表自己的看法，与成人一样拥有独特权利。

（2）幼儿是真正主动的学习者，他们有强烈的探索和了解周围世界的愿望。

（3）幼儿有巨大的潜能，他们并非只会单纯的需求，他们富有好奇心、创造性、可塑性。

（4）幼儿是坚强的，他们之间尽管有着一定的差异，但他们都试图通过与别人的对话、互动与协商来找到自己的定位、找到与别人的共同点与不同点。

（5）幼儿天生都是艺术家，他们能够广泛运用各种不同的象征语言和其他媒介来表达自己对世界的认识。

2.教育观：环境育人。

（1）在方法上，他们反对传统单向灌输的教学方法，反对把语言文字作为获取知识的捷径。在幼儿的探索活动中，教师不能过多地介入，应掌握合适的时机，找到正确的方法，只能适当地介入，协助幼儿发现问题，帮助幼儿提出问题，要为幼儿带来更多创新和发现的可能性。

（2）在目标上，幼儿教育就是要创造一个和谐的环境，使每位幼儿、教师都感到愉悦，生活得幸福。

环境创设要坚持以下原则：

第一，家庭与社区原则。以大家庭与社区的模式规划学校的环境。

第二，文化折射原则。环境必须像个水族箱，可以映照想法、价值、态度以及身处其中的人们的文化。

第三，年龄和发展原则。对不同年龄的幼儿，环境创设要有所不同、要尽量符合幼儿发展各阶段的需要。

第四，时间和空间原则。在创设环境时考虑时间与空间的协调。

第五，尊重使用者原则。环境的创设要透露出对使用者——幼儿、教师、家长的兴趣、需求和能力的尊重态度。

第六，评估更新原则。环境不是固定不变的，而要定期评估和修改。

（3）在"教"与"学"的关系上，教育要以幼儿为中心，从幼儿的兴趣、需要和经验出发以"学"定"教"。

3.教师观：师幼平等、角色多样。

教育工作者的角色就是要组织幼儿的各种活动，给予幼儿支持与肯定，以使他们自身的潜能得以发挥。在瑞吉欧幼儿教育系统中，教师是没有话语霸权的，他们与幼儿在人格上是平等的。教师是幼儿的倾听者、观察者，是幼儿活动的伙伴与向导，是幼儿活动材料的提供者，是幼儿行为的记录者和研究者，是师、幼实践活动的反思者。教师和幼儿是平等对话的关系，学校与家长是沟通、合作、共同管理学校的关系，教师与教师是集体协作的关系。

（二）瑞吉欧幼儿教育的特点与方法

1.强调互动与合作。

互动合作是瑞吉欧幼儿教育的一个重点，也是贯彻在整个教育活动过程中的一项原则。它包括教师和幼儿的互相沟通，关怀和控制的不断循环以及教育活动相互引导的过程。

主张幼儿的学习不是独立建构的，而是在诸多条件下，如家长、教师、同伴的相互作用过程中建构的，是在特定的文化背景中建构知识、情感和人格。在互动过程中，幼儿既是受益者，又是贡献者。互动合作存在于发展和学习之间、存在于环境和幼儿之间、发生在不同符号语言之间、发生在思想和行为之间、发生在个人与人际之间。

这种家长、教师、幼儿互动合作的关系不仅使幼儿处于主动学习地位，同时还加强了幼儿对家庭、团体的认同感，让每个幼儿在参与活动时，能感受到归属感和自信心。

2.社会支持和父母参与的大环境教育。

全社会关心幼儿教育素来是意大利的好传统，是意大利文化中集体主义的一种体现。在瑞吉欧镇，0～6岁幼儿的保育和教育是一项重要的市政工程，享有12%的政府财政拨款。父母在学校中所起的种种作用是实质性的。在全镇所有的幼儿学校中，父母都有权利参与学校各个环节的事务，并自觉承担起各种责任。

3.学校的民主管理与教师连续跟班教学。

瑞吉欧幼儿教育系统以幼儿为中心，在幼儿学校里，无论是教师或幼儿都能获得像家一样的感觉。教师之间没有任何层次等级，他们只是平等的共事者和合作者，这里也没有一般的行政事务。瑞吉欧幼儿学校实行3年一贯制，教师连续跟同一个班教学3年直到幼儿毕业，以保持教师和幼儿之间长期稳定的联系。

4.弹性课程。

瑞吉欧采用弹性课程，以幼儿为中心，从幼儿的兴趣和需要出发选择课程内容，不让孩子生活在成人设计的课程包围中；提出了与其牵着幼儿的手活动，不如让幼儿靠自己的双脚自由活动的选课施教观。

5.研究式主题教学。

教师结成小群参与指导组织主题教学。

主题教学中的主题是指一个或一群幼儿针对某个实践活动，通过调查活动、建构活动、戏剧扮演活动等所做的探索。例如在"超级市场"这个主题中，幼儿在一段时间内通过到真实超市直接观察超市，向超市相关人员提问题，收集相关物品等，亲自探索超市的每一个细节；同时利用讨论、游戏等各种不同的形式表达他们对观察到的超级市场所产生的想法、回忆、想象及领悟。

主题教学具有四个特点：它要求师生共同合作计划主题的内容；它是以问题为中心的活动；它是一种生产的探索实践；它是一种有评价和有目的的练习。

主题教学法通过调查活动、建构活动、戏剧扮演等既相互独立，又彼此联系的儿童喜闻乐见的活动，让幼儿到相应的真实环境中自发地决定学习的目标和内容，自己设计、自己负责，让幼儿获得有益的知识和解决实际问题的能力。

教师在其中的任务主要利用环境以引起幼儿的学习动机，帮助幼儿选择活动的材料，为活动提供准备。

以"恐龙"主题为例，介绍主题教学过程：

第一步，寻找确立主题。

五六岁的幼儿常带恐龙玩具到幼儿园，恐龙的形象在意大利到处可见，小朋友通过书报、杂志、电视等媒体获得恐龙的形象知识。恐龙受到幼儿的尊重和青睐。教师发现这些后便决定利用这个机会确立"恐龙"主题教学，加深他们对恐龙的认识并深入的研究恐龙。由于恐龙并不是全班幼儿都感兴趣，教师们便只组织有兴趣的幼儿成立小组，从小组开展"恐龙"主题学习。

幼儿尚未正式开始进行主题方案之前，教师们成立相应小组，在一起开会讨论方案的各种可能性和方向。教师讨论、准备和回答如下问题：

（1）提出启发性的问题，用于与幼儿的第一次讨。

（2）预想通过与幼儿的谈话了解和评估幼儿对恐龙的演进、生理习性、行为、生活习惯等初步的认识程度。

（3）如何鼓励幼儿以使他们对恐龙产生观察、提问、建议的欲望。同时让幼儿设计主题活动的初步方向。

（4）教师们如何不断地合作以对主题方案进行关键性的影响。

第二步，分段逐步执行主题

先设立主题的目标，然后协助幼儿设置一个适当的情境，使幼儿一开始就参与问题的探索中。步骤如下：

（1）建立"我就是我们"的认同感。强调团体学习，强调共同分享，共同努力。

（2）鼓励幼儿表达对"恐龙"的认识，进行绘画。

（3）教师与孩子谈话与讨论。

（4）教师进行记录与分析。

（5）鼓励、协助幼儿查找恐龙资料。

（6）鼓励幼儿让亲朋好友一起分享自己的成果。

（7）各人制作自己的恐龙。

（8）集体测量、绘制与实体大小相似的恐龙。

主题教学中教师主要运用对话法、探究法开展幼教活动。整个主题教学方案进行的过程涉及瑞吉欧主题教学活动的提问、谈话、假设、观察、操作、阅读、实验、建构、绘画、黏贴、制作、测量及角色游戏等的调查、建构和戏剧类三大活动。教师们都是在相信幼儿的前提下适当时候介入幼儿的活动进行指导。教师扮演着材料的提供者、困难的帮助者、活动的向导、伙伴与研究者的角色。

6. 咨询委员会的支持与监督。

瑞吉欧的幼儿园都有咨询委员会传达家长与教育者的需要。他们由幼教机构中的咨询委员代表，当地的幼教行政主管、教学协调人员及选出的教育官员等人组成。幼儿教育的责任由学校和家庭共同承担。他们深信，只有当老师与家长都参与时，才可能带给幼儿最好的学习体验。

（三）对瑞吉欧幼儿教育理念的看法

瑞吉欧幼儿教育理念成功地解决了幼儿与教师、学习与游戏、科学与艺术、集体与个人、社会与机构等的关系。我们认为其独特之处在于集体教育，社区、家长的支持，参与互动和合作。社区支持相当于政府支持，现在我国各级政府也在做，需要注意的是政府、社会各单位支持的方式，参与幼儿教育的深度（要求具体可靠、可行、切合实际）；家长要做到支持幼儿教育真实自愿、尽职尽责、尽力而为，全力配合幼儿园的教育活动。

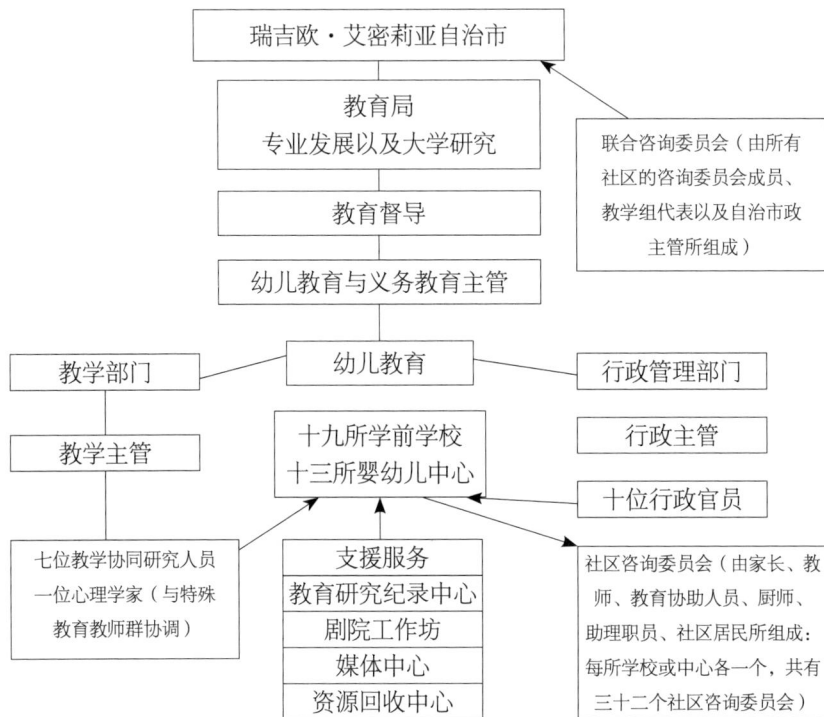

图 1-1 "瑞吉欧·艾密莉亚教育体系"服务组织图

三、霍华德·加德纳的多元智能教育理念

（一）多元智能的起源与内容

美国哈佛大学霍华德·加德纳教授通过对正常幼儿已知的各项技能及开发过程和有脑部损伤后幼儿某些技能丧失状况的研究，以及对其他特殊的人群，如白痴天才、患孤独症幼儿、有学习障碍幼儿的研究，发现人类的神经系统经过一百多万年的演变，已经形成了互相独立的多种智能，并且这些智能的差异很难用一元智能的观点来解释。1983 年，加德纳出版《智能的结构》，在书中正式提出"多元智能"的理念，否定了线性的、单一的智力观，确定了判断人类的某种能力是否成为智能的八个依据。他以这八个依据为衡量标准，经过筛选并证实了每个人拥有语言、逻辑—数学、

音乐、身体—动觉、空间、人际、自我认知等七种智能。后来他又提出第八种博物学家智能。

加德纳教授的《智能的结构》出版以后，多元智能理念旋即风靡全球，成为 21 世纪主流教育思想之一，引起相关人士强烈的关注和反响，在世界掀起了教育改革的浪潮。1993 年加德纳教授又出版了《多元智能》一书，介绍了多元智能理念在教育中的实践、总结了其相关的经验。加德纳确定智能的新概念为："在特定的文化背景下或社会中，解决问题或制造产品的能力。"[①] "因为所有类型的智能都是遗传基因的一部分，所以用基本的标准来衡量，每一种智能都以相同的形态出现，而与所受的教育或文化背景无关。除了某一时刻特殊群体的表现，对于每一种智能来说，人类都具有一定的基本能力。"[②] 多元智能理念对传统的心理学观点和社会上流行的智商测试发起了有力的挑战。

多元智能成为教育理念之初虽然没有引起我国的重视，但是，由于它与我国全面推行素质教育改革政策高度一致，以及其本身所拥有的现代科学性，得到了我国广大教育工作者和家长认同，所以很快成为我国教育改革所借鉴的国外先进理念之一。该项理念在中国也很快得到广泛深入的应用与发展。各种介绍多元智能的书籍在我国陆续出版，各类多元智能学校也如雨后春笋、遍地开花，并初步形成了从幼儿教育、小学教育、中学教育到职业教育甚至大学教育的多元智能改革方案和实践研究项目。

多元智能理念将人的智能分为八个方面，认为每个学生都是可以成才的。每一个正常人至少都具有上述的八种智能，但由于遗传与环境因素的差异，每个人在各种智能的发展程度上有所不同，大部分的人只能在一到两种智能上表现出优越的能力。智力结构和优势智能在每个人身上是各不相同的。人的各种智能（主要是八种智能）水平的差异是造成人的智能差异的重要原因。因此，不同学生之间的差别主要是他们之间各有一种或多

---

① 霍华德·加德纳著，沈致隆译. 多元智能 [M]. 新华出版社，1999：16、30.
② 同上。

种智能的水平之间有差别，而不是全面存在差别。对学生的评价不应当是谁更聪明，而应当是谁在某个方面更聪明。每个学生都具有在某一方或几方面优于别人而成材的潜质。教育就是要发现每个学生的优势智能，发现学生的天赋，并对优势智能进行开发、培育，这样才能为学生找到最适合其未来的人生，让每个学生都能成为杰出的人。

多元智能理念因此被引入到幼儿教育理念中，推理出不同幼儿之间的差别是他们各项智能水平之间的个别差别，不是全面存在差别。所以，对幼儿的评价不应当是谁优秀，而应当是谁在某个方面较优秀，每个幼儿都具有在某一方面优于别人而成材的潜质。由此多元智能成了教育需面向全体幼儿的理论依据。

（二）多元智能的幼儿教育理念

1. 多元智能的幼儿观。

概括地说，对于处于不同阶段的幼儿其智能无高低之分，只有倾向不同和结构差别，要正视所有幼儿的差异、善待差异。

（1）0～7岁是幼儿各个智能发育的关键期（与蒙氏教育理念相似），这一阶段幼儿的智能是否全面平衡地得到发展直接关系到幼儿的一生。每一个人的智能组合是不同的，通过教育可以发现幼儿的优势智能，并着重发展幼儿的优势智能，从而把每一个孩子培养成富有个性智能优势的、适合未来社会发展需要的人。所以要注重幼儿智能的全面开发。

（2）人生学习发展过程是分阶段的。

幼儿期阶段。这时幼儿往往表现出惊人的能力或某种天赋与潜能，而获得这些初步发展并不需经过正规的教育，大多则是透过幼儿接触的范围、领域自发性互动产生的。环境的影响和文化的演化对幼儿的潜能发展是至关重要的。

入学期阶段。这时学生自由自在的探索范围和可能性日趋缩小，通常由学校教育来引导，鼓励他们进入未知世界。这时教师的榜样形象和引领作用对学生一生发展至关重要。

青春期。这时是人处于十字路口的危机阶段。学生安然渡过就有机会持续保持创造力和求知欲。

承上启下的发展阶段（25～30岁），往往也会影响人的成熟阶段。

安身立命阶段，又称定位阶段(30～35岁)。该阶段智能或天赋表现最旺盛，当然也不排斥"大器晚成"的个别成功者。

2. 多元智能的教育观。

教育要以学生的认知发展为基础，设计符合各年龄阶段身心发展的教育方案；要根据不同的发展阶段特征，提供发展智能、创造力的机会和环境，尊重每一个学生的个性发展；要因材施教，改善教育模式，发现学生潜能和智能的差异，创设以个人为中心的学习环境。其宗旨就是为了让每个学生都能有充分展示潜在智能的机会，最大程度地唤起每个人的自信心。在幼儿园阶段，主要是联合家长，通过情景化的智能展示方式，评估幼儿的智能强项和弱项，及早发现各自智能强项，从而加强他们强项智能的早期培育，并对弱项进行适当的补救。同时还要注意幼儿的智能发展是有很大的可塑性的，对其教育要有弹性、自由选择的可能。

3. 多元智能的教师观

多元智能把教师按八种智能分成了八种类型。教师要能激活学生的思维，深化学生理解，能把基本问题讲清，又要给学生留下值得思考的问题。一个合格的教学能力强的教师，最根本的是教师的优势智能是否符合他从事的专业领域，即所授学科一定要是教师优势智能所在学科。另外教师职业的性质决定了教师本人还必须具备自我认知智能、人际智能和语言智能这三大基础、基本智能。

4. 多元智能理念的运用

要根据幼儿不同智能的特点，有针对性的运用各项智能的教学方法和技巧。

（1）语言智能。通过各种情境化活动主要培养、提高孩子们的语言

运用与表达能力。如，通过培养孩子对的喜爱，培养他们听故事、用自己的语言说故事的能力。

（2）音乐智能。通过各种有意无意的活动让孩子感受音乐的节奏、旋律以及音色，从而使孩子爱上音乐艺术并培养良好的音乐表现力。比如唱儿歌、跳儿童舞、弹奏乐器以及简单的填歌词、举行节日庆祝会、组织参加各种汇报演出等。

（3）逻辑—数学智能。通过各种教育、游戏活动，教会孩子们能够运用数字计数，提高其逻辑思维能力。例如，通过开商场、开医院、吃肯德基的游戏，来认识货币，并学会进行简单的加减运算、简单的思考、决策等。

（4）空间智能。通过各种感官活动地练习、美工活动和做游戏培养孩子前后左右、上下的空间概念。例如，画画写生活动，通过描画使其观察体验感觉空间概念。

（5）身体—动觉智能。通过日常生活和各种形体、体能训练活动来发展孩子的大小肌肉群和动作协调性。

（6）自我认知智能。通过各种练习、项目活动让孩子能够正确地认识自己，建立"我"的概念。例如，在活动中、每天的相识礼仪过程中认识自我和别人的区别。

（7）人际智能。通过角色游戏、各种活动，培养孩子在陌生环境中有效地认识他人、理解他人，能够在人际活动中学会察言观色，能和不同的人进行交往。例如，作娃娃家，开医院，买玩具等游戏。

（8）博物学家智能。带孩子到大自然中去观察，培养他们对自然、环境及各种自然现象、生物奥秘的兴趣，培养他们观察、收集和探索自然现象、植物以及动物的能力。

5. 多元智能理念的主要特点。

（1）多元性。多元智能教育理念认为这八种智能是多方面相对独立地表现出来的，因此这些智能因素同等重要，不能将如语言智能、逻辑—

数学智能等某一个或几个智能置于最重要的位置。孩子今后是否有良好的表现，往往在很大程度上取决于语言和逻辑—数学等某一个或几个智能之外的其他智能。

（2）差异性。每个孩子都同时拥有相对独立的八种智能，但是，这些智能在每个孩子身上是以不同方式、不同程度的多元组合，每一个孩子的智能各具特点并存在差别。

（3）实践性。一个孩子的智能水平高低不能以其在幼儿园、学校中的成绩、表现为依据，而要看其在现实生活中解决实际问题的能力和创造力。

（4）开发性。每一个孩子多元智能发展水平的高低关键在于开发，所以要帮助每一个孩子尽可能地开发其潜在、优势能力、提高其优势智能。

（5）多段差别。多元智能在不同年龄、性别、气质、父母教养方式等方面都存在差别。3～6岁幼儿多元智能的发展随年龄增长而逐渐发展，且该年龄阶段是多元智能发展的关键期；3～6岁幼儿空间智能发展的性别差异显著；3～6岁幼儿气质特点不同在多元智能的发展上呈现出不同的特点；此外，父母教养方式也会影响幼儿多元智能的发展。

6.多元智能在幼儿园课程中的应用。

多元智能教育理念是一个庞大的涵盖了一个人各阶段教育与实践的理论体系。限于篇幅这里主要只介绍幼儿教育阶段课程的应用。

南京师范大学经过研究和实践，结合多元智能理论，对幼儿园课程进行了深入的思考，提出了基本的指导原则。[①]

（1）幼儿园课程的根本目的是促进幼儿全领域的发展。

（2）幼儿教育课程内容选择的前提是要判断幼儿对其是否感兴趣和需要。

（3）幼儿教育课程应该关注个别幼儿的特殊需要，既要关注全体幼儿，又不忽视和拒斥个别幼儿。

---

① 陶西平著. 借鉴多元智能理论与实践研究（多元智能在中国）[M]. 首都师范大学出版社，2012：106.

（4）幼儿教育课程要满足不同幼儿的需要和兴趣。

（5）幼儿教育课程强调学习是解决问题的学习，不是简单的内容识记。

（6）幼儿教育课程要能调动幼儿多种智能，这样的课程内容才是最有价值的。

（7）幼儿教育课程不仅要关注幼儿的长处，还要关注到幼儿的短处。

（8）幼儿教育课程的活动设计和组织过程要以多元智能理论为指导前提。

（三）多元智能教育理念在运用中的注意事项

加德纳指出：多元智能本身是个心理学范畴的理论，仅就其本身并不能导出直接的教育含义。但是，如果依照多元智能理论确认人类个体的智能层面的差异，并利用此理论设计一种针对性的教育体系，这是可能的。

1. 加德纳教授在《我是怎样提出多元智能理论的》一文中指出，任何对多元智能理论的严肃应用，都应该至少包含以下两个方面：

（1）最大可能使教育个性化。

（2）多种方式表达和传授重要的思想和概念。

2. 美国芝加哥艾里克森幼儿发展研究生院教授，前美国教育研究协会多元智能研究组组长陈杰琦有如下观点。[①]

（1）多元智能理论可以"迁移"到学校教育、社会教育和家庭教育中来，但也存在一些问题。我们既要重视多元智能对教育发展的积极推动作用，又不能过分夸大，使其超越它自身具有的特性。因为，第一，多元智能理论属于认知心理学的范畴，价值中立是它的重要特点；第二，培养学生多元智能与发展他们的健全人格并不等同，但前者有助于后者的发展；第三，多元智能本身不是也不应该成为教学内容。它只是促进个体智能发展的手段或策略。它本身并不是目的，我们不应为多元智能而教，而应利用多元

---

① 陈杰琦. 多元智能理论应用中需澄清的三个问题 [J]. 人民教育，2004(22).

智能促进幼儿的全面发展。

（2）可以将多元智能理念看作是一个框架，这个框架的中心是认识、尊重和充分利用个体智能差异。充分发挥每个人的智力潜能，最大限度地利用个人特点，就是因材施教，就能做到人尽其才。另外，框架是有限制的，这种限制一方面表现在多元智能本身所涉及的范围、讨论的问题是有限制的；另一方面，我们在运用多元智能理论时要权衡多方面因素。就是说，个人特性和团体协作要平衡，自由发展和社会准则要平衡，充分发展幼儿个性与成人对幼儿的指导性培养要平衡。

（3）也可以将多元智能理念比作一枚棱镜，它能让我们看到的是多彩光而非单色光。光谱的颜色不同，波长不等却组成了最和谐的自然光。每一个幼儿的智能就如同一束自然光。幼儿的智能差异不是谁有谁无的问题，而是组成形式不同的问题。了解幼儿不仅应认识其每一单色光（智能）以及它的波长和特点，更重要的是认识如何能够巧妙地把不同波长的光（智能）组合在一起，最大程度地促进每一个幼儿的全面发展（这也是"光谱项目"的核心内容。光谱项目是美国哈佛大学著名的"零点工程"的一个子项目，它力图倡导一种完全不同的方法，让教育去发掘每一个儿童的特点，适应他们的能力水平，并使他们得到最大限度的发展）。这才是多元智能理论在教育运用中的基点和实质。我们理解为就是常说的世界上没有包治百病的灵丹妙药，只有对症而下的良药。

多元智能理论在逻辑上并不严密，但在教育界却极受欢迎是有原因的。从时代精神来看，多元智能理论契合了重视差异与多元的时代趋势；从人的心理发展来看，多元智能理论强调了我国当前教育中被忽视的一些重要层面，其主要内容与我国素质教育改革内容不谋而合。

（四）多元智能的发展趋势

2008 年，《智能的结构》出版 25 周年，加德纳提出了多元智能理论今后发展的方向：

1. 多元智能理论今后将会更多地应用到学校以外的博物馆、政府机构、工作场所等地方。更多的计算机软件将设计出来，以提供虚拟的真实场景，激发多种智能。由于 20 多年来生物工程和大脑神经网络及其相互之间联系的知识，呈现出爆炸般增长的趋势，许多探索大脑各部位结构和功能的新技术也不断涌现出来，所以应该深入探索不同智能的遗传因素，深入研究智能和神经系统之间的关系，研究智能的发展及其相互之间的作用。①

2. 多元智能理论未来的一个发展趋势是进一步全球化，并且各国研究与应用的交流不断加速。各国的教育改革将因此加快相互交流、相互借鉴的步伐；多元智能的理论和实践，也将进一步深化和拓展，教育改革的效果会更好，误解和误区也会更少。多元智能理论因此对全球教育改革造成的冲击也会更加明显和广泛。②

3. 多元智能理论与伦理道德的研究和教育相结合，也就是与德育相结合。从提出多元智能理论伊始，加德纳就明确指出仅仅有智育是不够的，也就是仅仅开发人类的多元智能，未必一定会有益于社会的发展和世界的和平，因为同一种智能，既可以造福人类，也可能危害人类，关键在于拥有高智能的人的价值取向。③

因此，多元智能的终极目的是培养优秀工作者和优秀公民。

就教育而言，应该大力培养学生在优秀工作者和优秀公民这两方面的思维和能力。尤其在当前这个经济全球化和数字化的时代，在应用多元智能促进学生发展的同时，更要关注对于学生品行的教育帮助学生克服单一狭隘、以金钱和权力为基础的"成功观"，树立可以因为多种角色获得成功、可以通过多种方式运用自己的智能、可以用或大或小的方式来帮助这个世界的观念。

---

① 沈致隆，多元智能理论的产生、发展和前景初探 [J]. 江苏教育研究，2009.3C：25-26.
② 同上
③ 摘自张金秀：多元智能理论与全球教育转型——2010 年北京多元智能理论国际研讨会综述 [J]，比较教育研究，2011（3）：88.

（五）关于智能的测试

加德纳教授指出，目前要迅速通过纸笔工具测量一个人的智能最常见的方法是自我描述法。但他同时指出除非有非常好的自我认知智能，否则一个人难以准确地理解和描述自己。假如想提高这种纸笔测量工具的时效性，应该给四个不同的人发调查问卷（被试者本人、家长、朋友和老师）。如果他们都同意测试，这种测试才可能算是一种较好的迅速的智能测量方式。但他同时明确提出以某种快速的纸笔测试的方式去测试一个人的智能是一件肮脏的不道德的事情。他更提倡去创设一种自然丰富的环境，然后观察被测试者的行为特点，即如何运用不同智能做事情或解决问题，而不是让他去做测试的多项选择题。

（六）多元智能与《指南》五领域的关系

五领域是指教育部颁布的《3～6岁儿童学习与发展指南》中从健康、语言、社会、科学、艺术五个领域描述幼儿的学习与发展。每个领域按照幼儿学习与发展最基本、最重要的内容划分为若干方面。每个方面由学习与发展目标和教育建议两部分组成。应当说，这五大领域基本涵盖了幼儿个体在发展初期所需要接触和了解的关于这个世界和人类社会的方方面面。

不论是从遗传与环境的关系角度，还是从幼儿个体身心发展的角度来讲，幼儿期的个体，在身体和心理上都具备了多方面发展的可能性。而在多重可能性的基础上，幼儿向哪一个或哪几个领域发展，就依赖于教育者施以什么领域和重点的教育。教育者所重视和强化了的内容，幼儿就可能会学得更好，获得更好发展和进步，而忽视或未加以重视的内容和领域，就可能得不到好的发展。因此，教给幼儿的内容就显得十分重要。而"五大领域"的观点则基本涵盖了一个成熟的、健康的和发展全面的个体所应了解的各个方面。为了让幼儿在未来的发展中不出现"偏科"的现象，让幼儿从小就能够全面发展，必须在幼儿园日常教育教学活动中贯彻五大领域全面落实的理念。在幼儿园常规活动目标和具体教学活动的设计方面，

尽量兼顾五大领域，使幼儿全面发展。

多元智能中八大智能的划分与大脑功能分区的划分是吻合的，说得比五大领域要更加具体，对于普通人来说也更加易于接受。如果能够按照八大智能的划分来有计划地分别锻炼幼儿的各种智能，必将使更

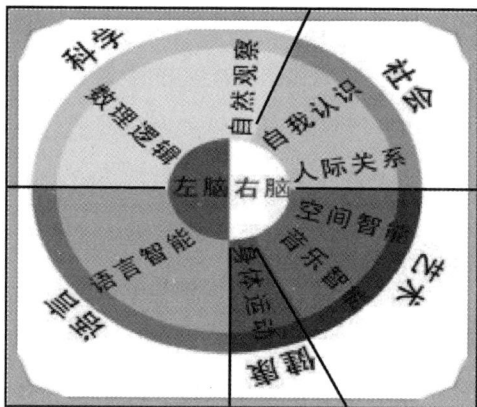

图 1-2

多的脑区得以发展。八大智能的开发运用为幼儿全面发展提供了一个很好的途径和参照标准。因此，五大领域与多元智能实质上是同一事物的不同分类与说法，图 1-2 简易说明了二者的关系①。

多元智能理论认为每个人都是可以取得成功的，只是成功的领域不同。它使人们从一个新的视角审视个体的成功和评价子女的学习成绩。

那些仅仅用文化成绩(语言、逻辑—数学两种智能水平)评定幼儿优劣，并以此相互攀比，或因此而恨铁不成钢导致放弃管教幼儿的家长，应学习多元智能理念，树立正确的全面发展的育子观。

四、多湖辉的"父母是关键因素"的教育理念

多湖辉（1926 ~ ），日本杰出心理学家、教育家。二战以后，日本朝野上下在讨论教育投资时认为不应该把教育开支看作消费，而应视为投资，这深刻影响了日本政府、教育工作者和父母的教育观，在全日本掀起了一个教育投资改革的高潮。多湖辉教授对幼儿心理和脑力开发研究有独到的见解，他提出了许多值得反省的问题，给人以启迪。与多数专家、学者不一样的是，多湖辉的教育思想更具实践性，直指孩子教育的具体实际问题，

① 此图摘自 http://www.hisbq.cn/templates/default/a.html#a3 有改动。其中，八种智能的说法与加德纳教授的多元智能说法略有差别，但是指同一智能。

并对具体问题提出了许多具有建设性的意见。

他认为增强孩子能力的最好办法就是使父母真正成为孩子的教师。父母不仅要了解孩子独特的心理动态，而且应该针对孩子的个性特征、不同的生长时期，不断地在与孩子的生活实践中摸索、学会教育孩子的方法。事实上，古往今来多数做父母的对子女的培养和教育都是十分用心的，为了培养孩子成才，他们费尽心血，但是，往往并没有取得相应的成效。究其原因就在于孩子的父母没有以一个教师的心态来引领、教育孩子。以下是多胡辉提出来的父母教育孩子的具体做法。

（一）奖罚分开使用的教子办法

1. 对孩子生活习惯的教育应坚持每隔三天验收一次管教的成果。无论父母的管教方法如何，最起码要帮助子女养成良好的生活习惯。但只教育不验收成果是不能形成良好生活习惯的。

2. 规劝孩子的朋友是管教自己孩子的良机。直接责备或警告自己的孩子，往往会引起孩子的反感，达不到管教效果。这时，不妨责备与自己的孩子在一起做错事的别的孩子，利用责备孩子的朋友提高责备自己孩子的效果。

3. 对孩子的小过错当场指责，大过错则暂缓批评，留给孩子自我检讨的时间，以后再找机会询问大过错，以显示对孩子无限的关怀。

4. 称赞自己孩子的话由他人传达效果更好。借助第三者来传达表扬孩子，比父母直接表扬的效果更好。比方说，可请老师告诉孩子："你妈妈说你在家好懂事哦！"

5. 父母要避免用同样的话语多次责备孩子。责备孩子，要注意：一是不可多次重复用一种语言；二是责备时的声调应比平时低。因为压低的声音可强调和对方之间的亲密。由于语气和平时完全不同，可使对方感到不平凡而不愿错过机会，无形中唤起了对方的注意力。压低的声音在生理方面来说，可帮助集中精神。

6. 保持沉默往往能发挥更好的效果。孩子成长到一定年龄以后，就能区分对错了，知道犯错后一定会受罚，这时管教子女时，保持沉默的方法，同样能发挥很大的效果。

7. 对孩子有时可不必说明责备理由。

8. 父母蹲下与孩子保持平视后责骂孩子效果更佳。

9. 处罚过错的恐吓中至少五次中要真实地做到一次。孩子每次达不到要求都给予惩罚，则会压抑孩子的心，使孩子对父母产生恐惧。当以恐吓为管教方法时，五次恐吓中要做到一次，造成"可能会遭受惩罚"的不安感，从而达到管教效果。

10. 以"说的也是"来应对孩子的"可是"。指责孩子过失时，孩子很可能会反驳说："可是隔壁的 ×× 也那样做"或"可是以前爸都没有讲我不对"等，以这类话对自己的行为进行辩护。这时，要当场让孩子平心静气地想一想，父母不妨答以"嗯，说的也是，原来是这样啊！"先肯定孩子的话，然后再说："不过，你所做的还是不对"。但要了解孩子的"可是"是纯粹逃避还是确实如此，发现孩子强词夺理时，务必要指责。

11. 孩子转嫁责任时要帮助孩子划分责任界限，使孩子能客观了解，即需促成孩子用头脑想，除了自己外还要考虑他人的立场。

12. 孩子对某事干劲不足时不妨主动让其停止他不肯做的事。

13. 父亲保持沉默才是明智之举。心理学多项实验证实：沉默的态度能给人稳重感。古今父母亲之间的差别，也就在沉默技术的应用上。现代的父亲偏向于多说话，而子女最讨厌的父亲便是和母亲同样唠叨的父亲。就这点来说，父亲保持沉默反而有益。

14. 父亲应站在第三者的立场，扮演"黑脸"的角色。

15. 要对孩子说重要的事或要求时，先声明强调"我只说一次"，这样会使孩子更注意倾听。

（二）不听任孩子摆布的教子办法

1. 父母以"也有人这样做"应对孩子"别人都那样做"的要求。如，孩子要求买玩具车时就会说"同学××等都有，我也要"，对此可答以"也有的小朋友如×××就没有"。

2. 必须接受孩子的要求时最起码要等一星期后。因为好不容易得来的喜悦和立刻到手的喜悦，心情是不一样的。

3. 拒绝孩子要求时不要搪塞，应表示接受要求的条件或果断拒绝。

4. 不要哄骗不肯独睡的孩子，要明确告诉孩子晚上是属于成人的时间，成人与小孩的生活要严格区分。

5. 帮孩子养成说清楚一句完整话语的习惯。幼儿语言的特色之一就是省略主语和谓语，只说目的语。譬如，孩子想要人抱只说"抱"，仅说其中的目的，不会完整地表达"我要"。这是小孩缺乏"自我意识"，长大后仍依赖成人的主要原因。

6. 为控制孩子的任性，由父亲坚决拒绝孩子的要求。在现代各家庭平均子女数仅有一两个的情况下，孩子大部分已成为"宠物"，母亲为减少冲突，于是就允许孩子任性。这时若是由父亲出面，在孩子面前表示坚决拒绝，便能控制孩子的任性。

7. 与其禁止孩子哭泣，不如倾听孩子诉说其心声。爱哭多数是孩子向父母撒娇的战术，而在无法撒娇的别人面前，虽痛苦不堪也不会哭。因此，父母不应该因怜惜孩子哭泣而安抚。若想攻破孩子的哭泣战术，分开"哭泣"与"诉苦"这两种行为即可。如此，孩子借"哭泣"达成"诉苦"的手段就无法得逞。所以，当孩子哭泣时，绝不听孩子诉苦，父母以要诉苦就不哭的态度应对，这样便能帮助孩子区分哭泣为撒娇或诉苦这两种行为。

8. 做游戏时也不允许孩子耍赖。防止养成孩子凡事可从头开始的观念，造成孩子缺乏深思熟虑且没有耐心的坏习惯。要帮助孩子勇于面对，绝不能允许耍赖。

9. 要有意识地让孩子照顾年龄比自己小的孩子，可纠正其任性。对任

性的孩子采用"角色扮演"法，派他照顾年龄比自己小的小孩。从这件工作中，孩子首先会发现任性并不一定行得通，还可从照顾别人中了解任性给人的感受。一旦认清这些利害关系后，原来的任性行为自然会减少。

10. 借分析得失来说服，可封杀孩子的任性。多方努力让孩子明白听从父母可获得好处，孩子的任性自然会减少。如孩子不愿学习识字时，父母设法让孩子晓得，识字就能看懂电视动画片中的字幕或漫画书的说词等好处。

（三）避免孩子依赖的教育办法

1. 父母应认清孩子是独立的个体。

2. 父母应先和自己的父母"断奶"做表率。

3. 父母起码一星期有一天的自由时间。只有父母和子女组成的小家庭，母亲宜每星期有一次完全放开孩子，给予自己自由的时间。一星期至少有一次参加有益身心的聚会活动或访问朋友等，即使无法外出，也可在家专心地工作或阅读，以改善过度照顾孩子的情形。

4. 以一般标准语言应对孩子的幼儿语言，不应附和孩子的幼儿语言。

5. 避免在孩子面前说孩子是"独子"或"奶奶的宝贝"等。

6. 不宜滥用、随便用"妈妈不对"这句话。

7. 小孩子们在一起吵架或打架时，父母应当旁观者。打架对孩子的心理发展其实具有重大意义。只要小孩子打架或吵架时不借助他人，依靠自己的力量克服困难，多数能练就独立处事的能力。父母不应该出面相助而剥夺孩子取得这种宝贵经验的机会。如果不放心孩子，不妨站在客观的立场，观察孩子是否有危险，否则不要出手相助。让小孩子依靠自己的力量克服困难，练就其独立的处事能力。

8. 和孩子一起乘车时，父母应避免对座位表示太关心。

9. 孩子说"好累，走不动"时，应当场让孩子休息。孩子开口说累，父母立刻伸出援手，次数多了孩子会养成依赖父母的习惯。如果重复几次，以后孩子每遇到困境一定会选择逃避，成为依赖性强的孩子。如果孩子还未说累，父母就先问"会不会累"或"要不要背"等，是有欠缺的，应改正才好。

10. 对孩子摔倒时的问话不用"很痛吧"而用"不痛吧"，以免诱发孩子不痛也痛的依赖心。

11. 明知孩子碰上困难也要佯装不知情。除非是孩子面临非常重大的危机，否则，有时不妨佯装无事，这样可避免孩子养成一味等待救援的依赖性。

12. 不要在孩子面前评议老师过错或批评老师，否则将导致孩子轻视老师或忽视功课。就像父母在孩子面前说邻居不好，不知不觉会影响孩子的看法，而对邻居起反感。对老师亦然，孩子轻视老师或忽视功课受损的是孩子。有问题可以避开孩子面在父母与老师间谈即可。

13. 让孩子适当做家务可培养耐性。自古以来，杰出的人物，大都是在逆境中长大的，有"缺乏感"或"饥饿感"才会产生动力。不让孩子以做功课为优先，而是帮忙做家务，利用剩余的时间做功课，孩子才能真正投入其中。

14. 应尊重孩子与孩子间的约定。

（四）当孩子面对困难时的教育办法

1. 对孩子完全不了解的工作给予基本的指示就行了，事前做太详细的说明，对孩子来说便失去了新体验的意义。

2. 父母也需向乖顺的孩子挑战。乖顺的孩子是缺乏处世原则的孩子，他们从不对四周人的话存疑，只是一味地听从，这样的孩子难以养成独立的个性。所以父母可适当故意制造与其意见冲突的挑战场面，让孩子提出意见。

3. 给予孩子一定的外出时间。

4. 有时可让孩子扮演"钥匙幼儿（指回到家看不到父母，寂寞而孤独

的儿童）"的角色。现行的幼儿园或小学教育，以团体生活为第一。父母也都倾向于过度保护孩子，照顾得无微不至，这成为抑制孩子独立的诱因。父母应刻意为孩子制造一个人玩耍，一个人学习的机会，作为培养孩子独立的方法。

5. 可偶尔和好朋友的孩子交换留宿。

6. 应让孩子对客人做自我介绍，甚至让孩子同席。适当的时候让孩子接见父母的客人，不允许孩子不关心客人，或任由孩子逃走藏匿，至少要让孩子和客人打招呼。年龄大点时要求孩子做自我介绍，甚至要求孩子和客人同席。刚开始时，孩子可能会感到拘束，但经过几次训练后，情况自然会改善。

7. 孩子被欺负时应鼓励孩子战胜对方。父母不到对方家，不指责对方父母教导无方，不为孩子诉苦，对哭着回来诉说的孩子，不妨鼓励孩子想可行的办法战胜对方。

8. 孩子失败时命令孩子重来，可培养孩子的责任感。无论是成人或小孩努力做事失败后遭受指责，都会不愉快，而且会心生反感，失去自我反省的余地。为此，不如命令孩子重新再做，这样可促使孩子分析自己的失败，避免再犯同样的错误，还可促进孩子动脑思考，也可培养孩子的责任感。

9. 让孩子正式参加成人的各种庆典活动。

10. 尽量带孩子参加亲友的葬礼。让孩子早点了解并直面死亡的事实，是帮助孩子独立最有效的方法之一。找机会带孩子参加亲友的葬礼，让孩子目睹他们永远离开的情形，让孩子对死亡有具体感觉，体会生命的可贵。

11. 与孩子玩游戏应认真，不可故意退让。由游戏的输赢而养成孩子的依赖，将来真正遭遇困难时，孩子很可能就没有勇气面对了。

12. 开学典礼是教育孩子独立的好机会。为孩子成长，孩子的父母与孩子的心需一致，双方均需重视开学典礼，因为这是最佳的教育机会，所以父母与子女双方都要以虔诚之心参加。

13. 帮助孩子以"我"称呼自己，培养孩子独立的个性。父母应尽早帮助子女以"我"称呼自己，宜趁早以名字称呼孩子，否则孩子心理上无法产生自我，也无法独立。

（五）让孩子独立的教育办法

1.命令孩子如何做，不如反问孩子该如何做。这样可促使孩子思考。虽然结果可能不符合父母期望的要求，却能培养孩子主动处理问题的能力。

2.任何时候父母不宜抢先为孩子表达意思。打个比方就是：假设我们外语能力差而单独出国旅行时，如果精通外语的翻译整天寸步不离，虽然和外国人交谈十分方便，但自己的意思却未必能传达给对方。因此，就不如自己用比手画脚再加上身体语言，一手拿字典查阅，一句一句拼出句子，反较能传达真正的意思。

3.避免给予孩子完整的答案。孩子对某事存疑时，表示孩子的头脑活动十分活跃，是训练思考的最佳机会，我们不要给予完整的答案，留些问题让孩子思考，孩子将会更热衷于解开难题。

4.利用看电视节目时教育孩子。如父母和孩子一起观赏电视节目时，父母经常提出类似"如果是你，你会怎么办？"的问题，促进孩子思考。

5.在属于父母的时间内不要理会孩子的要求。亲子间纵使相处时间短，也应有各自独立的时间。如看书时和孩子在不同的房间，造成另外的生活空间，完全不理会孩子，培养其独立性。

6.从小训练孩子培养一种特长。不要强迫孩子学什么，而应鼓励孩子想学什么，这种方式可以十分巧妙地引导孩子积极向上。

7.与孩子的约定宜在家人面前宣布。特别是对不守约的孩子，要利用这种方法，在家人面前宣布孩子该做的事。这样不想被当做骗子的孩子，自然努力守约。

8.无法持久学习的孩子应先给予小目标。为避免孩子做事形成半途而废习惯，可采用目标分段法。把目标分成几段，先设定最容易达成的目标段，完成后，再朝第二个目标段迈进。就如爬梯一般，一级一级往上爬，逐渐

地接近最后目标。

9. 孩子守约守时应给予称赞。守时是促进孩子自律精神发达不可或缺的要素。

10. 父母与子女的东西应区分清楚。

11. 家中应布置有完全属于孩子的空间。

多湖辉所提出的解决孩子心理问题和教育的具体方法虽然没有通常教育理论的完整体系，但却是十分有用的。他为父母们所提供的教养孩子的具体方法不但有助于培养下一代独立健康的人格，也有助于建立良好的亲子关系。限于篇幅，这里只摘编部分内容，没有把他所写的解决问题的办法、原理、原因、举例说明等详细地编写进来。

五、华德福的个性化教育理念

（一）华德福教育的起源与在我国的发展

1. 华德福教育的起源。

1912 年，奥地利科学家、教育家、哲学家鲁道夫·斯坦纳(1861 ~ 1925)创立了人类智慧学。1919 年经过他多年的实践和研究人类智慧学的哲学体系形成，其下有艺术、建筑、农耕、教育、医学、残障人帮助等分支。其中教育分支的理念得到了德国斯图加特的华德福 – 阿斯托瑞尔 (waldolf–Astoria) 烟厂经理艾米尔·莫特 (Emil Molt) 的认同。他邀请斯坦纳为烟厂工人的孩子办一所子弟学校。1919 年 9 月 7 日子弟学校建成，并以工厂名字命名为华德福学校 (Waldodschool)。这所华德福学校办得很成功，受到当时社会各界的好评，人们都认为这是未来教育的典范。后来，凡是赞同鲁道夫·斯坦纳的教育理念，并以其作为指导思想办学的学校，都称为华德福学校，其教育理念统称华德福教育。华德福教育历经 90 多年的发展，目前在五大洲不同文化背景的国家有近千所华德福学校，并且得到联合国教科文组织的推荐。

全球的华德福学校都是非营利机构，他们通过社会捐赠和其他教育基金的注入筹资，共同管理，学校财产不属于任何一个人。

2. 华德福教育在我国的发展。

1994 年，一对在中国旅游的澳大利亚夫妇把华德福教育介绍给中国学者黄晓星和张俐，并帮助他们先后到英国和美国的相关学院接受了华德福教师培训，在美国实践华德福教育工作。后来，李则武、吴蓓和郁宁远也先后在英国和美国接受了华德福教师培训。同时，来自德国的华德福学校毕业生卢安克，在广西的一个偏僻农村为孩子实践华德福教育多年，被媒体广泛报道。至此，华德福教育开始在中国被了解和接受。

2002 年，黄晓星的书《迈向个性的教育》在国内出版。通过这些学者的著作和媒体的报道，国内的很多人对华德福教育有了更多的了解。2004年夏，黄晓星、张俐、李泽武等人发起，联合十几位包括大学生、学者、工人、商人和学者等在成都建立了国内第一所华德福幼儿园。从不足 3 亩土地的破落农家乐开始发展，现在已发展为幼儿园、小学、成人培训中心，校园面积近 30 亩，在校学生 400 多人，而且还有很多孩子排队等待进校。到目前为止，国内有超过 200 所华德福幼儿园和 40 多所华德福学校。自2004 年以来，越来越多的中国幼教工作者开始关注、解读和实践其幼儿教育理念。

（二）华德福教育的理念

1. 华德福教育的幼儿观。

每一个孩子都有独特的天性，幼儿的生命组织构成主要用于健全和平衡身体。在这个年龄阶段幼儿身体成长极其迅速。

幼儿主要是本能地用模仿进行学习，如果过早地开发幼儿的智力就会透支生命力，影响幼儿的整体平衡发展。

幼儿期在人的发展过程中处于人的生物性发展阶段，其成长主要显示出植物性特征，自然界的一切都符合孩子的天性。

幼儿好动是天性和本质持征，是来自生命发展的需要。如果得不到很好的保护和发展，就会直接影响到他的呼吸系统、消化系统、排泄系统和免疫系统等的发育。

2. 华德福的教育观。

人与世界的联系是发生在意志、感觉和思考这三个方面的心灵反映上，保持这三个方面的平衡发展是华德福育教学方法的基础。

他认为教育是科学的，也是艺术的，教育是基于对人本质全面观察和认识的基础上充满着生命力和创造性的活动。

他认为教育就是尊重、帮助孩子走上属于他们自己的自由旅途，自由的树立一种个性的、为人类服务的精神。

他的幼儿教育不提倡像小学那样的"正规学习"。他不教孩子读书、写字和算数，而是注重孩子身体的健康成长。

他认为给幼儿温暖和爱是幼儿园教育的重要内容，要注重幼儿身体、心理、灵魂。

他注重精神的整体健康、和谐、自然发展的全人教育。

他认为人的意识是以 7 年为一个周期，阶段性发展的。据此，教育就是配合人的意识发展，以 7 年为一个周期，以学生的意志、感觉和思考的发展需求为目标，分阶段帮助学生的身体、心灵和精神平衡和谐的发展，最终帮助学生形成具有创造性、道德感和责任感的独立思维的人。

其分段如下：

（1）幼儿阶段（7 岁前）——进行世界是善的教育。孩子通过模仿来学习、成长，以滋养生命力来建构身体为主要工作。华德福幼儿园的课程安排是在日常生活中学习，包括游戏、故事、音乐、艺术、手工、运动、照料动物、做面包、做家务，等等。幼儿园的作业大多是在阳台上种一盆小麦，让幼儿轮流浇水，或养一金鱼等小动物，让孩子轮流照料，或帮助老师布置教室、洗被子、做清洁等等。

（2）一至八年级（7 岁至青春期）——进行世界是美的教育。

（3）九至十二年级（青春期到 21 岁）——进行世界是真的教育。

3. 华德福教育的教师观。

教师是出于对孩子的关爱，关心他人、呼唤爱心、崇尚奉献精神而去从事教育的。教师要把学生当作他们的老师，在教学和生活中不断地自我完善、成长和成熟，用行动来鼓励人们多做社会公益事业和关心社会弱势群体。

所以，世界各地的华德福学校常常成为志愿者、老师、家长和孩子共同学习、互相交流和不断完善的场所。

4. 华德福的教育准则。

每一个人都是独特的个体，有其不可剥夺的价值与尊严，功名利禄之类的标准，绝非人之追求所在。在人生道路上人要做的是开拓自己生命的意义，尽力达到完善的自我。只有当一个人懂得自己为人的尊严和价值时，他才会尊重他人，尊重自身所在的世界，懂得感恩，懂得爱与分享。

（三）华德福教育的课程特点

华德福教育是根据幼儿不同阶段进行整体平衡教育，并结合幼儿与生俱来的智慧和独特的个性本质，进行深层意识教育。它没有固定的课本、作业之类的东西，孩子主要是通过耳朵、眼睛、口头表达和动手模仿来学习。

1. 艺术化的教学。

这并不是想让孩子都成为艺术家，而是在每一门学科中都带入滋养孩子身心的艺术元素。比如贯穿其教育全过程的韵律活动、唱歌、舞蹈、绘画等教学方式，主要是让孩子身心都参与其中。

华德福教育具体方法有：每天早上有 2 个小时的主课时间。主课的教学内容为版块式（类似于主题教学），如数学版块、童话版块、历史版块、地理版块等，每个版块持续 3 ~ 4 周。这种方法很适合孩子记忆的方式，即记忆、遗忘、拾起、遗忘、掌握。这样孩子对同一个科目会有更深刻、更深入的理解和参与。

在每天早上的主课内容中有 30 ～ 40 分钟的晨圈活动时间。老师会带领孩子做配合身体运动的歌曲、诗歌、数学乘法表、故事情景的表演以及竖笛吹奏等活动。这样能充分调动孩子各方面学习机能，如听觉、视觉、动觉、触觉，让孩子的感受和肢体充分发展。

2. 对学生不作具体的优劣评价。

在华德福教育中不会用单一的学科分数来评判孩子优劣，而是以孩子整个身心的健康发展为教育指导的前提，即不评定、不考试、不公布测试结果。

（四）华德福教育与现实的矛盾

华德福教育简单地说是一种注重身体、心灵整体健康与和谐发展的全人教育体系。它主张按照人的意识以 7 年为周期的发展规律来设置教学内容，以便于人得到恰如其分地发展。从理论上讲其教育是完美的、理想的，也是行得通的，但要在我国具体实施，其可行性却受到很大的局限。例如，华德福学校没有考试，而在我国以考试成绩为评判标准的教育教学评价体制下，如何知道孩子学习的进展，是其与现实不可忽略的矛盾。

（五）总体评说

华德福教育是以人为本的教育。它以自然环境和人类社会和谐发展为目标，用健康、平衡的方式，追求孩子的全方位成长。在孩子在善、美、真的发展过程中让其充分了解自己的潜能、孕育自由的精神，帮助他们逐渐成为一个具有创造性思维、社会道德责任感和实践能力的人。

它是一种让人感动的教育。华德福教育不主张进行极端性、竞争性的教育，而是鼓励学生合作，培养合作精神，培养尊重和接纳每一个有不同性格的人，同时保留个人的独特个性。

它对现行教育有良好的矫正作用。华德福教育是一种极具人性的人本化教育，追求善、美、真，是极其符合人的意识发展规律的。它又能结合儿童独特的个性，协助儿童的智慧生成和健康成长。

它通过艺术、科学等方面的教育，平衡地进行引导，使学生用不同的视角去认识物质世界，让学生不但发现一个真实的世界，同时也发现一个善良美丽的世界。

六、皮亚杰的阶段性与榜样的教育理念

让·皮亚杰 (1896 ~ 1980) 是一位著名的心理学家、逻辑学家、生物学家和哲学家，还是一位发生认识论者。其研究范围非常广泛，著作也非常多。其关于儿童思维、道德发展的阶段性理论受世人广泛应用与推崇。我国相关心理学专家在国内进行联合研究，重复了皮亚杰相关的试验，结果证明他关于儿童的学说在我国具有普遍适用的意义。这里只简单介绍其儿童发展阶段理论中的思维与道德的相关部分理念。

（一）幼儿认知与智力（心理）发展

皮亚杰认为幼儿的认知与智力发展从诞生到成人这一段可以和身体的成长进行比较，与身体成长一样是分阶段的。其核心是发生认识论，涉及图式（人类认识事物主观上的结构）、同化（个体将新的知觉事件或刺激事件纳入已有行为模式之中的过程）、调节（个体心理内部图式的改变以适应现实。同化只是图式的量变，调节能使图式发生质变）、平衡（在个体对环境的能动适应过程中，同化和调节两种机能活动之间存在的一定稳定状态）四个基本概念。

幼儿心理发展实质上就是趋向平衡的活动。"平衡"是关于心理发展的最高原理，意思是说，一切心理的成长都是向着更加复杂和稳定的组织水平前进。"从心理上的解释来讲，主要的不是把平衡当作一种状态，而是当作一个现实的平衡过程。平衡状态只是平衡过程的一个结果，而过程本身则有较大的价值。" ①

---

① （瑞士）让·皮亚杰著，傅统先译 . 儿童的心理发展（心理学研究文选）[C]，山东教育出版社，1982：126.

身体的成长是趋向比较稳定的水平，其特征是完成成长的过程和各种器官的发育成熟。同样，心理的发展也可以说是向着平衡的最后形式发展，最终构成成人的心理。心理发展是一个不断前进的平衡过程，从较低的平衡状态走间较高的平衡水平。

（二）儿童思维发展的阶段性

皮亚杰根据幼儿思维发展的主要特征和变化的规律，把幼儿思维的发展划分为四个主要的发展阶段，即感知运动阶段（0～2周岁）、前运算（"前运算"这一名词系皮亚杰从数学和逻辑学中借用来的，意思是指思维活动的过程）阶段（3～6岁）、具体运算阶段（7～11岁）和形式运算段（12～15岁）。他对阶段划分作了如下说明：

1.思维发展阶段的划分是相对的。每一个幼儿的思维发展都是一种"平衡—不平衡—再平衡"的连续发展过程，呈现出思维发展的连续性。但在不同的年龄阶段，思维发展又有不同的特点，呈现出阶段性。这种不同年龄阶段出现的思维特点是阶段划分的依据。

2.阶段的先后顺序是恒定不变的。幼儿的思维随年龄的增加，由低到高，从一个阶段进入下一个阶段，逐步达到最高水平。但是发展阶段同年龄之间的联系并不是固定不变的。由于社会环境、文化教育和活动范围的不同，有些幼儿可能发展得快些，有些幼儿可能发展得慢些，但思维发展的次序是不变的，即不能跨越某个阶段，也不能颠倒阶段的秩序。

3.每一阶段的发展都为下一阶段打下基础，而且前一阶段形成的认知结构都被归入到下一阶段中的一个基本成分。

4.每一阶段都有一个准备期和完成期。在准备期内，思维发展的特点同上一阶段有着明显的联系。在进入完成期后，该阶段所应具备的认知结构才达到平衡状态，并为进入下一阶段做好准备。

由于本书主要研究幼儿园阶段（3～7周岁）幼儿教育内容，这里只介绍皮亚杰的前运算阶段的幼儿思维活动特点。

（三）前运算阶段幼儿思维活动的特点

前运算阶段指幼儿在 3 ~ 6 岁这段时期。在这个时期，幼儿的思维活动呈现以下特点，家长与幼儿园工作人员要高度注意。

1. 以表象思维为主。事实上，在感知运动阶段的后期，表象思维已开始出现，但还没有占据统治地位。进入前运算阶段之后，在上一阶段感知运动智力活动的基础上，幼儿能利用实际生活中获得的表象进行思维，且这种思维成为智力活动的主要方式。依靠这种思维，幼儿可以回忆他过去曾接触过的人和事物，并利用这种记忆表象进行各种象征性的活动。例如，用一根竹竿当马骑；还可以进行延迟模仿，如模仿以前看过的电影中某个人物的动作；等等。

2. 中心的片面性。幼儿在观察事物时，仅仅把注意力集中在他最感兴趣的或事物最突出、最显著的方面，而对其他方面却视而不见，听而不闻。由于这一特点，就使得他的判断和推理缺乏全面性，显得鲁莽和幼稚可笑。例如，一个 6 岁的孩子对一个 5 岁的孩子说：我今年 6 岁，你才 5 岁，你打不过我的。这个孩子只看到年龄大小，而没有想到身高、力气和勇气在打斗中的作用，故而得出年龄大的一定能打赢年龄小的片面结论，让人感到幼稚可笑。随着幼儿心智的发展，这种片面性逐步改善。到 7 岁左右时，幼儿开始学会全面观察事物，判断和推理能力也会相应趋于完善。

3. 思维的不可逆性。可逆性指思维反向进行的过程。例如，把一个瓶子里的水倒入另外一个瓶子里，然后把这一过程逆向进行，把这个瓶子里的水倒回原来那个瓶子。若能进行这种思维，则说明思维具有可逆性。前运算阶段幼儿的思维还不具备可逆性，思维还只能沿着单一的方向进行。例如，把两杯同量的水当着幼儿的面倒入一个瓶身较宽的容器，然后问幼儿两个容器的水是否相等。此阶段的幼儿大多数都认为不相等。因为他们不能在头脑中把水倒回原来的杯中，因而无法理解两个容器中的水相等这个道理。由于缺乏可逆性，此阶段的幼儿也就不能形成"守恒"的概念。

4. 思维的非变换性。事物在从一种状态向另一种状态发展的过程中，

要经过许多中间状态，若能理解事物这一演变的过程，就说明思维具有了变换性。3～6岁这一阶段的幼儿还缺乏这种变换性，即在观察事物时，只注意到事物的开始状态和终结状态，完全忽视过渡状态。例如，实验者把一只球从桌上抛到地下，要幼儿画下这一过程，大多数幼儿只画出球在桌上和地下的位置，球的中间状态却被忽视了。这说明幼儿还不能形成一个系列表象，缺乏变换性。

前运算阶段从3～6岁，而这一阶段又可粗略地分成准备期和完成期两个小阶段。3～4岁为准备期，此时幼儿的思维活动还具有感知运动阶段的一些特点，但由于语言的发展，认知和思维活动迅速进步，使得幼儿的思维活动迅速摆脱前一阶段的特点，形成这一阶段的各种心理能力。从5岁开始进入完成期，各种思维能力进一步完善，为进入具体运算阶段打下了坚实的基础。

（四）前运算阶段幼儿道德发展的特点

幼儿的道德规则是成人教给他的，属于他律的性质。随着儿童年龄的增长和社会关系方面的变化，这种他律的道德规则便逐渐发展为自主的规则，即逐渐发展为自律的了。

儿童公正观念的发展经历了一个从服从到平等，再从平等到公道的发展过程，而造成儿童公正观念不断发展的主要原因是协作。

在前运算阶段（3～6岁）即幼儿园阶段，幼儿的道德发展还表现为以下两个突出的阶段性特点，成人应该注意不可由此对幼儿的道德行为进行好与坏的评价或处罚。

1.以自我为中心阶段(3～4岁)。此年龄阶段的幼儿由于认识的局限性，处在极端的自我中心状态中，根本不能把自己的身体与外部世界分离开来，还无法从他人的角度考虑问题。他只能以自我为中心，从自己的角度观察和描述事物，不愿采纳同自己观点不一致的意见。他也深信自己的观点是正确的，即使遇到同自己观点相矛盾的事实，他也会毫不犹豫地宣称事实是错误的。因此，他深信他人的想法与自己相同，还不理解、不重视成人或周围环境对他们的要求。表现在游戏时，规则或成人的要求对他们还没有约束力，只按照自己的意愿去执行游戏规则，（又称为单纯的个人规则阶段）。这时幼儿表现得特别"自私"是正常的幼儿思维。

幼儿以自我为中心并不能说明幼儿的本性是自私的，而只是幼儿思维发展过程中的一个过渡性阶段。进入前运算阶段后，随着人际交往的增加，幼儿能区别自己和其他物体，这一现象会逐步得到改善。成人不可以此评定幼儿是自私的。教育、培养、促进幼儿和同伴之间形成合作关系，是使幼儿摆脱这种自我中心的最好方法。

成人、特别是幼儿园教职工一定要高度注意这一自然特点。当幼儿表现出以自我为中心，因自私行为与同伴发生矛盾时要正确引导，要知道这是幼儿的阶段性思维特点为，不可以与成人的自私等同，更不可据此评价幼儿为自私。

2. 权威阶段 (5～6岁)。这个阶段的幼儿认为，应该尊重权威和尊重年长者的命令。一方面，他们绝对遵从成人、权威者的命令；另一方面，他们也服从周围环境对他们所规定的规则或提出的要求。幼儿绝对地服从规则要求，即以成人为榜样和范例。此阶段成人的示范、约束、滥用权威对幼儿的道德发展有极其重要的作用。这时教育工作者、家长等成人一定要高度注意自己的道德行为，特别是有幼儿在身边时要遵守为人处事的各种道德规范，给幼儿道德行为做好示范与表率。

七、奥尔夫的原本性音乐教育理念。

卡尔·奥尔夫（1895～1982），德国作曲家，音乐教育家。奥尔夫总结的音乐教育体系是当今世界最著名、影响最广泛的音乐教育体系之一，由原上海音乐学院廖乃雄教授于1981年引入我国。

奥尔夫音乐教育主要有原本性 (elementer) 音乐教育理念。原本性音乐

是一种由人们自己参与、创造的音乐。它是以节奏为纽带，把动作、舞蹈、语言紧密联系在一起的音乐，也就是人们不是作为听众，而是作为合奏者参与到音乐中去的音乐。奥尔夫原本性音乐是接近自然的、源于生活的、节奏第一的、音乐与动作结合的、能为每个人学会和体验的、非常适合于幼儿的音乐教育理念。

原本性一词，并非奥尔夫所创用，但是，他将它发扬光大，使之成为音乐教育中的一项重要原则。他说："原本性永远是一个基础，它是不受时间限制的"。"原本性意味着'属于诸种元素的、根本材料的、最早开始的、适合于作为开端的……原本性的音乐绝不单是音乐，而是和语言及动作结合在一起的。它是一种人们必须自己去做的音乐，人们不作为听者，而作为参与唱奏者地涉及其中。原本性的音乐是先于精神的，它不用大型的形式，发展了的结构，它只用短小的序列性形式、固定低音和波动的伴奏、回旋曲式及其他简单的演奏形式，原本性的音乐是自然的、躯体的，每个人可以学会、可以体验的，适合于儿童的"。所以，原本性的音乐及其音乐教育是一种最基本的形态。

（一）奥尔夫幼儿音乐教育理念的几个特点

1.即兴性。这是奥尔夫音乐教育体系的核心。即兴创造是每个人具有的本性，是散发心灵的本能反应。当 6 岁以前幼儿听到音乐时能随乐而舞，边舞边哼唱；当看到一幅画时，也可以按自己的理解用语言表达出来，并可通过简单的打击乐器，即兴演奏、即兴表演，如果没有乐器，他们就会主动地去创造、发挥想象，用手、脚或用其他物品代替进行表演。

2.综合性。音乐本体是综合的艺术。奥尔夫音乐教育不是以单一形式存在的，它不仅仅是用嘴唱或用耳朵听，而是结合动作、舞蹈、语言的有机整体。这恰恰又是人，特别是幼儿与生俱来的本能，是源于生命开端的，是接近土壤的，是心灵最自然的表露。

3.参与性。人类认知是从感性到理性，是参与的过程。奥尔夫音乐教育要求幼儿亲自参与，诉诸感性，回归人本，就是通过感觉（即视觉、听觉、触觉等）去协调，发动各个方面的能力，让幼儿主动参与到音乐活动中去体验、去唱、去跳、去抒发与宣泄。因此，通过参与音乐活动获得这个认知过程是人类学习的最主要途径，是培养幼儿情商最重要的手段，是奠定智力的基石。

4. 自然性。音乐是人与生俱来的一种智能，是人人需要的。奥尔夫音乐教育是在挖掘人人俱有的音乐潜能，是在开发、培养、发展这个天性，使孩子健康成长，让他们去感受和体验音乐语言、节奏、韵律。奥尔夫教学法不是一种固定的、封闭性的"条条框框"，他的整体内容和方法都鼓励和启发幼儿自己去创造和安排。这些过程使奥尔夫教育思想和教学法充满开放性和自然的活力。

5. 民族性。奥尔夫音乐教育就是融合、创新、开拓各民族本土文化，并在此基础上进行各种教育活动，因此具有世界民族性的特征。它让各民族的本土文化（语言、民歌、曲艺、戏剧、民间传说，古诗、童谣、儿歌、寓言、童话等）都能广泛流传。它是源于各民族自发的需要，是通俗易懂的。

6. 大众性。原本音乐是最接近自然，源于生活的，能为每个人学会和体验的，非常适合于大众幼儿。

奥尔夫的音乐教育是原本性的音乐教育，使用的也是元素性乐器——奥尔夫乐器，奥尔夫乐器有两大类：第一类是无固定音高系列的敲击乐器，即我们通常称的打击乐器，如定音鼓和大鼓、锅形鼓、双面鼓、铃鼓、锣、木鱼等；第二类是有音高的乐器、如高音钟琴、中音钟琴、高音钢片琴、中音钢片琴、低音钢片琴高音木琴、中音木琴、低音木琴等。这些都是以节奏为主，是大众性的、简单易学的、比较容易学会的、很简单的原始乐器，很适合幼儿。

奥尔夫音乐教育理念的特点也是音乐原本所有的。将音乐原有特性，系统性地运用到幼儿教育中是奥尔夫音乐教育的主要理念和特点。

(二) 奥尔夫音乐教育的基本思想

从朗诵入手，以音乐自然的本性为出发点，以节奏为基础，发挥即兴性、幻想性和创造性，运用特制简单打击乐器，让幼儿自己设计音乐(包括伴奏、合奏的安排和创作)，每人动手(脚)去唱、奏、演、跳，诉诸感性，重视体感、强调兴趣。

由于自始至终都是让幼儿自己动手来主动、即兴创造性的奏乐，边听、边唱、边跳地作乐，而不是沉闷地一味被动地听乐，呆板地、机械地坐着奏乐，所以能充分激发幼儿对音乐本能的喜爱，避免了幼儿被迫去学音乐的苦恼等弊病。

奥尔夫幼儿音乐教育体系是符合幼儿心理的一套完整的音乐教育体系，近年来被介绍到我国后，其教育方法也开始被运用于部分幼儿园的音乐教学中，并有发展壮大的势头。

它作为 20 世纪流传广泛，对世界音乐教育产生重大影响的音乐教育体系，创立时就有远见地选择了原本性音乐作为自己教育体系的标志。同时以一种开放的姿态，随世界音乐教育事业的发展而发展，随时代的变化而变化，有其存在与发展的合理性和必然性。建议在教学实践中用于幼儿音乐主题活动中，也可用在其他主题活动中，将其穿插用于活动的开场部分(提高幼儿活动情绪)或活动中场(幼儿疲劳时休息活跃氛围)。

第三节 国外幼儿教育理念发展趋势

20 世纪 80 年代以来，加速幼儿教育发展成为世界未来教育的主要目标之一。许多国家把幼儿教育作为整个教育的基础，并依据教育学、心理学、生理学和保健学等方面取得的科研成果进行新的尝试，以促进本国幼儿教育的发展。幼儿教育逐步被纳入义务教育和终身教育体系，在幼儿教育的目标、制度、内容、方式、方法等理念方面都有各自的特点和趋势。

一、 幼儿教育中心由智育向整体发展转移

当前，世界发达国家的幼儿教育目标有一个明显的变化，那就是由智育中心向注重整体发展方向转移。20世纪60年代，由于社会与经济发展等诸多因素，西方国家都以高、新、难等原则进行中小学课程改革，教学内容逐级下放波及到了幼儿教育。尤其是美国心理学家布鲁姆关于幼儿早期智力发展的观点，受到许多国家的重视，加强早期智力开发成为西方发达国家20世纪80年代以后教育改革的重要内容之一。在这种情形下，人们倾向于把早期教育误解为早期智力开发，导致幼儿教育以智育为中心，忽视学前幼儿的生理特性和情感发展。20世纪80年代以后，各国教育工作者开始呼吁要纠正这种认识上的偏差。1985年6月在日本召开的"日美欧幼儿教育、保育会议"的中心内容，就是要求从"智育中心"转向幼儿个性的全面发展。人们意识到，教育之间是相互联系的，社会和情感问题应被看成智能发展的一个重要组成部分。1990年4月，日本开始实施新修定的《幼儿园教育要领》，明确地将人际关系、环境、表现列入幼儿园的教育内容中，以纠正偏重智育的倾向，促使幼儿在天真、活泼、幸福的气氛中得到良好的发展。美国幼儿教育界也普遍重视通过社会教育促进幼儿智力、社会交往能力、价值观和自我意识的发展。

当前，以智育为中心的问题在我国到目前仍没有得到根本解决。由于家长们望子成龙心切，社会对高层次人才的需求，造成成人对幼儿寄予过高的期望。在幼儿很小的时候，人们就对他们进行某一学科或某一方面，如计算、阅读、体操、芭蕾、钢琴、健美、武术、棋类、书法等智能方面的教育。这种单一的技能技巧训练有着明显的片面性，并且在教学过程中无视幼儿的兴趣，家长强制行事，培训教师过于正规和严格，给幼儿个性的发展带来不良影响。这与各国教育转变为尊重、研究和了解幼儿的特点、提供适合他们发展的教育，让注重智育向注重整体发展转移，让幼儿通过

自然经验、社会交往和游戏等活动方式自发地、自主地去学习的理念相差甚远。

二、幼儿不分班级教育的形式将长期发展

不分班级教育在世界发达国家已成为影响现行教育改革的一种重要潮流。不分班级教育形式早已有之，蒙氏教育起始时期就是不分班级的。到近年，年级制和班级授课制在推动义务教育的普及和发展方面，发挥了重要的作用，并已推行到幼儿园。但这种制度过于强调整齐划一，忽视幼儿的个性差异，因而在19世纪末开始的欧美教育革新运动中就受到批评。

不分班级教育有如下好处：

首先，不分班级教育的思想核心是重视幼儿个体发展的差异性，允许超前和落后，使优秀学生和后进生都能获得有效发展。

其次，不同年龄幼儿混合在一起共同活动，通过社会交往，无论是年龄大的幼儿还是年龄小的幼儿，都能学到大量知识，并获得社会能力的发展。

第三，不分年级的教育还促进了教师对幼儿的因材施教，以及父母和教师之间相互联系的加强。

最后，不分班级制有利于幼儿园与小学的衔接，使幼儿从幼儿园混龄教育中自然地过渡到正规的学校教育。

三、幼儿教育社区化，出现多形式、多功能、综合性发展

幼儿教育社区化是当今世界发达国家幼儿教育发展的一个重要趋势。社区幼儿教育设施大致有三种：有专为幼儿设立的，如幼儿馆、幼儿咨询所、幼儿公园等；有为幼儿与家长共同参与服务的，如图书馆、博物馆、幼儿文化中心和各种终生教育中心等；还有所谓"父母教育"，如母亲班、双亲班和家长小组会议等。典型的范例是20世纪70年代左右在英国出现的新兴幼儿教育设施"玩具馆"。玩具馆酷似图书馆，所不同的是书架上

陈列的是玩具而非书籍。玩具馆融社区中心，收藏馆和学校为一体，它给幼儿带来了欢乐，增长了他们的知识，培养了他们与人交往的能力和对学校的愉快体验，有助于他们以后更好地适应学校生活。

四、幼儿教育倡导多元化

多元文化教育是当今世界教育的一个热门话题。联合国教科文组织 21 世纪教育委员会认为，教育的使命就是教学生懂得人类的多样性。多元文化教育实际上包括国内、国际两个组成部分。就国内而言，多元文化教育即在多民族的各种文化共存的国家社会背景之下，允许和保障各民族的文化共同平等发展，以丰富整个国家文化的教育。教师应尽量保证所使用的教具、教材（玩具、音乐、书籍等）能反映多元文化的要求；此外，在组织各种教学活动时，也应尽量使用具有不同文化和民族特色的图片等。教师应教育幼儿尊重所有的人及其文化，尊重来自不同文化背景中的幼儿，促使他们同来自不同文化背景中的人们愉快交往。

第二章

国内主要幼儿教育理念

本章内容导读

　　主要介绍我国现代教育家陶行知、陈鹤琴、张雪门、张宗麟四位前辈的幼儿教育理念，重点介绍了对我国幼儿教育有重要、系统性影响的陈鹤琴幼儿教育思想、方法和相关著作内容。

我国现代教育家陶行知、陈鹤琴、张雪门、张宗麟四位教育家都诞生于内忧外患、民不聊生的时代，但他们都为中国的幼儿教育事业鞠躬尽瘁，奋斗一生。他们的幼儿教育理念对我国当前的幼儿教育具有深远的影响和特别重要的意义。

第一节　现代教育家陶行知、张雪门、张宗麟幼儿教育理念概述

一、陶行知的生活教育与创造教育

陶行知 (1891 ~ 1946) 先生在批判杜威的"教育即生活"基础上，以"行是知之始，知是行之成"为理论依据，形成了"生活即教育，社会即学校，教学做合一"的生活教育理论体系。其中，"生活即教育"又占据中心位置。它是生活教育的根源，是生活教育的主体、精华和本质特征。

"社会即学校"就是要拆除学校与社会之间的"高墙"，把如笼中小鸟的学生放飞到天空（社会）中任其自由翱翔，把学校延伸到大自然、社会中去。

"教学做合一"是陶行知创建的原晓庄师范学校时的校训。其具体内涵为：教的法子要根据学的法子，学的法子要根据做的法子，怎样做就怎样学，怎样学就怎样教。他强调教与学都以"做"为中心，教与学都是为了做。其核心就是要求学生手脑并用，从生活实践中获得"真知"。

他是我国近代创造教育的开创者。他从创造教育的思想出发，深入论述了创造教育的培养目标、实施途径与方法等重要内容，并将其付诸长期的教育实践之中，得出了人都有创造性、积极创造条件充分发挥儿童的创造性、必须有创造性的教师、强调做的价值等四点启示，取得了显著成效，受到世人的推崇。可以说，创造教育是陶行知教育思想的又一个中心，是

他教育思想的独特之处，也是他所创立的生活教育理论的有机组成部分。他的创造教育思想既是大胆创新，又与教育理论发展的新趋势相吻合。

他从理论与实践相结合的高度，指出幼儿科学教育的重要性，阐述了一整套科学教育实施的理论与方法，为后人提供了许多具有独具特色的、实用而鲜活的经验与方法。他认为科学教育应从小开始，从幼儿期开始，有了"科学的小孩子"，自然产生"科学的中国"。不论从国家民族发展的高度，还是从幼儿个体成长的历程来看，幼儿科学教育都具有非常重要的价值。他对幼儿科学教育的目标也有独到的见解，其中包括科学兴趣、科学应用与创造力培养、科学知识经验获得、科学精神和科学道德熏陶等较全面的培养目标。他认为科学教育的内容应贴近幼儿生活实际，从儿童身边就近取材；课程内容应全面，应包括自然科学和社会科学。他认为科学教育的方法是让幼儿手脑并用，运用多种感官，玩科学的把戏和做科学小实验。他认为科学教育实施的关键在于教师，并对教师提出了具体要求。

全面发展的活教育思想是他所创立的"生活教育"理论中另一个重要组成部分。他在《生活即教育》一文中说："我们此地的教育是生活教育，不是作假的教育，人生需要什么，我们就教什么。""没有生活做中心的教育是死教育。没有生活做中心的学校是死学校。没有生活做中心的书本是死书本。在死教育、死学校、死书本里鬼混的人是死人——先生是先死，学生是学死！先死与学死所造成的国是死国，所造成的世界是死世界。"[①]

陶行知的生活教育思想是其教育理论中的精髓，其理念对当今深化教育教学改革、推进素质教育以及创新型人才的培养等方面具有很高的理论指导价值和实践应用价值。

二、张雪门的行为课程论和幼稚师范实习论

张雪门(1891～1973)是我国著名的幼儿教育家，在20世纪三四十年

---

① 陶行知著，江苏省陶行知教育思想研究会，南京晓庄师范陶行知研究室编．陶行知文集 [C] 江苏人民出版社，1981：244、250.

代的幼儿教育界中，他与陈鹤琴有"南陈北张"之称。主要著作有《幼稚园的研究》《幼稚园课程编制》《幼稚园教育概论》《幼稚园教材研究》《幼稚教育新论》《中国幼稚园课程研究》等。

他提出了"行为课程"的概念，并系统论述了行为课程的思想，这也是其课程理论的核心。他把课程主要理解为经验，认为课程是经过选择的有价值的经验，是儿童直接、实际的行为和活动。他认为，儿童不仅是自然的人，也是社会的人，因此，为儿童发展所选择的经验，必须具有社会意义，同时又必须适合儿童发展的需要。他认为五六岁的孩子在幼儿园生活的实践内容就是行为课程。

他强调，幼儿教育必须与幼儿生活紧密结合，幼儿园课程应立足于本国国情和本园的自身特点，应兼顾幼儿个体的发展需要和社会需要，应始终贯穿于幼儿的生活中，应以活动为中心展开。

他重视幼儿直接经验的获得，将以活动为中心视为幼儿园课程组织的重要原则。这对于当今幼儿园课程改革过程中强调生活教育、关注幼儿的生活经验以及促进幼儿积极主动学习等都有深远的借鉴意义。

他认为要办好幼儿教育必须有良好的幼儿教师，并提出了一整套培养合格幼儿教师的理论与实行方案。他提出了幼儿师范要特别重视见习与实习的理论：见习与实习过程贯穿于师范生在校学习的始终，内容与形式应多样化，要涉及幼儿园的方方面面；实习要有"组织参观""引导见习""指导试教""积极辅导"等四大阶段；实习应注重师范生良好职业道德的培养，重视师范生的继续教育，实现幼儿教师职前职后教育一体化，等等。这些对于培养高素质、高水平，适合现代教育的幼儿教师具有重要的影响。

他认为要用整体的、发展的眼光看待儿童，要遵循幼儿身心发展的规律，兼顾儿童共性与个性，要以现实为根基，着眼于未来的发展。他这样的儿童观在当代仍然具有深远的意义。

三、张宗麟的社会教育论

张宗麟（1899～1976）是我国著名幼儿教育专家。1925年大学毕业后张宗麟不顾社会轻视和家庭阻挠，追随陈鹤琴研究幼儿教育，到南京鼓楼实验幼稚园当幼儿园教师，成为我国第一个男幼儿教师。他协助陈鹤琴创办了我国第一所幼儿园——南京鼓楼幼稚园。主要著作有《幼稚教育概论》《给小朋友的信》《乡村教育经验谈》《乡村小学教材研究》《幼稚园的演变史》等。

幼儿教育课程思想是张宗麟幼儿教育思想的重要组成部分。与陈鹤琴、张雪门的课程本质观相比，张宗麟对课程本质的理解更为宽泛。他认为生活便是教育，整个社会便是学校，这是厘定一切学校课程的总纲领，特别是幼儿园的课程不能用科目来编制，每一个课程单元长短不拘，但要段落分明。

他在20世纪30年代出版的《幼稚园的社会》一书中，提出了社会化幼儿园课程思想。他认为，幼儿园课程中应增加"社会"科目，因为幼儿园的一切活动都具有社会性，幼儿园的儿童之间也应进行社会性交往。

他认为社会是极其复杂的，幼儿园儿童的社会不同于成人社会，它实际上是幼儿的生活状况，是由幼儿直接经验组成的社会。其内容主要包括生活卫生、日常礼仪、节日和纪念日活动、身体的认识活动和基本卫生活动等。实施社会活动时应注重培养儿童互助与合作的精神，以及对他人的爱怜情感等。

社会化的幼儿园课程是张宗麟先生对我国幼儿教育的重要贡献（当前《指南》中五领域之一就有社会）。同时，他还指出在儿童开展活动时教师的作用主要为儿童准备丰富的原材料和适当的工具，鼓励儿童积极自由地活动。教师主要是指导、引导儿童思考、掌握好活动的过程、适时地结束和总结活动。这些都是目前幼儿教育理念中的重要内容。

第二节 陈鹤琴的主要幼儿教育理念

陈鹤琴（1892～1982）是我国现代教育家、幼儿教育学研究的开拓者和奠基人。1923年，陈鹤琴在自己住宅内开办了中国第一所实验幼儿园——南京鼓楼幼稚园。他制定并施行了中国化的幼稚园园舍，改造西洋的玩具使之中国化，创造中国幼稚园的全部活动等三大计划。他从研究幼儿心理、家庭教育、幼儿园教育和幼儿师范教育到开办实验幼儿园、公立幼师、国立幼专和高师幼儿教育系，创建了中国化的幼教理论和实践体系，对我国幼儿教育做出了杰出的贡献。

一、用观察实验法系统研究幼儿心理发展

陈鹤琴从1920年开始，以自己的长子作为研究对象，就幼儿的动作、能力、情绪、言语、游戏、学习、美感等方面的发展，进行了多角度连续的观察实验。这一观察持续了808天，积累了丰富的第一手资料。他将观察所得，比照西方幼儿心理学家的研究成果，写成《幼儿心理之研究》一书，并于1925年由商务印书馆出版。这是我国学者探索中国现代幼儿心理发展的开端。他在书中阐述了幼儿心理发展的一般规律与年龄特征，揭示了幼儿形成心理特性和道德品质、掌握知识与技能，以及发展智力和体力的心理过程，进而提出了一系列教育、教学原则，为我国幼儿教育理念奠定了基础。

二、陈鹤琴的幼儿观

（一）人类幼儿期长且很重要

他认为人一生的所有活动都要在幼儿期内发展，幼儿期是发展个人的最好机会。人的言语、习惯、道德、能力等在幼儿期学得最快，养成习惯

最容易，发展最迅速。同时，他又指出，幼儿学习的时间较长，而其所处的外部社会环境又相对复杂，如果全靠先天的遗传，而不加以后天的学习，是不能适应的。他认为幼儿期一方面是发展能力的时期，一方面具有可以发展的性质，即可塑性。他指出，幼儿期的教育不仅对其个体成长具有奠基意义，也是改造家庭、改进社会和促进文化的原动力。他认为幼儿期(3～6岁)是人生最重要的一个时期，幼儿期的教育是整个教育的基础。

（二）幼儿期是一个连续分阶段发展的过程

他根据幼儿发展的有序性，将学前幼儿分为四个发展阶段，并确定了与各发展阶段相适应的教育重点。

1. 新生婴儿期。从幼儿脱离母体，开始成为独立的个体起，就要打下身体健康和形成优良习惯的最初基础。

2. 乳儿期(新生到1岁左右)。情绪发展和动作发展是此时期的重要表现，尤其要注意人类最宝贵的行走运动。

3. 步儿期(1岁左右到3岁半左右)。从学习步行、乐于步行到喜欢跑跳，进步迅速，同时语言和智力也有显著的进步。

4. 幼儿期 (3岁半左右到6岁)。思维的活跃和社会性的发展是幼儿此时期的突出表现。他认为幼儿时期的重要就在于它是人类独立人格生活的奠基时期。人类独立人格的生活方式包括反射生活、感觉运动生活、情绪生活、智慧生活和社会生活等。在人类生活过程中虽然是统一表现、交互作用的，但就其发展的程序来说，在相当年龄段中有先后发展的顺序。因此，教育必须有针对性地促进幼儿不断地向高一层次去发展。

（三）幼儿独特的心理特点及相应的教育原则

他通过观察实验揭示出幼儿心理与成人心理的不同。幼儿时期不仅作为成人之预备，也具有其本身的特点和价值。他认为幼儿心理具有以下几类特点，并提出了相应的教学原则。

1. 幼儿好动。幼儿生来好动，没有一刻能像成人坐而沉思，因为幼儿的感觉与动作是连通的，尚未养成自制力，行动完全为冲动与感觉所支配。在教育中应当给他们充分的机会和适当的刺激，让其在摆弄物体的过程中，从无知无能发展到有知有能。

2. 幼儿好模仿。幼儿学习言语、风俗、习惯、技能等主要依赖于模仿。在教育中应充分利用其模仿性，通过让其模仿周围成人（教师、家长等）的言行来培养好的品行。

3. 幼儿好奇。幼儿对新异的东西会产生好奇心。幼儿与新境地接触愈多则知识愈广。在教育中应利用幼儿的好奇心，引导他勤学好问，不断获得新知识。

4. 幼儿好玩（游戏）。幼儿以游戏为生命。教育中我们应创造适当的环境，使其天真烂漫、活泼好动的特点得到充分的发展；应多采用游戏式的教学方法，在玩中学，以提高教育效果。

5. 幼儿好成功。幼儿不仅喜欢动作，更喜欢动作有成就。一有成就，就会产生自信心，成就愈多，自信心愈强，自信心愈强，愈易成功。因此，在教育中给幼儿做的事情不能太难，以免失去成就感。

6. 幼儿喜欢野外。郊游对幼儿的身体、知识、行为都有很好的影响，在教育中我们应克服困难，多创造外出游玩的良好机会。

7. 幼儿喜欢合群。人都喜欢群居，两岁幼儿就愿与同伴游玩，六岁幼儿的乐群性更强。在教育中应使幼儿常与小朋友交往，培养其友爱互助、热爱集体的品质，发展其社会性。

8. 幼儿喜欢被赞扬。幼儿喜欢被表扬、鼓励，这能增加幼儿的兴趣和勇气。在教育中应多采用积极的鼓励措施，以正面教育为主、表扬为主。

只有依据幼儿以上这些心理特点施行教育，才能取得良好的幼儿教育效果。

三、陈鹤琴的教育观

陈鹤琴通过长期探索研究幼儿园课程、设备、教学方法、教师培养等内容，形成了一套系统的幼儿教育新观念。

（一）通过读法实验，证明幼儿园内可以进行读法(识字)教学。但是，幼儿识字和学语言相似，必须采用游戏的方式方法，不能要求幼儿死记符号，而是必须适应幼儿的兴趣和需要。为此，他曾编订了一份《幼儿读法字汇表》。

（二）幼教设备是为了刺激幼儿，使之得到普通的反应技能和特种适应技能，也是为了增强幼儿的身体，提供幼儿游戏活动的条件。由此，他编制了比较完备和最低程度的两种设备表，并创制了摇船、摇马、小推车、游戏平台等。

（三）给幼儿讲故事能与幼儿的情感发生交流作用。离奇的故事情节能满足幼儿的好奇心，激发幼儿的想象力。为此，他创编和改编了许多故事。

（四）奠定了幼教课程思想。当时幼儿园的课程非常混乱，有教会的宗教课程，有蒙养园的日本式课程，也有少数实施福禄贝尔、蒙台梭利的课程。他根据中国的国情，从课程着手，改革幼儿教育，从1925年至1928年，经过长时间实验研究，形成了自己幼儿园课程论。其基本思想是：

1. 课程应为目标服务。他认为课程与方法都是达到目的的工具，所以，教育应该先确立幼儿是教育主体的思想。教师应先测量幼儿的个性，希望他们达到怎样的目的，然后选择最适宜的教材，使用最适宜的方法，以达到所希望的目的。他提出幼儿教育目的有四个方面，即做怎样的人、应该有怎样的身体、应该怎样开发幼儿的智力、怎样培养情绪。后来他把目的论概括为做人，做中国人，做现代中国人，充分体现了他爱国思想和时代精神。

2. 课程应以自然和社会为中心。他主张把幼儿园的课程打成一片，成为有系统的体系。他认为幼儿的环境不外乎两种：一种是自然环境——动植物和自然现象；一种是社会环境——个人、家庭、社会等人类的交往。

这两种环境是幼儿天天接触到的，应以此作为课程的中心。他反对把幼儿关在幼儿园里过呆板的、死气沉沉的生活，主张让幼儿与环境有充分的接触。幼儿所接触的环境和社会愈广，所得的知识愈丰富，能力的发展也愈充分。在此基础上，他将大自然、大社会都是活教材发展成为活教育的课程论，借以反对以课堂和书本为中心的不科学的死教育。

3. 课程应实施整体教学法。他认为幼儿园的课程不等于科目。他不主张分科教学，因为他认为分科教学法是模仿大学的。大学生的专业程度高、知识深，非分科不可，而幼儿园的分科教学是四分五裂、杂乱无章的，分科教学是违反幼儿的生活和幼儿心理的。他提倡整体教学法，就是把幼儿所应该学的东西整合地、有系统地去教幼儿学。因为幼儿生活是整体的，所以教材也应当是整体的、互相连接不可分割的。

4. 应当采用游戏式、暗示性、小团体式的活教学法。他认为幼儿以游戏为生活，幼儿总是喜欢游戏的。他说，凡事当做工作做就是痛苦的，当做游戏做就是快活的。幼儿通过游戏可以发展身体，培养高尚道德，使脑筋敏锐。他认为幼儿园里的课程很容易游戏化，因此幼儿园的课程应当采用游戏式的教学法。同时幼儿好模仿，易受成人的暗示，所以幼儿园的课程应多采用暗示性的教学法，通过语言、文字、图画、动作进行暗示，尤以教师和家长的以身作则最为重要。

他还主张宜多采用小团体的教学法。他认为幼儿的年龄不齐、智力不同、兴趣不一致，应当区别对待，分组施教，以使处于不同发展水平的幼儿都能有所长进。后来他还陆续提出了比较法、比赛法、替代法、观察法等多样化教学方法，这些方法既可以提高教学效果，又使幼儿的兴趣格外浓厚。多样化的教学法是符合幼儿身心发展特点的，到目前仍然具有科学性和实用性。

5. 应当有考查幼儿成绩的标准。他认为要回答幼儿园应该教什么，幼儿做什么，做到什么程度，应有各自的标准。如考查品行，应当有品行的标准；甄别习惯，应当有习惯标准；检验技能，应当有技能标准；测验知识，

应当有知识标准。因此，他此与张宗麟合作编制了《幼稚生应有的习惯和技能表》，包括卫生习惯、做人的习惯（个人的和社会性的）、生活的技能、游戏运动的技能、表达思想的技能、日用的常识等，共计185项，首创了我国幼儿教育的评估工作和评估标准。

他的课程理论产生以后，课程中心制的单元教学成为我国20世纪20年代至40年代幼儿园课程的基本模式，影响遍及全国。这一改革，使中国的幼儿教育从抄袭外国和宗教色彩中解脱出来，使课程趋向中国化和科学化，既有扎实的理论基础，又有丰富的实践经验，大大缩小了我国幼儿教育与国际上的差距，而且，很多内容在当前仍然有实际意义。

四、陈鹤琴的教师观

（一）他认为培养幼儿教师首先要求所培养的对象要热爱生活，善于创造生活，成为生活的主人。

（二）他主张学习幼儿教育专业的学生必须具有敬业、乐业、专业、创造的精神；认为只有热爱幼教、喜欢幼教、钻研业务、创造性工作的人，才能成为出色的幼儿教育工作者。

（三）他认为中国化的幼儿教育必须由中国化的幼儿教师来实现。为培养幼儿教师，1940年，他在江西创建了我国第一所公立幼儿师范学校。

这些观点目前仍然是幼儿教师职业素质要求的主要内容，具有现实指导意义。

五、陈鹤琴与时俱进的新中国幼教理念

新中国成立后，陈鹤琴与时俱进，运用辩证唯物主义观点，改造、更新其教育思想：第一，明确新中国幼儿教育的目的和任务是为祖国培养健全的下一代，要实施初步的体、智、德、美全面发展的教养。第二，发展了幼儿园的课程论，提出了编制课程要民族的、科学的、大众的、幼儿化的、发展连续的、配合形势的、适合幼儿身心发展的、培养"五爱"公德的、

陶冶幼儿性情的、培养幼儿说话技能的等十大原则。第三，提出了做幼儿教师的要求：在政治上要认识我国的教育方针，学习马列主义，热爱祖国，积极参加政治活动等；在业务修养上要认识幼儿是新中国的幼苗，幼儿园是幼苗的苗床、妇女解放的桥梁、改善家庭教育的助手，要了解和精通幼儿教育业务；在教学技术方面，要掌握教学原则和教学技巧；在品质方面，对人要和蔼可亲、不发脾气、帮助别人、不自私，注意健康，要热爱幼儿、与同事合作，对工作要有高度热情、富有创造性等。

20世纪50年代他还建立了幼儿教育研究室、幼儿玩具研究室以及玩具工厂，并由此建立起一套包括教学、科研、生产三结合的幼儿教育体系。20世纪70年代末，88岁高龄的他还建议：要对作为幼儿教育基础的幼儿心理做全面、系统的科学实验；要重视幼儿家庭教育的科学实验，将幼儿的家庭教育作为一门科学来研究和推广；对幼儿园的教育应进行系统、深入的科学实验与研究，要办好示范性幼儿园；必须重视和解决幼儿玩具、教具的科学实验和制作。这些建议都对以后幼儿教育科学研究产生了很大影响。

他从考虑教师怎样教转向研究幼儿怎样学，变教师强制幼儿学为激发幼儿主动学，强调开展以幼儿的主动活动为主体的教育实践活动，并有机地整合；为幼儿创设直接感知、亲自操作、自由探索的实践机会；让幼儿在各种有趣的游戏和自主活动中动手动脑；培养幼儿独立、自主及探索精神；促进幼儿各种能力及个性品质的发展。这也正是我们当前和今后幼儿教育工作所追求的目标和改革的方向。[1]

---

[1] 陈鹤琴关于幼稚教育的15条主张：幼稚园要适应国情；儿童教育是幼稚园与家庭共同的责任；凡儿童能够学的而又应当学的，我们都应当教他；幼稚园的课程可以利用自然、社会为中心；幼稚园的课程须预先拟定，但临时可以变更；主张幼稚园第一要注意儿童的健康；主张幼稚园要使儿童养成良好的习惯；主张幼稚园应当特别注意音乐；主张幼稚园应当有充分且适当的发展；主张幼稚园应当采用游戏式的教学方法；主张幼稚生的户外活动要多；主张幼稚园多采用小团体的教学法；主张幼稚园的教师应当是儿童的朋友；主张幼稚园的教师应当有充分的训练；主张幼稚园应当有种种标准可以随时考查儿童的成绩。

第三节 我国当前幼儿教育理念现状分析

从陈鹤琴开展我国幼儿教育研究后，我国的幼儿教育研究则全面展开。特别是近年来我国的高等院校相继成立幼儿教育院、系、部、研究所，开办学前教育专业后各种研究应有尽有，各有特点的幼儿教育专家、学者层出不穷，不胜枚举；各种幼儿教育理念在各地百花齐放；各类幼儿教育书籍充斥书市、数不胜数。这里我们主要从宏观层面上对我国当前幼儿教育理念做一些简要分析。

据抽样调查显示，国内幼儿园当前主要是根据我国《幼儿园教育指导纲要（试行）》（简称《纲要》）和《指南》的规定与要求进行教育活动的。初步分析所持教育理念有如下几类：其一，公办园多数为教育主管部门直接管理，其教育理念以《纲要》和《指南》所提五领域全面发展，配合多元智能、素质教育为主，从教材、教具、玩具、园内设施设备及环境布置等都有基本统一的要求和标准。少部分幼儿园，主要指与小学混杂在一处的，还有部分内容是传统的小学式的教育内容与方法。其二，民办园中多数按照当地主管部门的要求在《指南》所提五领域内进行幼儿教育活动。如购买主管部门推荐的幼儿教材、教具等，辅助以蒙氏、奥尔夫音乐、艺术、双语等特色教学。其三，一些大的幼儿教育集团与知名的、有能力自己搞教育教学研究的幼儿园则独立进行幼儿教育研究，此类园多数都自己开发园本课程和幼儿教育方法，或者综合借鉴国内外先进的幼儿教育理念，择其精华而用之。

客观事物不论表象如何，其规律、实质是万变不离其宗的。建议大家根据上述幼儿教育理念的核心、实质，选学、选用、慎行。

| 第三章 |
当前我们推崇的幼儿教育理念

本章内容导读

课题组在调研的前提下，针对当前幼儿教育活动中存在的不足，综合国内外现行幼儿教育理念，去芜存精，提出了自然教育、尊重教育、完整教育、赏识教育、多元教育、母亲教育等幼儿教育理念，并对这些理念进行了诠释，为当代幼儿教师与现代家长育儿提供了有一定价值的参考。

从人的生长过程来说，人在 6～7 岁前主要是为了长大成人后的生活、生长作准备，是为了存活而生活的时期；是人的个体使身体内部的东西长高变大，转变成为外部东西的时期；是让人初步具有长久记忆、意识、习惯的时期。这以后的时期则主要是使外部的东西通过自身的习得使之成为人体内部东西的时期，即学习获取的时期。

从父母和教育者方面来说，幼儿期主要是保育的时期，是保障幼儿健康正常成长的关键时期。这时幼儿的身体就像幼苗一样，任何细小的身体损伤和思想的误导都会对其成长形成巨大的威胁。因此这一时期应以保育为主，以培养良好行为习惯、正常思维、科学的学习方式为主。

当前，社会上出现的幼儿教育理念有很多种，其目的都是为幼儿长大以后的生存与发展打好基础，各有所长。就好比一桌美味佳肴，食材相同，不同的地域有不同的做法，使味道各异，特色不同。我们不能否定任何一种"烹调"方法，只能根据个人的习性、需要，结合当时当地的环境，择善而从。

幼儿教育的具体内容就像这些食材，而幼儿教育理念则如烹制食材的方法，方法不同则味道不同，自然环境不同则适合的方法也不同，但目标只有一个，就是让幼儿健康成长。因此，我们应当把当今各地好的、有科学基础的幼儿教育内容、理念择其精华与核心拿来，结合我们的国情，省情况和地区情况，选择符合自身实际的"烹调方法"。

教育活动不能跨越幼儿身心发展的生理承受能力，必须尊重幼儿所特有的身心发展规律。这是教育必须遵守的一条底线。任何一厢情愿地想要逾越这条底线，进行揠苗助长式的教育，都是对幼儿身心的摧残。无论它是打着培养神童、塑造道德模范或者其他什么堂皇名号，其实质都是一种对人生命本质的不尊重或是损害。

但是，在人的生命初期，除了对光明的渴望、对生命渴求的一些本能外并没有任何既定的知识。这就需要本人的主动学习获取和外界的教育。任何对人的教育都是对人生命的刻写。因此，教育的刻写是一项伟大而又冒险的不可重复的活动，不可不慎、不可不尊重。一个人一生是庸俗还是高尚、是坚强还是软弱、是智是愚多数取决于人的幼年，与其在生命早期所受的教育有直接关系。

从人的智能本身来分析，"所谓教育，就是儿童被引导到文化的主渠道中去，并逐渐掌握这些记号的过程"。[①]

本书主要为幼儿教师做保障与支撑，供家长参考，因此只讨论我们推崇的、合适的幼儿教育理念。主要对自然教育、尊重教育、完整教育、赏识教育、多元教育等几个理念分析研讨。

第一节 自然教育理念

自然教育就是把幼儿当作"自然之子"，放在自然环境（含社会环境）中，根据幼儿自身自然生长规律，顺应其自身自然需要进行教育训练活动。

自然教育的理念早在明代中叶的我国教育家王守仁（1472～1528）[②]和18世纪法国的卢梭（1712～1778）[③]就分别提出来了。蒙台梭利也认为人和动物都是在适宜的环境中自然生长和发展的。人和动物的不同只在于动物的本能是一生下来立刻就表现出来，例如走路、跑步、跳跃、啄食等，动物用以表现其本能的工具已经具备，而人则必须自己创造工具。人的能力是通过自己与环境交往的经验建立起来的内部知识构成。人的能力只能在生活过程中逐渐成长并显现出来，以此而发展人的行为。这个发展时间

---

① 霍华德．加德纳著，沈致隆译．智能的结构 [M]，浙江人民出版社，2013：360.

② 王守仁，字伯安，浙江余姚人，明代我国著名的哲学家、教育家，自号阳明子，著有《传习录》《大学问》《阳明全书》等。他最早提出了自然教育的理论。

③ 卢梭，18世纪法国杰出启蒙思想家和教育家，法国大革命的思想先驱，启蒙运动最卓越的代表人物之一。他所著长篇教育哲理小说《爱弥儿》一书集中反映了其自然教育思想。

比任何生物都长，是依赖社会与自然关系中实现的，然后才形成各种感官与其功能，最终生长成人。

自然教育的目的主要是让幼儿通过自己与环境交往的经验，自然建立起内部各种知识、能力结构，其着重点是幼儿体格、人格、兴趣、语言习惯的培养，提倡人本天性和本能的释放，养成幼儿自我吸取、自我探索、自我追求、自我完善与发展的行为习惯。

自然教育主张在幼儿时期按幼儿自然生长需要，给孩子学习一生的生存能力，使其形成良好的行为习惯。其包括社会环境的适应能力、独立自主能力、自我保护能力、自我学习能力、自然环境的自主探索能力等对自然科学的兴趣，人的本性自然伸展的过程等和一切良好的行为习惯。

一、从航天员成长看自然教育

日常生活中对幼儿要尽量放手让他到自然的环境下自由自在的活动、生长，不必或少对幼儿正常活动进行干涉，也不用对幼儿进行特别教养。下面我们以中国航天员幼年时期的成长环境为例加以说明。

航天员是世界公认的身体素质、智力素质、思想素质、心理素质等各方面都是非常优秀的顶级人才。下面，我们将我国现已公开身份的十位航天员的成长简况作一介绍。

表 3-1　中国航天员幼年成长简况与飞天事迹

姓名	姓别	出生时间	出生地点	飞船及飞天时间
杨利伟（汉族）	男	1965 年 6 月	辽宁省绥中县绥中镇。	2003 年，10 月 15 日驾驶神舟五号飞天。
费俊龙（汉族）	男	1965 年 5 月	江苏昆山农村。	2005 年 10 月 12 日驾驶神舟六号飞天。
聂海胜（汉族）	男	1964 年 9 月	湖北枣阳杨垱镇。	2005 年 10 月 12 日驾驶神舟六号飞天。
翟志刚（汉族）	男	1966 年 10 月	黑龙江齐齐哈尔龙江县龙江镇龙西村。	2008 年 9 月 25 日驾驶神舟七号飞天。

（续表）

姓名	姓别	出生时间	出生地点	飞船及飞天时间
刘伯明 （汉族）	男	1966 年 9 月	黑龙江齐齐哈尔依安县红星乡东升村。	2008 年 9 月 25 日驾驶神舟七号飞天。
景海鹏 （汉族）	男	1966 年 10 月	山西省运城市盐湖区安邑办事处东杨家卓村。	2008 年 9 月 25 日驾驶神舟七号飞天。
刘洋 （汉族）	女	1978 年 10 月	河南郑州市人。	2012 年 6 月 16 日驾驶神舟九号飞天。
刘旺 （汉族）	男	1969 年 3 月	山西省平遥县南政乡东游架村人。	2012 年 6 月 16 日驾驶神舟九号飞天。
王亚平 （汉族）	女	1980 年 1 月	山东省烟台市福山区张格庄镇张格庄村人。	2013 年 6 月 11 日驾驶神舟十号飞天。
张晓光 （满族）	男	1966 年 5 月	辽宁省锦州市黑山县白厂门镇城西村钦差沟。	2013 年 6 月 11 日驾驶神舟十号飞天。

通过对以上十位航天员成长简况分析，我们可以得到如下几点：

1. 生活环境很关键。从生长的大环境看，十位航天员多数都出生在农村或是普通人家庭，没有干部和富裕家庭，多数还有困苦的童年生活经历。他们在生长过程中没有得到过与城市富裕家庭同龄人一样的生活，相反还比多数同龄人要差。但是，他们所取得的成就却是惊人的。为什么会出现这样大的反差？这说明：一方面幼儿在早期的成长过程中，并不需要过于优越的物质生活条件，也不需要进行特别的教养，只要在自然的生长环境中，顺应幼儿的生长规律，自由生长即可；另一方面也警示，出生在城市的幼儿，其父母及老师对幼儿成长过程过多干涉和按自己意愿给幼儿成长定向是非常错误的。同时，我们可以看出，在这十位航天员当中，没有一位是生长在"北、上、广、津"等这样的大城市中的，这其中有很大因素可能就是因为大城市破坏了幼儿自由生长的自然环境。在城市中人类幼儿的很多自然天性被城市人为环境泯灭掉了。人类的生存不能离开自然环境，幼儿的成长更需要在大自然中才能顺利进行。生活在城市中的人类应当知

晓这一点，特别是在幼儿成长的关键时期要高度重视这一点。否则，幼儿的天赋将被城市人为的生活环境软化，使很多天然本性、本能退化。

2. 生长地域很重要。从出生地域看他们都生长在经度 110 度线以东，北纬 31.5 度线以北，靠近长江和长江以北地区。如果把 110 度经线和 31.5 度北纬线作为我国版图的近似中心"十字"线（见图 3-1），则我国现有公布的十位航天员出生地都在我国的东北部四分之一版图内。为何其他四分之三的版图内无航天员呢，我们分析此现象可能是由于自然气候因素造成的。长江以北地区主要是温带季风气候和温带大陆性气候，自然气候春暖秋凉，夏热冬寒，四季分明，可能这样的自然环境更利于人们顺应自然养育幼儿。

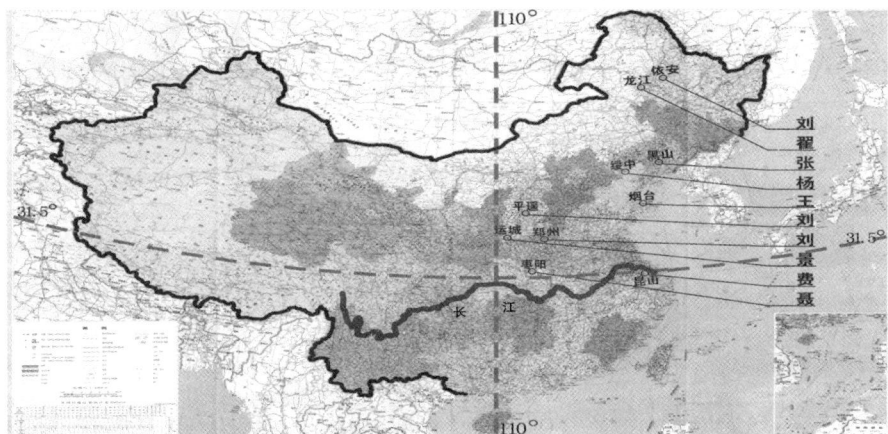

图 3-1　十位航天员在全国的区域分布

3. 幼年生活不特别。他们多为穷孩子，独生子女少（只有刘洋是），大都没有得到过比同龄人不一样的关爱，也没有享受过特别地教养；但他们都有艰苦求学和奋斗的经历，完全是自己努力学习、自由成长发展的。他们可能具有先天的身体素质优势，但是，如果后天有不合理的"揠苗助长""温室培育"式的教育，肯定也是难成航天员的。由此可以推断出不自然、欠科学的教养方式可能泯灭孩子成长的天赋。这进一步说明航天员的幼儿期不需要特别的照顾与优待，顺其自然、保证基本的生活、自然生长条件就行。

下面，摘录几段杨利伟航天员所著的自传《天地九重》中的内容，进一步说明我们的自然教育观。

第18页：我和姐姐、弟弟经常去拾柴，其实就是去把剩在地里的玉米茬子刨出来，拿回家烧火。家里的炕洞要是串了烟，就满屋满院的灰烟弥漫，个顶个都成了包公脸。那时也烧煤，但很少，因为买煤是要票的。由于县城临海，鱼、虾、螃蟹经常可吃到，那时的海鲜和现在可不是一个概念，当时很便宜，两个鸡蛋就可以换好几个又大又肥的螃蟹。卖海货的人用车子推着箩筐里的螃蟹，走街串巷地吆喝："螃蟹，大海机螃蟹嘞。"我们说的海机螃蟹就是梭子蟹，很肥，满盖儿的黄。没有蔬菜吃，我却能吃上不少鱼、虾，直到现在我都特别喜欢大海，喜欢吃海里的东西。只要有机会，我都会去海边，每年的寒暑假，我几乎都会在海边度过。

之所以不厌其烦地说小时候的生活，是因为许多次和航天员战友们聊天，发现大家的童年都大致相似，经历也有许多相似。贫乏的物质、单纯的生活是我们对过去的共同记忆。这不是"忆苦思甜"，而是想认真回想一下，童年与我们的今天，有什么样的联系。那时的生活条件与今天相比，自然有云泥之别，但是我们也拥有现在的孩子所没有的东西，有限的书本、自制的玩具、无边无际的奔跑，一切与现在的孩子们多么不一样（即自由自在的生长）。

第23页：当年，是因为没有更多的东西可玩，自己就琢磨着玩，想着法儿地玩。回想起来，我那时喜爱的玩具似乎都与武器有关。我曾经玩过子弹，找一个铁筒，当做枪管，然后把子弹装进去，拿小锤子从后面敲，企图把它敲响。现在的一些电视节目和电影，会在画面的下方打上"剧情需要，请勿模仿"的字样，我觉得非常必要，孩子们的一些突发奇想总是会让大人始料不及，虽然每个人都曾经是个孩子。当然，我讲述的以上种种危险的事，是不懂事的小孩子所为，不要模仿，毕竟，现在有了更安全、更先进、更有意思的玩具让人尽兴。我还自己动手制作各种玩具。打弹弓，用木头削手枪，用铁丝做手枪再装上自行车链条打火柴，用木棍和钢锯条做简易冰鞋等等。这样锻炼的动手能力在神五、神六、神七的训练当中起

到了关键作用——很多第一次训练和合练的课目都是我操作的。

第24页：很难说清小时候的经历对我的影响都包括哪些方面，但我认为，它们或许是我身体、能力、行为方式的基础。我保持了强烈的好奇心，有了对危险事物的尝试与经历，争强好胜并勤于行动，在多种游戏与运动中锻炼了良好的平衡能力，并且似乎还天然地知道如何保护自己——虽然那时候闯祸不断，玩得花样翻新，我竟然从来没受过伤，连伤疤都没落下一处，否则在后来的飞行员体检和航天员体检中早就被淘汰了。这对我来说算是个奇迹。

第28页：不知儿童行为研究方面的书怎么说，但一个基本的道理我是知道的，儿童时代是一个人生命的基石，一个人后来的所作所为，都可以在他的童年中找到根据和源头。如果一个人小时候对什么发生兴趣，这将会对他的思想意识产生潜移默化的影响，如果有机遇，他就会去从事与此相关的职业，并有希望做好。[1]

总之，自然教育就是要遵循人类生存的大自然环境及规律，把人看作大自然的组成分子。大自然有自己的生存法则和发展规律，因此每个人也都是有自己发展的规律。教育是改造人的活动，必须遵循个人的发展规律才行，特别是在人发展的基础期、关键期更应该如此。因此，幼儿教育者要改变自己，要顺应自然，懂得人的发展规律，要尊重幼儿发展规律，按规律实施幼儿教育活动。

二、3～6岁幼儿自然教育的一般方法：

（一）首先要培养幼儿对大自然的情感与热爱

在幼儿教育活动中必须要多带幼儿到大自然中去，培养幼儿对大自然的热爱与情感。我们要让幼儿感受到大自然的博大情怀和无穷的奥秘，让幼儿有放眼天地世界的心胸，对自然宇宙产生无穷的兴趣与探索的欲望。

---

[1] 杨利伟著. 天地九重 [M]，解放军出版社，2010.

不要为了所谓的安全把幼儿关闭在一个园子里、房子中，让家长花大价钱请各类培训者给幼儿灌输一大堆幼儿长大后才适合学习东西，封闭、耽误了幼儿好奇的天性。

（二）要让幼儿尽早了解、适应人类社会

不管是在幼儿园还是在家里，都要有意识地多带幼儿到生活的周围环境中去，让幼儿尽早了解、适应人类社会生活。如幼儿园要尽量多的组织幼儿模拟社会实践场所的活动、游戏。特别是把幼儿园本身这个社会环境建设好，让幼儿喜欢、依恋、向往人类社会这个大千世界。同时，家长也要配合幼儿园进行社会生活的教育，平时要多带幼儿参加家长等成人的社会活动。如多带幼儿参加旅游、大型社会集会，参加家长们间的酒宴、婚、丧、嫁、聚会等活动，有意培养幼儿对人类社会活动的认识、兴趣，增强其社会适应能力与对社会生活的热爱与向往。特别是要把自己家里的小社会环境搞好。家庭环境是幼儿长时间所处的小社会环境，其好、坏、真、假、善、恶、美、丑都会在幼儿心中打下烙印的。平时不要怕影响、耽误幼儿的学习，怕不安全，怕学坏而不让、不带、不准幼儿参加社会活动。社会生活的应对能力、适应能力、自信心等就是要在这样的现实环境中教育、培养、实践而来。

（三）要因材施教，区别对待

我们要根据幼儿自身的条件有针对性地进行培养与教育。每一个幼儿都有与众不同的特点，我们要根据各自不同的自然条件选择幼儿的学习重点，扬长避短，发挥其优势，不要纠缠于一时一事的成功与得失，注重长远发展，使其终身有所成就。如一个十指粗短、整天"冲锋陷阵"的小男孩子，家长强迫他学钢琴，能有好结果吗？还不如让他学点自己喜爱的运动量大的球类或拳击类的项目有收获。目前，有的国家在搞开放式幼儿园，把幼儿带到市政府参观，认识市长，看这个为他们服务的市长是什么样子；教师每个月都要带孩子们去一次附近的森林进行教学活动，让幼儿在森林

里认识蝴蝶等动植物，探究动植物的生长过程，感受四季的气息，正是出于自然教育的法则。

第二节 尊重教育理念

所谓尊重教育，即在教育教学中，依据教育规律，对受教育者给予充分的信任和尊重，从而使受教育者树立起自尊、自爱、自信等良好心态，逐渐培养起其对自我、他人、社会乃至生命、自然等由衷而自然的尊重感，保证其人格健康成长的一种教育方法与过程。

就成人（教师）而言，我们常常存在一个误区，就是认为幼儿是无知无能的，总是希望通过说服、管教的方式向他们灌输成人的意志和所谓有用的知识和技能。特别是在幼儿园和学校，这样表现更加突出。这样在部分孩子的眼里，幼儿园、学校是令人讨厌的地方，教育给予他们的是压抑、强迫、恐惧的氛围。虽然这样做是成人的好心，却办了坏事。

现代幼儿不仅有父母疼爱，更有祖父母辈倾力的关注。他们在幼儿身上投入了太多的关心和希望，要想让他们尊重幼儿，视孩子为独立的个体，实在是件不容易的事。因此，提倡尊重教育是很难的。

中国的多数孩子当前吃、住等生活是很优越与享受的，为何还要提尊重教育呢？经过分析就能发现当代幼儿多数为独生子女，有些由于父母的过度关注，很多时候，他们享受的是物质上的满足，遭受的却是精神上的挫折。有些父母总是把自己的幼儿和别人的比较，看不到自己孩子的优点，总是让挑剔、责骂时刻围绕孩子。还有部分父母常常把社会的压力、自己的不愉快都加在孩子身上。很多人表现为短暂的慈祥，假装的耐心。

很多家长从安全、关心和望子成龙角度考虑不让幼儿做一点有危险的活动，不管幼儿自己喜欢与否都要按家长的思维去做、去学、去活动；家长为幼儿思虑得周到几近无微不至,幼儿不需要思考,也不准其思考。试问,有多少家长、教师把幼儿当"小大人",在学习方面尊重过他的意见、想法、选择、决策呢。如让幼儿学钢琴,有几个是尊重过幼儿的想法呢,多数是父母的一厢情愿罢了:买来钢琴,请好教师,强迫幼儿学习。我们要提倡尊重幼儿的教育,也就是要把幼儿当作个体的人,按有意识思维的人的发展规律进行教养。

人类作为生物种群是生长在大自然的环境中的,是生物的一部分。"人类智能的特征与其他生物物种不同的地方就是:参与一切形式符号活动的潜能。即对符号的知觉与创造力以及生活在所有富于意义的符号系统之中的能力"。[①] 这是人类生存在自然界中且逐渐成为主宰的关键条件和不同于其他生物之处。所有人种不能超然于地球这个自然环境之外,因此,人的教育也不可超脱于自然。

幼儿生长在一个不断前进发展的社会大环境中,他们一开始既不懂得规则,也不认识人类文明符号,所以必须经过一个逐渐适应的过程:即使环境与别人同化于自我,又使自我顺应于环境和别人。这样,他才能够掌握外在社会的两个基本性质:以言语为基础的彼此理解和以互惠的准则为基础的共同纪律。前述的国内外诸多专家学者已在其著作中对人的生长阶段进行了合理的划分,各阶段的教育内容、发展规律也有详细的说明,这里仅就人生发展最关键的幼儿阶段(3 ~ 7 岁)的教育提几条原则性观点。

一、幼儿选择学习内容的观点

幼儿是"人",在选择教育内容对其进行教育时要"尊幼如尊老",即除了关爱幼儿还要像尊重老人一样尊重他本人的选择。

3 ~ 7 岁的幼儿已经初步形成了自己的独立人格或人的概念雏形。我们在对其进行知识、技能、技巧的教育时要尊重幼儿自己的意愿、兴趣和

---

① 霍华德.加德纳著,沈致隆译.智能的结构 [M],浙江人民出版社,2013:347.

选择，不可强加、强压、威吓。自古以来，中国传统教育中一直有"棍棒下面出才子"的说法。尽管现在独生子女多了，少用或不用"棍棒"了，但父母大人望子成龙心切，加上各种利益团体的宣传引诱：什么"开发幼儿潜能越早越好""赢在起跑线上"等功利思想风起云涌，家长坐不住了。有形的"棍棒"不用了，但无形的"棍棒"处处都用：幼儿不到 6 岁，不管幼儿自己喜欢与否、有无兴趣、是否愿意，都要花重金强迫幼儿参加各种训练班，学习知识、技能。有条件的幼儿参加高收费的小培训班、特长班，单独学钢琴、学舞蹈、学书法、学外语，现在又出现了读经、读史、学易经等活动；条件不足的幼儿就参加大班的培训，收费少点，但总还是要超前学点知识、技能后家长心中才踏实；没有条件的幼儿，家长就要求幼儿园教，要求幼儿园布置各种家庭作业，超前教小学内容。大多幼儿园教学小学化严重的原因就在这里。其实绝大多数的幼儿都是不适合在幼儿时就学习某些特长的。如学习书法，幼儿太小（6 岁前），手的发育还不具备拿毛笔的生理机能，幼儿的空间感、形象思维还不具备汉字间架结构地形成和调整。这时强迫幼儿学习书法，可能开始幼儿感觉新鲜，能坚持一段时间，时间长了后幼儿对这种枯燥无味的书法练习就会反感、排斥，就会采取敷衍、躲避、抵触的办法回应家长和老师。幼儿对写字会形成反感，甚至视书写汉字为惩罚。等到幼儿上小学后正式开始学写字了，这时幼儿对书写形成的反感、排斥就会使其不认真学习。不但正常的书写作业不完成，字写不好，而且老师正常的汉字教学也不能落实。据观察，多数幼儿期学习书法的幼儿到小中学后汉字书写普遍与未学书法的幼儿无差别，甚至部分幼儿的汉字书写还不如没有学书法的幼儿。

二、教给幼儿知识时的观点

传统的教育理论实际上总是把幼儿当作成人一样推理的。认为幼儿与成人有一样的认知与情感，只是没有我们成人的各种知识和经验。因此，教育工作者的任务就只是灌输给他一些知识，从外边提供材料训练幼儿心智，而不是帮助其形成他的心智。但是，经过长时间研究分析证明：幼儿的思维在性质上与我们成人的思维是不同的，是有质的区别的，幼儿的接受能力有其独特的特点。幼儿教育的主要目的就是要形成幼儿智力、道德的推理能力和习惯。所以，我们从外边给予幼儿的各种知识、道德准则等就必须十分准确，用最合适的方法和环境去帮助儿童构成他自己的认知能力与习惯。

因此，对幼儿进行知识教育时要准确、适时、生活化。3～7岁的幼儿是其一生接受社会文明的重要时期，也是形成其接受社会文明的方式、方法、习惯的关键期。此阶段接受的知识与信息虽然只有少数会在其一生中保留，但是后面所接受的知识与信息很多是在此基础上迁移、发展的。这一时期形成的习性能影响幼儿一生，所以这一时期教给幼儿的概念、知识、信息一定要准确度高，要充分利用日常生活事例，适时进行人类文明的传授、教育、迁移与发展。例如，在上幼儿园的路上幼儿看到大吊车问在场的老师或家长是什么时，就要尽可能地给幼儿正确说明清楚：这是汽车中的一种，是吊装重物时才用的吊车。如果可能还可介绍其工作原理、注意事项，如当它工作时是不能站在它下面看的，也不能在其下活动；它可把掉落到河里的小汽车从河里吊到公路上来，再让救护车来抢救车内的受伤人员等。当遇到救护车时也要用同样的方法给幼儿讲清楚。让幼儿在脑中形成一个清晰的吊车、救护车的概念。记住在幼儿发现新鲜事物而提问时是最好的传授正确知识的时候，切不可置之不理，或敷衍搪塞，更不可传授不正确或似是而非的概念、知识给幼儿。

三、对幼儿传授技能技巧的观点

人的各项生存所需技能技巧是后天习得的，对幼儿进行技能教育时要让幼儿自发、多练、多动、多探索，让其亲身体验与实践，要有水到渠成观念。

人类的各项技能技巧都是经过近百万年在人类生产劳动、生活实践中日积月累逐渐形成的。幼儿有很强的动手欲望，见到大人做什么时总想自己也试试。这时我们应该教给幼儿简单实用的技能，否则他不但学不会还

有可能损伤到自己。例如，认识开水可以伤害人。多数幼儿都喜欢玩水或洗澡的，大人用热水给幼儿洗澡，常常是先用壶把水烧开（很热的水）倒入洗澡盆里，然后再掺入冷水调和到合适的温度后再让幼儿进入盆中洗澡。次数多了幼儿有时急不可耐，认为只要是水就可以洗澡，就有可能在大人还没有将冷水掺入开水时就把脚放进盆里，被盆中开水烫伤。只要是用开水掺冷水给幼儿洗澡就有可能出现这种烫伤事件。究其原因主要是幼儿没有水温太高是会烫伤人的技能经验，没有这种体验，也没有过这种实践。如果我们在第一次用这种办法给幼儿洗澡时先倒入开水，再给幼儿讲清楚这时还不能洗澡，要掺入冷水后才可以，并让幼儿用手指轻轻感受一下开水的烫手的感觉；然后慢慢倒入冷水，用手指做尝试水温的动作给幼儿看，水温合适后让幼儿用手指感受水温，再让幼儿入盆洗澡。这以后幼儿自己就会明白开水是能烫伤人的，是不可直接洗澡的，要等掺入冷水到合适水温后才行。这样，在看到开水泡茶，开水杀菌消毒等相应的活动时，这些开水烫伤的知识就会在幼儿脑中正常的迁移，幼儿就会很准确地掌握并自由地运用使用开水的技能。

四、对幼儿行为规范进行教育的观点

现代研究表明：儿童的社会发展认知是从自我中心状态开始，然后转向互相交流的，是从不自觉地把外界同化到自我转向互相理解，导致人格的形成的，是从整体混沌的未分化状态转向以有纪律的组织为基础的。

所以，对幼儿行为规范进行教育时要以示范、暗示、引导为主。

随着社会文明越来越丰富发达，有形的信息传播向电子化、虚拟性、综合型发展，婴幼儿接触外界的机会越来越多、渠道越来越复杂、接受的信息刺激越来越广，幼儿对外界的观察变得越来越方便，进而模仿越来越容易。也就是我们常说的现代幼儿比其父母辈幼儿时获取信息的手段要先进得多，所占有的知识要多得多，头脑也要灵活得多，所获信息也要丰富多彩得多。幼儿还不能走路时就已经开始接触到手机、电视、电脑、等现

代信息传播媒体了。他们学习手机、电视、电脑中的内容，模仿手机、电视、电脑内容中人物的一举一动。而这时正是教育幼儿的绝好机会。现代的成人们要抓住机会，利用好现代各种媒体进行正面教育、正确引导。

此外，父母等成人们平时的生活习惯、言行无不为幼儿学习模仿的内容、榜样。因此，父母等成人们应该时时刻刻注意自己的言行，给幼儿做好榜样。要求幼儿做到的成人首先做到，不准幼儿做的事情成人首先不做。如玩电游，如果成人无节制的玩，其子女肯定会模仿，也会无节制地玩电游。如果成人不玩也要通过其他途径（如定时、定量看电视节目等）有意无意地培养幼儿的自制力，预防幼儿在其他的场所无节制的玩电游。

总之，3岁大的幼儿已经达到模仿成人的高峰期但又没有形成独立判断真伪、是非的能力，这时父母、成人一定要做好言传身教，为幼儿树立行为规范的榜样。

五、对待幼儿智能差异的观点

据博物学家达尔文的观点：生物都存在遗传的多样性和变异。父母智能高其子女不一定会高，同样低智能的父母其子女不一定就是低智能。每一个幼儿都有各自不一样的智能。对幼儿进行教育时要尊重和正确对待幼儿智能存在的差异。当前多数专家（前述加德纳的多元智能理论）赞同把人的智能分成八大项，每个人在八项智能中的表现各不相同，表现出明显的差异。如有的在语言方面表现优秀有天赋，但在艺术或在数学方面不如同龄人；有的在艺术方面优秀、有天赋，但在科学方面不如同龄人；也有的在同一方面表现优秀但其深度与广度表现出差异。这都是正常现象，并不能以此说明谁就优秀有才华有前途，谁就不优秀没有前途。因为人在各自领域都有可能做出成绩来，或通过后来的学习实践，进而发生劣项转化为强项都是有可能的。因此，我们在教育幼儿时一定要承认幼儿智能是有差异的，要根据差异发展优势，因材施教，不可全面要求幼儿、强迫幼儿学习，也不可打击、泯灭幼儿的兴趣、爱好，更不可因"恨铁不成钢"而

做出过激的事情造成严重恶果。

六、尊重教育的方法

教育作为一种实践活动有客观、独特的原则和方法，对幼儿实施教育要尊重幼儿认知发展规律和教育的客观规律，坚持科学的教育方法。

（一）怎样教幼儿基础知识、概念

不论在幼儿园还是在家里，教幼儿概念、基础知识时都要遵循从简单到复杂，从个别到一般，从易到难，要做到尽可能的准确。如很多幼儿称吃饭（面）等为"漫漫"，家长也时常是附和，这不好，应该纠正说准确的饭（面）等词语。幼儿常见成人说喝茶，幼儿口渴了就喊喝"茶"，其实这时想喝水止渴，没有成人喝茶的意思。这时成人就要给幼儿先喝凉开水，再对幼儿讲清楚这是烧开的水冷却后的冷开水，茶是放一种茶叶后用开水泡出来的开水，相当于饮料，有不同颜色的。口渴了就要喝凉开水，也可以喝茶，但茶通常是成人喝的，小孩子一般不喝茶。让幼儿明白茶与水是有区别的，牛奶与水、茶也是有区别的。还要说清楚人喝水应该注意的事项。如强调一般我们都是喝凉开水，不可随便喝没有烧开的生水，特别在野外一定要喝凉开水、干净的瓶装水，确实没有时也要找其他干净水止渴。如果此时幼儿有兴趣还可以讲野外找水、选水、识别水是否干净的常识和野外求生时的用水办法，以及水的危险性和预防溺水的常识等。

（二）怎样教幼儿技能技巧

对幼儿进行技能技巧教育要以幼儿自己参与最为理想，要让幼儿多观察、多自己动手操作、多用各种相应的感觉器官（口、鼻、舌、耳、手）亲身尝试、感受。教授时，应按讲给幼儿听→做给幼儿看→幼儿自己讲给你听→幼儿自己尝试做给你看→幼儿独立做的顺序教育幼儿，以便幼儿切实掌握所授技能技巧。

（三）怎样教幼儿道德观念、为人处事

对幼儿进行道德观念、为人处事等的教育则要求成人利用幼儿的模仿、好奇心理，以成人模范行为的榜样作用来言传身教。如，为了教育幼儿不拿（偷）别人的财物，成人就要在合适的场合（在路上拾到钱、贵重物品等）做出榜样，要想尽办法归还给失主，并把受到的感谢、赞扬与幼儿共同分享，让幼儿彻底明白别人的钱财物是不可以无缘无故占为己有的。如果不是这样做，而是把拾到的钱财物据为己有，幼儿一定会模仿，甚至发展到主动去偷（拿）别人的钱财，长大后就有可能因拿或抢夺别人的财物而走上犯罪的人生道路。因此，在生活中要让幼儿树立在不损害别人的前提下开展各种活动的处世观念。

（四）尊重要以赞赏为主

尊重教育还主要以赞赏幼儿为主，要坚持如下原则：

1. 态度、语气和身体语言相结合。对幼儿赞赏时态度一定要认真诚实，语音语调亲切动人，最好结合有亲热、爱抚的动作、手势、眼神等肢体语言。这样既显示尊重又有鼓励表扬，其教育效果一般都很理想。

2. 多描述，少评价。赞扬时要说出自己看到的和感受到的值得赞扬内容，要做适当的具体描述，越具体越好。如，"你自己脱衣、脱鞋、脱袜，主动上床关灯睡觉，我很高兴。"

3. 夸事实，不夸人格。夸奖幼儿时一定要讲清事实，说明细节，不能连带其他的如人格、人性等宽泛内容。尊重幼儿是爱、是接纳，不苛求幼儿完美无缺。

4. 夸态度和过程，不夸天赋。夸奖幼儿主要夸值得夸奖的过程和幼儿自己能具体认识到的态度。夸奖幼儿的目的主要是帮幼儿建立自信，使其对自己充满信心但不能促使其产生只有自己正确、别人都错的自负感。

5. 要夸得具体。夸奖幼儿要告诉他具体哪一点做得好、值得夸奖，让他知道以后这样做就是对的，坚持做下去。

陶行知先生"四块糖"的故事能进一步说明我们的观点。

陶先生在做小学校长时发现一个男孩子在打另一个男孩子，他就匆忙走过去喝住，然后，对打人者说："你下午三点钟到校长办公室来！"

下午三点钟，打人者诚惶诚恐地来到他的办公室，准备接受严厉的惩罚。不料，陶校长竟微笑着迎上前去拉住他的手，亲切地让其坐到自己的身边，并从自己的口袋里掏出一块糖来说：

"让你三点到，你就准时到，说明你很遵守时间，这很好，这块糖就是对你的奖励。"打人者满脸疑惑。

这时，陶校长掏出第二块糖说：

"我了解过了，是他欺负女同学你才打他的，这说明你很有正义感，也应该奖励。"

打人者接住第二块糖时，疑惑的脸上开始有了笑容，眼睛里闪烁着一种喜悦的光芒。陶校长掏出第三块糖说：

"你很懂得尊重别人！当你打架时，我走过去让你住手你就不打了，这很好嘛，我就喜欢你尊重别人这一点，也应该奖励。"

打人者接住第三块糖后，开始不好意思起来。他眼睛里的喜悦，渐渐被自责、后悔和羞愧所代替，面对这样的校长，他不得不垂下自己的头来。

打人者低垂着头，小声表态说："校长，我错了，打人——毕竟是不对的，我愿意向他道歉！"

"好！"陶校长立即从衣袋里又掏出第四块糖，高兴地说，"我就知道你是一个知错能改的好学生，更应该奖励！"

打人的小孩子离开陶行知办公室时，眼睛里充满了感动的泪水，而陶行知的脸上，则始终是带着微笑的。

这就是尊重教育的经典与范例。

总之，我们要尊重幼儿教育规律，尊重幼儿生命，尊重幼儿权利，与幼儿平等交流，让幼儿自由、阳光、快乐地成长。

七、幼儿教师改称为幼儿导师更显贴切与尊重

对幼儿的教育多数理念都是要以"导"为主，幼儿教师改称为幼儿导师更显尊重与贴切。

在我国由于多方面原因，幼儿教育工作者多被称为幼儿教师（老师），与中小学教师无异。但是从教师与幼儿的关系、教师在幼儿教育活动中的作用、当前世界各国的通用观点、做法等方面来看，幼儿教师在从事幼儿教育活动过程中主要是指导、引导、辅导，"教"的作用不明显，也不可以以"教"为主。因此，我们建议广大幼儿教育工作者自觉将自己的教师职责改为导师职责，以"导"为先、为重、为主。这里的"导"比"教"的内涵要丰富得多。"教"以先入为主，被教者少有主动权，是被动地位。"导"有"教"的内涵，以引、辅、爱为主，被导者有很大的自主权，有被导或不被导的主动地位；随着时代的变化我们认为，"幼儿教师"改称为"幼儿导师"更为合理与贴切，这也是本书书名中"导师"一词的由来。

第三节 完整教育理念

完整教育就是把幼儿当作一个需要一定时间成长的全面发展的完整人来进行教育，是自然教育的另一个方面。

幼儿是一个独立存在的生命个体，其出生时间、空间各不相同，但却要面对同一个不断变化发展的未来社会；幼儿是一个社会人，要在社会中长大、生存、发展，社会性很重要；幼儿是一个自然人，要在一定自然环境条件下生存。幼儿成人后面对的是纷繁复杂的人类群体、浩如烟海的知识宝库、无穷无尽的自然世界，因而需要他具备各种人类生存的知识、能力与条件。

现代幼儿不会缺乏知识教育，因为电视、电脑、智能手机、网络等基本普及到城乡家庭，而缺乏的是习惯养成教育、适应环境能力的培养教育、

处世哲学（道德品质）正确树立的教育。

我们在幼儿教育时要特别注意体、智、德、美等全方位地培养，在前述多元智能理念中已经进行了阐述，此处不再重复。

第四节 赏识教育理念

赏识教育是指在幼儿教育活动中，对幼儿的非错误言行予以赞赏、鼓励，以赏识为主。

人在面对激烈的竞争压力时都不免有紧张、恐惧心理，这时主要考验人的自信心。自信心强者通常都会在竞争中取胜，即常说的"狭路相逢勇者胜"。赏识教育的最终目的就是要培养人的自信心。

人的自信心与幼儿时期的成长有直接的关系。在幼儿的各种活动中，对幼儿的非错误言行、没有明显不足的成果、幼儿面对挫折困难时，教师、家长等成人的一个赏识目光、赞扬词句、鼓励的亲抚动作都是一种赏识教育，一种鼓励教育，一种树立自信心的教育。

我们要让幼儿在幼儿园中感到轻松、自在，并且充满自信。如果出现幼儿不愿意上幼儿园的现象，则说明该幼儿家长和幼儿园的赏识教育有欠缺，至少可以说对不愿意上幼儿园的幼儿自信教育做得不好，应加以改正。

赏识教育离不开奖励。当前，幼儿教育中的奖励一般都是采用发放小红花、五角星、标贴、盖印等，这些积累一定数量之后或可以兑换小礼物。这样的奖励固然有些用处，但显然缺乏引导性，也不利于孩子建立长久的内在驱动力，建议更多的是以责任感、荣耀感、集体荣誉、成就感、自主选择权等做奖励来驱动幼儿，帮助其建立长久内在的驱动力。推荐如下奖励办法：

让值得奖励的幼儿坐老师的座位 1～3 次，让其体验老师的权威，增加荣誉感。

让值得奖励的幼儿单独保管 1 天班中最好的玩具或照顾 1 天班里饲养的小动物（如果有这是首选），培养孩子的责任意识。

教师给值得奖励的幼儿家长现场打表扬电话，与家长共同分享进步和成就的快乐。

让值得奖励的幼儿排队时站在最前面或领操、领队或者让其使用彩色粉笔在班上显眼位置（黑板一角）随意作一画保存一天，让其享受因个人努力而获得的荣耀。

让值得奖励的幼儿挑选一首歌、音乐；或从家里带来磁带或 CD 在班上播放，享受自主选择的快乐，以资鼓励。

让值得奖励的幼儿把班里的旗帜（若没有可做一面有特别标记旗帜）带回家一晚，让其享受因个人努力而获得的特权。

让值得奖励的幼儿到低年级（高年级）做一次小老师；或给老师做一天助手；或讲故事给低年级的幼儿听，培养孩子的责任感。

让值得奖励的幼儿给老师选择一本书，让老师读给大家听；或由其自主邀请其他班的一个朋友来班里做一次客；或在游戏中做一次主持人；或为班里选择活动中要讲的故事内容，让其体验权威感和因个人努力而获得自主选择的权利。

第五节 多元教育理念

多元教育是指要保持幼儿教育理念的多样性，在办园主体、形式、内容、方法等教育理念上具有多样性。

这里的多元幼儿教育与前述多元智能理论是有区别的。多元幼儿教育指教育文化理念，多元智能是指人的智能多元。在经济全球化、知识全球化发展的背景下，多元文化教育已成为当今世界教育的一个热门课题，各

国将多元文化教育作为发展教育的指导思想。多元文化教育的核心问题，一是教育理念的多样性问题，倡导多元理念并存，百花齐放；二是幼儿教育内容、目的要多元化问题。多元教育的目的是帮助幼儿进入文化多样化的世界，以适应幼儿成人后的实际生活需要，使幼儿形成多元文化社会所必备的各种能力、情感、态度与价值观，使幼儿成人后具有包容心、包容性。

一、办园主体、形式、理念要中外结合、兼收并蓄、多元并存

现在幼儿园教育已经基本普及了，如果幼儿园的办园形式、理念不多元化，而是全国统一的一个模式（理念），就会导致所有幼儿都是统一的或多数相似的人格与素质的结果。这对社会、国家、民族、家庭来说都不是一件好事。现在有以教育部门为主体的公办园、企事业单位团体的集体办园、个体私营的民办园等等。办园主体基本是多元的，如果全部统一由某个部门一家来办、管幼儿园是不利于幼儿园办园多样化的，更不利于幼儿教育多样化。

我们要保持幼儿教育理念与办园主体的多元化，让中外各种合理的教育理念共同发展，互相竞争，优胜劣汰；让幼儿呈多元化发展，以适应社会发展的不同需要。

二、教育内容要古今通用、中外并存、虚实结合、深入浅出

幼儿教育的内容也要呈多样性发展。虽然多元智能理念提出了八个方面，但在具体实施中我们要有意地综合运用。古代的、历史的、国外的、国内的、虚拟的、现实的、深奥的、浅显的等等都要有所涉猎。要利用幼儿好奇的特性，尽可能满足幼儿的好奇心，多角度、全方位培养幼儿的兴趣爱好。

三、教育方法要以游戏为主、形式多样、尊重兴趣与自由

这里所说的游戏是指幼儿有意识地模拟生活、现实或理想中的行为，

在快乐的行为活动中学会某种本领的活动，与普通的电子游戏是完全不同的概念。

如角色游戏是幼儿时期做得最多的一种游戏。所谓角色游戏是指幼儿按照自己的意愿扮演一个角色，以模仿和想象并借助真实或替代的材料，通过扮演角色，用语言、动作、表情等创造性地再现周围社会生活的活动，也称象征性游戏。

幼儿教育者要注意：不管在幼儿园还是在家里，其教育的形式主要以各种游戏为主。大量事实证明：幼儿以游戏为生活的主要部分，利用得好就会事半功倍。

当然，游戏有大有小，有长有短，有华丽有普通，有现实也有幻想，要依据培养幼儿兴趣和爱好为出发点，以教育幼儿学会某项知识、技能技巧的目的需要来决定。

现代育儿的一种全新方式——职场体验场馆

职场体验场馆起源于 1997 年的韩国，2008 年开始在我国兴起，目前全国各大中城市都有，只是名称、规模大小不一样。

职场体验场馆以全面发展，提高素质，发展创造性、主体性为理念。它作为一种全新的寓教于乐的教育综合体，是传统课堂教育的有益补充；它以模拟真实现实的社会实践场景，让小朋友体验到社会中的多种职业及角色扮演，从而认识自然、社会，品尝父母的艰辛；它培养孩子的动手能力、沟通交际能力、统筹协调能力、战胜挫折能力，让孩子在半真半假的游戏娱乐中得到教育；它鼓励孩子们亲身认知自然、社会，参与社会实践，体验社会，感悟社会；它让孩子们在快乐的体验中，获得正确知识；它有效地开发孩子们的智力，激发孩子们的潜能，点燃孩子们的梦想；它能让孩子提早认知社会、认识职场；它能培养孩子的团队意识，抗挫折能力；它能让孩子提早品尝艰辛，培养他们战胜困难的勇气和决心，提高他们各方面的修养和素质；它让孩子们在玩乐中培养理想、规划未来；它有助于弥补传统教育的不足。

在这里，孩子们可以当奶农挤牛奶、开点心店做蛋糕、当警察捉坏蛋、

学牙医拔牙，还可以开飞机、驾驶潜水艇等等。幼儿在此兴趣浓、信心足、热情高，乐此不疲。

上图是湖南常德 ICAN 梦想城儿童职场体验馆 ① 中的幼儿活动实景。尽管奶牛是一只仿真道具，但幼儿兴趣极高，听现场指导员介绍自己喝过的牛奶是从奶牛身上挤出来的，都想亲手试一次挤牛奶。建议家长和幼儿园多带幼儿到当地的儿童职场体验馆参加活动，提高幼儿各项智能。

第六节 母亲教育理念

这里的母亲教育是指先教育培训好母亲，再由母亲教育幼儿，让幼儿各方面都得到科学合理的发展。这仍然是自然教育的一个方面。当然这里

———————

①ICAN 梦想城儿童职业体验馆坐落在常德市武陵区白马湖公园少儿活动中心四楼，是常德市人民政府投资兴建的儿童职业体验教育基地和室内青少年素质拓展中心。其网址是 http://www.icanmxc.com/

的母亲教育也包括父亲教育。

一、父母亲的自身素质直接影响幼儿发展水平

孟母三迁的故事在我国流传已千年，都称赞孟母的远见卓识。多数成名成家的伟人贤才都有自己善良温顺、品性可赞的母亲。母亲一生影响最大的是自己的幼儿。母亲品德高尚、性情贤淑，其子女也多行为端正。大家可观察自己周围的人群，不难发现所说的实例或相反的案例。

贤德的母亲并不一定要有多高的学历、多么渊博的学识，主要有较高的社会道德情操作幼儿的表率，用自己的母爱真情实意感染幼儿，用正确的教育理念和行为习惯引领幼儿向正常方向发展。

二、我国急需加强父母亲教育培训

目前，年轻的父母亲们因为忙于自己的工作，几个月产假一完，多数母亲就将幼儿交给自己的父母们教养，幼儿稍大一点就花钱再将其委托给幼儿教育机构进行教养。传统的幼儿教育理念和方法在多数家庭特别是农村基本丧失殆尽。学前幼儿的教育基本上是在市场化的幼儿教育机构中进行和完成。生儿育女有点像工厂生产出了毛坯，自己不去精心加工锻造，而是交给市场打磨。这是不负责任的。长此以往，缺少家庭教养的人将越来越多，这对社会、家庭来说都是十分不利的。目前问题少年越来越多、犯罪年龄越来越低，这与缺失父母亲正常教养是分不开的。作为政府应该引导父母亲们学习现代幼儿教育理念、方法，要创造条件对年轻母亲和潜在的母亲进行培训，提高母亲的现代育儿知识、能力、方法，让传统的理念发扬光大。

三、提倡父母亲自己教养幼儿是发展的方向

现代研究证明：父母亲教育在幼儿期是不可由机构替代的，幼儿越小越无法替代，特别是在基本生存能力方面。人类最基本的生存能力是幼儿

期学会的，人的社会生存能力如语言、心理、与人交往处事等也都要在人类社会中从小开始习得。如果忽视这一点，错过了幼儿学习的关键期，幼儿就错过了获得完整的各种生活技能的机会。幼儿期父母的家庭生活教育必不可少，特别重要，如果缺失就会给幼儿带来人生缺陷。因此，幼儿期应该以家庭为单位，以父母教养为主为好。

有一个例子可以证明这一点。某旅游景区有一项十分叫座的野人表演节目：内容是一位章姓男青年生吃活蛇、活鸡、活蛙等动物，酷似野人，很吸引游客。据查，此章姓野人出生在某大山深处，7岁时不小心掉落入山洞内。独自在洞内就靠捉蛇、蛙等洞内生物吃而生存。在洞内生活到第8年，他能独自爬出洞外活动时被一摄影爱好者发现并被当作野人救出。由于失去多年的语言交流，他已不会说话，但能听懂人们说话的意思。而且由于在洞里多年，身上的汗毛也变成了白色，人们都不知他是一个什么动物。后来，经过他父母仔细辨认，才认出是他们8年前丢失的儿子。出洞后跟随父母生活多年，男青年才基本恢复了正常生活。过了几年正常人的生活后，男青年虽然身体恢复了，但是语言、性格等都与正常人有很大不同，特别是改变不了他8年野人的生活习惯。他总感觉吃了熟食不舒服，每天仍然要偷吃生食。后来旅游区野人谷成立，就把他请来表演野人生活。

该男子跟随父母生活了7年，学会了一些基本的生存技能，才在洞内独立生存下来。可见，人类的知识与才能不是天赋的，行走和言语也并非天生的本能。所有的这些都是后天社会实践和学习的产物。从出生到上小学以前这个年龄阶段，对人的身心发展极为重要。错过这个关键期，会给人的发展带来无法挽回的后果。因此长期脱离人类社会环境，就不会产生人所具有的脑的功能，也不可能产生与语言相联系的抽象思维和人的意识。同时，这也强调了，在幼儿时期、父母、家庭对幼儿成长的重要影响和作用。只有在父母的悉心照顾和引导下，幼儿的各个方面才能获得更加健全的发展。

另外，在当前情况下，广大幼儿家长们应自觉学习幼儿教育的先进理念与方法，毕竟幼儿教育主要还是家庭内部的功能、任务和责任，应牢记，再好的幼儿老师也没有自己的父母称职、认真与贴心。

第七节　我们推崇的幼教"三观"

这里的"三观"是指幼儿教育的幼儿观、幼儿教育观、幼儿教师观。

一、幼儿观

1. 幼儿是自然之子，是人类社会的后继力量，拥有独立的生存权，应享受自然生长发展的权利。

2. 幼儿有自己生长发展的规律和天然自有旺盛的生命力。

3. 幼儿有发现自然现象，适应社会发展的本能、欲望。

4. 幼儿都有智能差异，都是可诱导、引导、教导培养的。幼儿的发展是一个持续、渐进的过程，同时也表现出一定的阶段性特征。每个幼儿在沿着相似进程发展的过程中，各自的发展速度和到达某一水平的时间不完全相同。要充分理解和尊重幼儿发展进程中的个别差异，支持和引导他们从原有水平向更高水平发展，按照自身的速度和方式发展，切忌不可用一把"尺子"衡量所有幼儿。

5. 幼儿的发展具有整体性、多元性。应促进幼儿身心全面协调发展，而不应片面追求某一方面或几方面的发展。

二、幼儿教育观

1. 幼儿的学习方式有其独有的特点，是以直接经验为基础的。要充考虑此特点，巧妙合理地安排幼儿教育活动，最大限度地支持和满足幼儿通过直接感知、实际操作和亲身体验获取经验。

2. 幼儿喜欢游戏和日常社会生活实践活动。要通过游戏和社会生活实践活动，创设相应的教育环境，在游戏和活动中对幼儿进行相应的教育、训练。

3. 幼儿学习具有阶段性和关键期，幼儿教育严禁急功近利和"揠苗助长"式超前教育。要按照阶段性和关键期对幼儿进行有序的渐进式教育。

4. 幼儿的学习习惯不同成人，其自制力不及成人。要保护幼儿在活动过程中表现出的积极态度和良好行为倾向；要充分尊重、保护利用幼儿的好奇心和对新事物的学习兴趣，帮助幼儿逐步养成积极主动、认真专注、不怕困难、敢于探究和尝试、乐于想象和创造等良好思维习惯。

5. 要以培养幼儿学习习惯为主，不要做单纯追求知识、技能学习的教育活动。

三、幼儿教师观

"成人能够以儿童的身份去代替儿童做某件事，但决不可把自己的意志微妙地强加于儿童，而应该让儿童自己去做。一旦发生成人替代儿童做事的情形，就不再是儿童自愿去做，而是成人借助儿童去做某件事了"[①]。因此，作为合格的幼儿教师一定要找准自己的角色位置，不但不越俎代庖，也不可自以为是，强加于幼儿。幼儿教师应树立以下观念和目标：

1. 幼儿教师是幼儿的保护神、幼儿园的园丁。

2. 幼儿教师是幼儿活动的引导师、观察员、参与者、研究员。

3. 幼儿教师是幼儿道德、行为习惯的榜样。

4. 幼儿教师所持教育理念将越来越重要。随着教育技术、手段的进一步发展（如多媒体显现设备的普及应用、网络在线教育的推广、加盟商的支持及微课、慕课的兴起，等等），其教育教学的地位将进一步弱化，教师自身教育理念的掌握、运用，教师的保育职能将进一步加强、提升。

[①]（意）玛利亚·蒙台梭利著，金晶、孔伟译.童年的秘密[M]，中国发展出版社，2006：77.

| 第四章 |
合格的保育员是不可或缺的幼儿导师

本章内容导读

保育是幼儿园的主要功能之一，在一定意义上讲比教育还要重要得多。保育员是与幼儿教师分工不同的幼儿教育工作者。做好保育工作并不是一件简单的事情。保育员应具备相应的教育专业知识和职业道德与素养。当前，保育员可以通过自觉学习、身体力行、主动内省等方式提升自己的职业道德与素养。重视保育工作，逐步做到保教合一是学前教育发展的趋势。

第一节 保育工作的概述

目前，我国幼儿园中保育工作和保育员队伍的现状并不乐观，主要体现在四个方面：一是整体队伍素质不高，学历层次偏低，年龄偏大，多数能力和水平跟不上工作需要和形势发展；二是保育员社会地位和待遇偏低，工资待遇比教师要少很多；三是社会普遍对保育员和保育工作重视和认识不够，未建立系统的保育工作评估体系，很多幼儿园不太重视保育工作，只注重教育教学活动，忽视对保育工作的考核和评估；四是保育员普遍缺乏专业成长的环境和学习培训的机会。因此，加强和重视保育工作，培养和建立一支合格的保育员队伍已显得十分必要。

一、保育工作是幼儿教育活动的首要内容

保育在工具书中的解释是指：成人（家长或保育人员）精心照管儿童，使之在身心与环境适应等方面健康成长，包括抚养。其目的旨在帮助儿童获得良好发育，逐渐提高儿童独立生活能力。保育由家庭保育和托幼机构保育构成。

保育员的职业定义是指在托幼园所、社会福利机构及其他保育机构中，辅助教师负责婴幼儿保健、养育和协助教师对婴幼儿进行教育的人员。

通常情况下，我们对保育的理解是指：成人为幼儿的生存与发展提供必需的、良好的环境和条件，给予幼儿精心的照顾和养育，以保护和促进幼儿正常发育和良好发展。它包括对幼儿的身体保育和心理保育两个方面。身体保育，是指对幼儿身体及其功能的保护、照顾与促进。它既包括对幼儿的身体进行保护和照顾，使其不受伤害，能正常发育，同时也包括采取各种保健手段与措施，以促进幼儿身体功能的发展和完善。

心理保育，是指在生活和教育过程中，幼儿教师和保育员要时刻营造

温暖轻松的心理环境，让幼儿形成安全感和信赖感，同时还要帮助幼儿学会恰当表达和调控情绪。

二、保育工作由保育员与教师共同完成

幼儿教育是教育的组成部分，是基础教育的基础。2016 年新版《幼儿园工作规程》第三条规定，幼儿园的任务是贯彻国家的教育方针，按照保育与教育相结合的原则，遵循幼儿身心发展特点和规律实施德、智、体、美等方面全面发展的教育，促进幼儿身心和谐发展。规程将保育工作提到与教育并重的地位上，强调两者要相互渗透，相互联系，结合在一起才能实现幼儿教育的目标。新时期我国学前教育的七大原则中，第七条原则就规定了"保教合一"的原则 [1]。幼儿园教育不同于中小学教育，它并不仅仅是教给幼儿知识，更为重要的是保健其身体、保育其心灵、启蒙其心智、养成其习惯，即培养幼儿养成良好的行为习惯，培养幼儿健康的身体，让孩子在游戏中快乐地成长。由此可见，保育员工作的重要性和必要性。

保育员在幼儿的发展中扮演着照顾者、保护者、教育者等多种角色，对幼儿的身心健康、行为习惯以及个性、情感等各方面均产生着深刻影响。新版《幼儿园工作规程》第四十二条：幼儿园保育员应当符合本规程第三十九条规定，并应当具备高中以上学历，受过幼儿保育职业培训，其主要职责是："负责本班房舍、设备、环境的清洁卫生和消毒工作；在教师指导下，科学照料和管理幼儿生活，并配合本班教师组织教育活动；在卫生保健人员和本班教师指导下，严格执行幼儿园安全、卫生保健制度；妥善保管幼儿衣物和本班的设备、用具。"

保育员的工作对象是各方面都尚未定型、可塑性很强的学前儿童，其主要工作侧重在保育方面，涵盖了幼儿的吃喝拉撒睡。看似简单的工作，在实际操作过程中却包含了很多科学养育的知识，需要保育员有着良好的

---

① 周梅林主编.保育员（基础知识）[M]，中国劳动社会保障出版社，2003：13 ~ 17.

职业技能和道德修养，如餐前消毒、幼儿洗手、排队领餐、汤菜分装、正确用餐、餐后漱口、擦嘴擦手、餐后休息等操作程序都蕴含着科学养育的要义，其中有的是身体保健方面的，有的则是行为习惯养成方面的。比如吃饭这个环节，好的保育员会配合教师按就餐要求让幼儿进餐，而不是过度约束幼儿、催促幼儿进食。此外，保育员还要协助教师完成教育和教学任务，要处理好与儿童、幼儿园、家长和老师等各方面的关系。

现代幼儿教育把保与教并重，这意味着重教轻保，或者重保轻教都是不科学的。科学的幼儿教育必须以幼儿发展为本，实行"保""教"有机结合，重视与家庭和社区的有机联系。从综合平衡的角度看，幼儿教育机构中保育员的质量要求不会比教师的要求低，甚至要高。因此，要做好一名合格的保育员不是件容易的事，必须具备一定的职业道德素养。

随着教育手段的进一步现代化发展，幼儿教师的教育教学的地位将进一步弱化，而教师自身的保育职能将进一步加强、提升。

第二节 合格保育员的基本素质要求与提升途径

保育工作是幼儿教育工作中必不可少的重要内容，而保育员的素质则是做好此项工作的保障与关键。幼儿园必须重视保育工作，选择资质达标，持证上岗的保育员，并培养好保育员队伍。

一、保育员职业道德的内涵

（一）保育员的工作性质

幼儿离不开保育员的辅助，保育工作无小事，事事都跟幼儿的生活和成长息息相关。保育工作的每一道程序、每一个环节都有科学的规范和要求。保育员执行得好坏不仅关系着幼儿的身体健康，还关系着幼儿心灵和心理的健康。由于幼儿年龄小，是非分辨能力、心理承受和自我保护能力差，更要求保育员具备高尚的职业道德修养，这样才能在工作中全心全意地按照职业道德规范去做，才能顺利地完成保教任务。

（二）保育员的职业道德守则

国家劳动部门规定保育员的职业守则有五条，共40个字，这看似简单，实际内涵丰富。

第一条：爱岗敬业，热爱幼儿。保育员要忠诚于学前教育事业，勤恳敬业，甘为人梯，乐于奉献，对工作高度负责，认真完成本职工作，不断提高对幼儿生活的管理、护理、教育等能力。热爱幼儿，对幼儿充满爱心，耐心教育，平等对待，使幼儿感到集体的温暖，促进幼儿身心健康发展。只有做一个充满爱心的人，才能始终热爱自身岗位。

第二条：为人师表，遵纪守法。保育员要衣着整洁朴素，不戴首饰，不化浓妆，言谈举止文雅大方，同时必须以身作则，严于律己，自觉遵守国家的法律法规和幼儿园的各项规章制度，自觉维护幼儿园声誉。只有做一个表里如一的人，才能起到良好的示范作用。

第三条：积极进取，开拓创新。保育员要深入学习教育学、心理学等方面知识，做到理论结合实践；要熟练掌握现代教育技术，学会制作玩具教具等，能用直观形象的方法来展示保育的内容；要有创新的精神，不断探索，在教学中实现自我更新、自我完善。只有做一个开拓进取的人，才能不断促进工作。

第四条：尊重家长，热情服务。保育员既要加强与家长的交流，又要认真听取家长的意见，还要给予家长必要的科学育儿方面的指导，与家长建立诚挚平等的关系。只有做一个懂得尊重家长的人，才能建立起和谐的师幼关系。

第五条：文明礼貌，团结协作。保育员要热爱幼儿园，以园为家；服从调配，相互协调，自觉参与幼儿园的有关活动；团结同志，谦虚谨慎，

关爱幼儿，关心幼儿园的各项活动，积极配合教师。只有做一个善于团结协作的人，才能真正做好保育工作。

保育员职业道德守则的核心内容是"关爱幼儿、甘于奉献"。

二、保育员提高自身职业道德修养的主要途径

（一）加强学习，树立正确的职业道德观

保育工作看似简单，实质上是一项琐碎、繁杂的工作。它一方面需要保育员倾注爱心，有热爱儿童、乐于奉献的精神；另一方面要求保育员要具备多方面的实践能力和较高的综合素质。因此，保育员要树立终身学习的理念，通过不断的学习来提升自己各方面的素质，培养正确的人生观；通过学习道德规范来提高自身修养；通过学习教育学、儿童心理学、卫生保健等专业知识来提高业务能力；通过学习文化知识来提高自身综合素质。只有通过持续、有效地学习，了解最新的观念，掌握最新的知识，明白工作中的是与非、对与错，保育员才能与时俱进，才能树立正确的职业道德观，从而做好本职工作。

（二）身体力行，养成良好的职业道德素养

保育员应具备处理幼儿生活中各类问题的能力。譬如幼儿园突发的安全事故如何处理，遇到自然灾害事件如何规避风险，遇到幼儿受伤的事件如何应对等。幼儿园的安全工作切不可大意，包括幼儿园设施设备及教玩具的日常安全检查、各种活动组织前的安全提示等，任何一个细微之处都不能放过。保育员要具有高度责任感经受实践的考验，从工作中提高认识，通过改造实践、再实践、再认识，不断提高自身的职业道德水平。

（三）严于律己，落实职业道德守则

保育员职业道德规范关键在于，保育员无论在任何情况下都能全面地按规范和守则的要求去做，严格约束自己的言行，克制各种各样的私心和

欲望，将言行举止置于孩子们的"监督"之下，做好幼儿的表率。幼儿有强烈的好奇心和模仿力，但缺乏自制力，缺乏对是非、美丑的分辨能力。保教工作者（教师、保育员）在幼儿心中享有崇高的威望，是儿童直接模仿学习的对象，其一言一行无时无刻不在影响着儿童的身心健康发展。因此每一个保育员都应自觉地遵守职业道德规范要求，严于律己，时刻与实践工作相联系，养成学以致用的好习惯，认真把职业守则落到实处，将其逐步内化为自身的职业道德信仰，促进自身实践的提升。

（四）将心比心，营造良性的职业道德氛围

孟子说："老吾老以及人之老，幼吾幼以及人之幼。"这是古人倡导的一种社会人际关系和做人的道德标准。现代保育员更应该懂得礼仪、懂得仁爱和尊重。保育员要把每个孩子都当成自己的孩子来对待。幼儿园的保育员基本上都是女性，很多保育员在家庭中把自己的孩子教育得很好，把家务打理得井井有条。她们在幼儿园从事的其实是基本相同的工作，都是如何"教育"和"打理"的问题，所不同的是服务的对象，前者是自己的孩子、自己的家，后者是别人的孩子、工作的单位（幼儿园）。要想把这两种工作做得一样好，要有相当高的精神境界和道德修养，需要有一个宽厚博爱的胸怀，否则很难做到。因此，"内省"在保育员的工作中显得尤为重要，它可以时时提醒保育员要凭着工作的职业道德和做人的良心、爱心去对待工作、对待幼儿。

保育员要在工作环境中营造出一种良性的职业道德氛围，利用公众舆论、家长监督的力量，形成一种自觉遵守职业道德规范的良好风气，使自身在工作中自觉规范行为，努力提升自身的职业素养和水平。

（五）沉着应对，着力提升四种基本能力

保育员的工作岗位和性质，决定了这项工作的特殊性，要求保育员必须具备超凡的爱心和奉献精神。保育员工作琐碎繁杂，除了职责内的清洁卫生消毒、环境物品整理、孩子吃喝拉撒外，还要面对孩子的教育、配合

老师、与家长沟通等，决不单单只是一个卫生保洁员那么简单。这就要求保育员必须具备多方面的能力和素质，面对不同的群体，要学会沉着应对，即做好四个面对，提升"四种基本能力"：一是面对工作，需要学习和掌握幼儿生活常识、卫生消毒知识、物品整理技巧和配合环境创设等基本能力；二是面对孩子，需要学习和掌握幼儿生理心理常识、常见病常识、安全常识、意外伤害事件和急救处理等基本能力；三是面对老师，需要认识到团结协作的重要性，主动学习和掌握一些配合教育教学活动的教育技能技巧的能力，如制作教玩具、手工画等；四是面对家长，需要学习一些简单的儿童心理学、教育学和社会常识，掌握一些与人沟通的基本技能和方式方法。

综上所述，保育员应具备的基本素质有两个方面：一方面是心理素质，包括合作精神、坚强意志、耐心细致、良好的自我认知能力和形象（克服烦躁心理）；另一方面是专业素质，包括具有爱心、丰富的幼教知识、配合教育教学的意识和能力、熟练的操作技能、处理幼儿意外事故和急救处理等方面的能力。保育员实际上是与幼儿老师分工不同的教育工作者，是具有特殊知识技能的老师，是一个热爱孩子、乐于奉献的人，是一个善于协作、勤于学习的人，是一个对自己所从事的职业有着正确的认识，并能自觉自愿去提升职业技能和提高职业道德素养的幼儿教师。

第三节 保育工作的发展趋势

一、保教统一是幼儿教育发展的必然趋势

《幼儿园管理条例》的总则与第十三条都提到"幼儿园应该贯彻保育和教育相结合的原则。"新版《幼儿园工作规程》第三条指出："幼儿园的任务是：贯彻国家教育方针按照保育与教育相结合的原则"，并规定了保育和教育主要目标任务。

教师和保育员是幼儿园班级管理的主要承担者，他们肩负着对幼儿进行教育和保育的双重任务，对幼儿的健康发展起着核心的作用。幼儿园实行保教相结合的原则是由幼儿的身心特点决定的。幼儿时期的孩子，生理、心理、社会性方面正处于迅速变化的过程。教育促进幼儿的发展，幼儿的发展又制约着教育，而幼儿的教育必须在安全、健康的前提下进行。因此，教与保是不可分离的。

幼儿的发展并非一个活动或一日能完成，需要持续、不断、有序地进行。保教结合的原则提出已有多年，但在实际工作中，由于种种原因，一直没有得到很好的贯彻和落实。如有的地方教育行政部门在布置、检查、考核幼儿园工作时，往往偏重教育教学工作，忽视保育工作，有的还将"保"与"教"割裂开来，只听幼儿教师上课，组织观摩教学或公开课，进行教案展评、教具玩具展览，评选教学能手等，却很少涉及保育方面的内容。不少地方拿不出较为系统的保育员培训资料和教材，很少培训保育人员，有关保育方面的知识技能竞赛也很少开展。许多幼儿园往往只给骨干教师培训的机会，却很少组织保育员的培训、学习和竞赛活动。

在社会与家长方面，同样存在着重"教"轻"保"的现象。如幼教书刊中有关保育的内容相对较少，一些专家和研究人员的研究也多着眼于教育、教学。据有关调查资料表明，大多数家长认为，送孩子入园就是为了学知识，长本领，要求老师教给孩子读、写、唱、跳、算、画的知识与技能，却很少关心和过问幼儿园的保育工作及孩子们的生活习惯、生活自理能力等发展情况，更忽视了幼儿生理、心理的健康。而新版《幼儿园工作规程》中强调了"必须切实做好幼儿生理和心理卫生保健工作。"

就保育人员本身而言，目前，部分保育员缺乏专业知识的现象比比皆是，对自身职责的认识也较为浅显。保教并重是幼儿园管理的目标和原则，"保"和"教"是一个整体，是幼儿园教育整体的不同方面，对幼儿的终身都将产生影响。"保"就是保育、保护幼儿的身心健康，包括培养幼儿生活习惯、卫生习惯和参加体育活动的兴趣等方面。幼儿健康的内涵十分

广泛，有身体方面的、有心理方面的、也有社会方面的。"教"即幼儿园的教育教学，是有目的、有计划地对幼儿进行全面发展的教育活动，发展幼儿智力、语言能力，培养幼儿初步动手探究能力，感受美的表现，丰富知识经验，促进良好的社会适应性，培养积极情感和良好的个性品质等方面的教育。

二、提高保育员自身素质，提升保育工作质量是幼儿园发展不可或缺的保障

加强保育工作是提升幼育质量的前提。除了保育员自身应提高职业道德素养和专业技能外，幼儿园和教育行政主管部门都应该加强、重视、指导与协调保育工作，整体推动保育工作的发展，提升幼儿园保育质量，这是社会的需求。

随着社会的进步，人们对幼儿保育的认识将进一步提高。因此，幼儿园应加强、重视、支持与强化保育意识，重视保育员的专业培训，为保育员提供学习的平台，创造学习的机会，提供专业成长的环境，为保育员落实待遇，即与教师一样共同学习、一样严格要求、一样落实社会保障；同时也要明确保育员工作职责，提高保育员的合作意识、责任感和职业认同感，提高保育员专业技能，完善和规范一日工作常规，细化保育员的各种工作职责；此外，还要开展多元活动和技能竞赛，健全和完善绩效考评，规范保育工作评价体系。

教育主管部门也要转变、拓展工作视野，提升保育的关注度和影响力，从舆论宣传等方面着手，提升对保育工作的指导，在对幼儿园的年度目标考核当中，将保育工作纳入考核范畴。同时各地教育行政部门每年也要将保育员的培训纳入幼儿教师队伍培养培训的年度计划，对保育人员进行岗位、职业培训，提升保育员的专业水准和实践能力，从而提升幼教队伍的整体水平。

随着社会进一步发展，幼儿园、托幼机构等也会对保育员不断提出新的要求，这就需要保育员不断学习，与时俱进。只有这样才能做好一名合格、称职、充满爱心的保育员。

| 第五章 |

身心安全是幼儿园的工作重心

本章内容导读

本章主要简述了幼儿教育中安全的重要性。从幼儿园管理的角度和幼儿人身安全需要出发，要求幼教工作者在思想和行为上要时时、事事、处处把幼儿安全放在首位，特别提出了要用相应的制度来保障幼儿安全。

幼儿安全，是指在幼儿园内的幼儿身心健康和生命安全保障，包括饮食营养、空间环保、人身不受侵害、心理不受影响等。办幼儿园、任幼儿教师、做幼儿家长都应该把幼儿的安全、健康放在首位和工作中的重中之重。如果一个幼儿园不能保障幼儿的安全，或者有危害幼儿健康的因素，则此幼儿园就失去了存在的价值，继续开办下去只能给开办者和幼儿带来更大的灾难。

多数人对幼儿有形的人身安全很重视，容易忽视幼儿无形的心理健康安全。而不管是开办幼儿园还是任幼儿教师，我们都要时时处处考虑到幼儿的心理安全。一所幼儿园如果不能保障幼儿的心理健康，也不具备办园的要求，也不能开园，否则会危害幼儿。无论从上级主管部门的要求，还是从自身与幼儿利益出发，我们都应该保证所有在园幼儿全方位的安全。

第一节 幼儿身心安全内容与措施

幼儿安全健康主要含人身安全、饮食营养合理、心理无障碍阴影等。幼教工作者在思想、观念、行为上要时时、事事、处处把幼儿人身安全放在首位。幼儿教育工作是一项庞杂、细腻、烦琐的系统工程，任何小环节稍微大意都有可能对幼儿造成无法挽回的损害。轻者给幼儿身心带来伤害，重者损害幼儿生命。只要每一位幼儿教育工作者把幼儿安全时刻放在心间，在思想观念上重视，每一件事、每一个活动都做好安全防范工作，幼儿教育活动是可以做到平安无事的。

第一，要将幼儿的身心健康安全放在各项活动的首位。

幼儿园的各项活动均要以孩子为中心，将幼儿人身安全健康放首位。活动时工作人员要注意观察幼儿的各项活动，时刻调整、纠正不良行为。人身安全发生危险的主要原因是缺乏足够的重视、大意而出事故，只要思想上不松懈是可以预防的。

饮食不安全因素是影响幼儿健康的重要因素。饮食安全除了食品的安全环保外，更重要的是帮助幼儿形成正确的饮食、生活、行为习惯。社会上肥胖儿有增无减，据调查分析此现象主要是幼儿饮食次数增多、喜食甜食，特别是睡前进食、晚餐多食的不良习惯引起体内营养过剩，再加上幼儿活动过少等不正确生活习性引起的。

第二，不要压抑幼儿心理，人为造成幼儿心理障碍。

人类（幼儿）"一旦出现了心理偏离正轨的情况，人们就失去了保护和确保自己处于健康状态的敏感性。当儿童被安置在一个能使他们以正常的方式生活和自由地活动的环境中时，他们的许多疾病和病态就会像许多道德缺陷一样自动消失。"①

对幼儿进行教育活动时不可压抑其心理活动和行为，严禁态度粗暴、动作生硬；对幼儿要坚持正面引导为主的教育思想，严禁体罚、变相体罚幼儿。目前社会上爆出的部分幼儿园教师和家长对幼儿进行体罚的事件很多都是因为轻视幼儿教育理念，或受传统"不打不成才"的观念所影响造成的。这些都直接或间接给幼儿带来了心理阴影和障碍。

第三，要平等公正地对待每一个幼儿。

幼儿教育工作者要做到关心、爱护全体幼儿，尊重所有幼儿，平等公正地对待每一个幼儿。幼儿园中公平对待全体幼儿是幼儿教育工作者职业道德与操守合格的表现。

第四，要加强安全教育，预防为主，检查督促落实。

幼儿教育机构的管理人员要加强岗位职责教育与检查，做到责任到人，与考核挂钩，做到事事、时时、处处有人负责，做到人人有责。

幼儿园安全教育要融入日常保教活动中去，把安全注意事项有计划地编成幼儿活动主题，当作日常教育内容。主要做好如下预防工作：对交通

①（意）玛利亚·蒙台梭利著，金晶、孔伟译。童年的秘密 [M]，中国发展出版社，2006：153.

伤害，预防原则是在游戏活动中教育幼儿认识常见的交通规则、标志与注意事项；对溺水伤害，预防原则是阻断幼儿可能溺水的根源，用视频、图片、案例故事教幼儿学习预防溺水的基本知识，建立防止溺水的意识；对火灾伤害，预防原则是教育幼儿"我不玩火，好孩子不玩火"；对中毒伤害，预防是第一有效的措施，所用食品要从源头上做到绝对安全；对踩踏伤害，预防原则是平时在幼儿园活动中就要教育幼儿在人多的情况下做到慢慢走、要排队、不拥挤；对暴力伤害，预防原则主要是园方与教职员工做好阻止外界暴力侵害的工作，做到园舍硬件合格；对触电伤害，预防原则是教育幼儿"摸电危险，我不玩电器"，从多方面使幼儿明白接触电是非常危险的；对活动伤害，预防主要从教师安排活动做起，要安全第一，从保护好幼儿和教育幼儿游乐场所讲安全两方面着手做工作；对性侵害，预防原则是让幼儿认清自己身体的隐私部位和树立保护自身隐私部位不被其他人看、碰、摸的意识，勇敢地说"不"；对传染性疾病伤害，国家规定的传染性疾病有 35 种之多，幼儿园是容易交叉感染的场所，主要是做好预防工作，即时控制、阻隔传染源、保护其他正常幼儿；对绑架勒索伤害，主要是教育幼儿如何应对陌生人的来访和怎样与陌生人交流，提高防范意识和应变能力。

第二节 幼儿教育机构要建立一系列安全制度并落实到实处

只有制度健全，才能有效杜绝问题的出现。开办幼儿园等幼教机构前要制定出详尽、科学的安全防范制度，且制度不仅要挂在墙上，主要是烙印在每位工作人员的心里，使每个工作人员都能时时处处自觉遵守、执行制度，把制度渗入到幼儿园的文化中。

一、建立幼儿健康检查制度

（一）入园幼儿身体检查制度

开园接收幼儿入园时必须进行全身检查。一般要做胸部 X 线透视，肝功能等传染病检查，同时要了解幼儿疾病史、传染病史、过敏史、家族史和生活习惯，建立幼儿个人健康档案。

（二）定期身体体检制度

对全园幼儿及教职员工每年要求体检一次，有条件的要进行健康分析、评价、疾病统计，为每位幼儿建立健康卡片或档案。

（三）幼儿园要坚持晨检的"一二三四"制度

当日接待幼儿入园的教师要认真做好一摸，即粗略感知是否发烧；二看，即咽部、皮肤和精神是否正常；三问，即饮食、睡眠、大小便有无变化情况；四查，即有无携带不安全危险物品，有问题及时处理。

二、建立并落实幼儿园安全防范制度

（一）要成立以园长为首的安全委员会

幼儿园要成立以园长为首的安全委员会。园长要定期向家长和全园教职员工进行安全意识教育，要定期检查全园安全措施，对教职工进行安全防范办法教育。

（二）要建立安全检查制度

要不定时的对幼儿园内房屋、场地、家具、玩具、用具及运动器械进行安全检查、检修，特别注意避免漏电、砸伤、烫伤、锐角物品划伤等事故发生。

中午及下班后有专人负责巡视检查，关好门、窗、自来水龙头、所有电器电闸、炉火、锁好各班教室及办公室，防止意外事故。幼儿离园后应有专人再次巡视检查。

（三）要建立有效的幼儿接送制

建立健全安全有效的幼儿接送制度。进出幼儿园要有凭证或固定人员接送幼儿，严防幼儿走失。

（四）要建立幼儿园药物登记表

建立幼儿园药物保管登记表制度，给幼儿吃药时要根据登记仔细核对幼儿姓名、药名、药量、服用时间。幼儿园不能有剧毒物、药品。幼儿自己带来的药物保管和服用应有医务人员或班里专人负责。

（五）要建立幼儿不进厨房等不安全位置的制度

执行不准幼儿进入不安全地方的制度。幼儿园内的热粥、开水、热汤等有危险的物品要放在固定且安全或幼儿不能碰到的地方。盥洗用水执行先放冷水再放热水的固定顺序。有危险的物品要及时清除或定点安放。

（六）要执行园内禁车制度

坚持园内不行车、不骑车、不停车制度，防止园内车辆伤害幼儿事件的发生。

（七）要建立幼儿午睡专人巡查制度

一定要建立幼儿午睡时专人巡查制。幼儿午睡时要有专职人员查巡，消除睡眠环境中的潜在危险，防止幼儿意外造成窒息。

三、建立环境卫生管理制度

幼儿园的环境是办园的首选条件。蒙氏教育中优先考虑的就是幼儿园的环境布置，环境育人在幼儿园中显得特别突出。因此，在办幼儿园时要选择无环境污染的居民生活区，室内外都要符合相关建园标准，同时还要建立相应的环境卫生管理制度。具体包括以下几点：

（一）建立健全幼儿园室内外环境清扫制度

幼儿园要坚持做到每天一小扫，每周一大扫，定人、定点；要基本做到无苍蝇、蚊子、老鼠、臭虫、蟑螂等害虫；要保证室外无污物和污水，下水道要通畅；要定期检查测试相关指标。

（二）园内用品定时检查制度

幼儿园每周要检查幼儿桌、椅、床、用具等，看是否应符合卫生要求、幼儿年龄特点且不能有锐角锐边；要定期清洗消毒保持整洁；幼儿床单、被子等定期洗换，叠放整齐。这些方面要按时检查并使之形成习惯。

（三）室内环境日日检查制度

幼儿园每天要检查室内环境，坚持做到：空气流通，阳光充足，冬天也要定时开窗通风换气；厕所通风，打扫干净并消毒，保证无污迹及臭味，地面无积水；所有人员要做到不随地吐痰、不乱扔垃圾、不高声喊叫；此外，教职工也不得在园内吸烟。

四、建立幼儿园食品卫生安全管理制度

人在幼儿期（3～6岁）体格发育速度较婴儿期有所减慢，达到稳步增长，而智能的发育更趋完善，求知欲加强。这时食品的安全更显得尤为重要。如果这时食品出现问题影响的不仅是幼儿的身体，更重要的是影响到幼儿的智能发展。因此幼儿园要建立食品卫生安全管理制度。

要建立食品入园审查制度。所有进入幼儿园的食品（包含集中采购和幼儿家长零星送给幼儿的食物）、原材料及饮用品应有专人负责检查验收；要建立伙食管理组织(园领导、炊管人员、保健人员、保教人员及幼儿家长代表组成)，定期研究伙食问题，并形成记录；禁止购买劣质变质的食物、熟食、原料，不准让幼儿吃隔夜饭菜，严防幼儿食物中毒。

五、建立门卫岗位制度

幼儿园的门卫是全园幼儿人身安全的第一道防线，也是主要防线，因此要制定严格的管理制度。开园期间要求进出幼儿园的所有人员必须遵守。一定要按时开关大门，有专人值守；一定要做到工作时间非正式来访不得入内，因工作来访必须验证登记方可入内；有交接班时一定要做好交接班记录工作，且要有值班记录。

六、建立幼儿外出活动工作规范

组织幼儿外出活动，容易出现安全事故。因此，幼儿园组织此类活动时必须要制定符合所在地实际情况的活动规程。在主办活动前一定要向当地主管部门报告，提出书面申请；活动前要向家长说明活动内容、地点、目的和希望的活动效果；行动前还要对幼儿进行有关安全和纪律教育。一定要制定周全的行动计划，特别是车辆、路线、幼儿接送、吃喝要安排好，选择好天气。如果有一项没有安全保障，则应该取消活动。

七、幼儿园要有规避伤害事故的措施和工作预案

（一）幼儿园要为自己和园内幼儿购买相应的意外伤害保险，规避风险，确保平安。

（二）要按照当地公安消防部门的要求制定切实可行的突发伤害等事故处理预案，万一有事就按预案处理应对。有备无患，能减少损失、降低伤害程度。

本篇主要是关于幼儿教育的方法、内容。有由一线工作的园长、老师撰写的文字方案，可作为幼儿教师组织教育活动的文字方案的范例，模式；有幼儿上下园路上亲子间的谈话艺术；收集分析了幼儿提出的难题与回答策略；从绿色、环保、低碳和幼儿易学、易行的角度推介精选了幼儿园手工教玩具制作范例、幼儿手工精品；编写了幼儿园常讲的幼儿故事、常教且易学的诗歌；有幼儿园教学使用的幼儿常用英语短语，以及这些内容的教学指导与原则。

下　篇

育儿方法

| 第六章 |

上下幼儿园路上的亲子谈话艺术

本章内容导读

　　本章主要介绍了上下幼儿园时的亲子沟通方法、技巧与内容，这对接送幼儿上下园的家长很有作用。

近几年来，由于少数几个幼儿园出现的虐童事件，家长对幼儿园产生了不信任感，看幼儿园的老师也带了有色眼镜，然而。据我们全国范围内的抽样调查，幼儿教师有意虐待幼儿、打骂孩子的事情是非常少的，大部分矛头指向老师的投诉是误会或家长自己造成的。

例如，某日早晨，幼儿多多的妈妈怒气冲冲，急切地找到幼儿园长说："我小孩最近都不肯来幼儿园了，说是老师骂了他！"园长和颜悦色地把多多妈妈带到办公室，让其冷静，慢慢说，最终才把事情的来龙去脉摸清楚：原来两岁半的多多因为最近身体欠佳，情绪各方面不稳定，语言表达有限，妈妈看到孩子不愿意来上幼儿园，潜意识里就觉得肯定是老师的问题，觉得有可能是老师打骂了孩子。就问多多：是不是老师骂你啦？多多就点了点头。就这样，老师被无缘无故地扣上了骂孩子的恶名。后经过说明，家长也明白了是误会，但老师打骂幼儿却成了话题。

还有些家长经常会在孩子未正式入园前就拿一些话语吓唬孩子。如"你再调皮，就把你送到幼儿园去""不听话，老师会骂你哦"等，于是在孩子的心里，幼儿园成了专门关"调皮、不听话"的孩子和坏孩子的地方，那里还有凶恶骂人的老师。一般情况下幼儿会被吓唬住的。当家长的觉得这样吓唬的话语起到了短暂的效果，还不免沾沾自喜，却不知道后期让孩子入园时会遇到种种困难，使幼儿抵触入园、抵触老师，甚至使幼儿产生老师说话就是在"骂"人的不正确认识。因为这些都是亲爱的家人早就告诉他的，他能不信吗？

多位心理学家研究表明：对于六岁以下的幼儿，自我表达的能力是很差的，还无法用自己的语言表述为什么，多数难以区别说话和骂人。幼儿有时候只会附和家长的问话，根据家长的意思机械回答。像这样因为亲子谈话而导致的"虐童"误会还不少。常见的如：看到孩子脸上有小小的红点就会很紧张地问，"宝贝，是不是老师打你啦？"，孩子被问得不知所以然，只能附和家长点头或者摇头。如果家长总是追根寻底地盘问，下次他就会理所当然地告诉你，是别人打的。慢慢孩子就被迫学会了撒谎。

亲子间该谈什么，不该谈什么是有讲究的，幼儿家长不可轻视。

第一节 幼儿入园前的功课与亲子间话别技巧

一、做好幼儿入园前的功课

如果您的孩子到入园时还对上幼儿园抵触心理十分强烈，那就要反思自己是否做好让孩子上幼儿园的相关准备了。正确的做法应该是从孩子出生以后就多带孩子跟同年龄的孩子一起交往、一起晒太阳，大一点就一起爬行，一起学走路，一起学说话，让其从小就感受到与同伴相处的快乐。幼儿到该入园的年龄了，在这之前的半年时间里，就要开始有意识地告诉他："你长大了，妈妈得上班了，你需要到幼儿园去跟你的同伴一起生活了，那里有爱你的老师，还有很多好玩的玩具，也有可口的饭菜和点心。老师会像妈妈一样爱你的！"偶尔也应该带孩子到幼儿园玩耍，熟悉环境。这样孩子就会带着对幼儿园的无限憧憬，高高兴兴地开始他的幼儿园生活。

上幼儿园后的第一天，幼儿回家后亲子间要这样谈话：今天在幼儿园开心的事儿有什么呀？跟谁玩了啊？孩子会很乐意分享他在幼儿园的一切。这样也有利于让孩子顺利地渡过新生焦虑期，巩固入园的新鲜感。

如果送幼儿入园的功课没有做好，幼儿可能会出现入园分离焦虑症。例如少数幼儿强烈抗拒幼儿园的一切，上园一路上碎碎念：我不要上幼儿园，我不要上幼儿园，我要回家，我要妈妈！语言表达能力不太好的幼儿就是大声哭闹，不吃不喝，一天下来嗓子都是哑的。不是父母的人看着这一切都会心疼的。这就是父母没有为孩子做好功课，导致孩子入园焦虑的典型表现。

二、上园路上亲子间的话题要讲艺术

为了让幼儿顺利入园，家长们除做好以上准备功课外，还要在送幼儿入园的路上多跟孩子聊聊，掌握以下谈话艺术：

（一）上园路上要与幼儿说积极的、具体的、肯定的语言。比如：宝宝昨天在幼儿园能够自己吃饭，特别好，今天一定也可以；老师和小朋友都特别喜欢你，如果你能不打人（幼儿已有的毛病），大家会更喜欢和你玩；宝宝别害怕，妈妈一定会在放学时早早来接你（切记，如果你做不到第一个来接孩子就千万不要随意许诺，一旦你没有兑现你的承诺，再让孩子相信你就很难了）。

（二）不说命令的、否定的、恐吓的语言。比如：你要是不听话，妈妈就不来接你了（谁也不可能不来接自己的孩子）；你怎么一直都这么不懂事！在学校里再不许这样了！

（三）如果孩子对幼儿园有抵触情绪、情绪状态低落或者焦虑，妈妈也可以先跟孩子聊聊其他他感兴趣的话题。比如可以跟孩子聊：周末想要去哪里玩；晚上想要吃什么；路边看到的有趣的事，尤其可以多讨论路边看到的新鲜事。这种轻松快乐的话题，会转移孩子的注意力，缓解孩子的焦虑情绪，提高孩子对幼儿园的好感。

（四）上园的路上往往比较赶时间，可以和孩子交流的内容不多，妈妈更要语言简练，切勿唠叨，更不要对孩子提太多要求。

（五）平时在家要让幼儿多做幼儿园里要做的事。如果怕孩子不适应幼儿园，比如上厕所或者饭没吃饱不知道说，需要帮助的时候不懂得求助等，这就需要父母平时抽出专门的时间做练习，比如借助家庭活动、角色扮演等让幼儿做幼儿园里要做的事情，鼓励孩子勇敢表达、大胆尝试。

（六）如果可以，尽量每天将孩子送到后跟老师简单反映（早上老师一般都很忙，说话要简单）一下孩子当天的状态。可以当着孩子的面，在老师面前说出孩子当天比前天进步在哪里，以表扬为主。

第二节 离园回家途中亲子间的谈话艺术

到幼儿园接孩子时也许你会有诸多的问题想问孩子。诸如今天老师教了什么等等，但得到的答案可能是"不知道"。这缘于是家长提的问题太抽象了，孩子们无力回答。幼儿园的孩子的语言表达能力还在发展的时期，不能用完整的语言告诉你：今天他学会了自己吃饭，学会了自己穿衣服，学会了要等待，要与人分享、要团结合作、要自己的事情自己做。

幼儿园的生活丰富多彩，不是孩子用三言两语可以简短叙说的，许多技能也不是一两天就能看到效果的。幼儿园的教育教学活动都是在潜移默化地影响着孩子成长。比如幼儿会自己吃饭了，会自己穿鞋子和袜子了，会把小手洗得很干净了，还知道整理自己的被子和书包了，会跟同伴分享自己的食物了。这些都是幼儿园学习的成果。所以当家长接到孩子时，除了让自己的思绪清楚，表达自己的思恋之情外，要做到以下几条：

一、要说鼓励的、肯定的、正面的话题

比如，"宝宝今天一天没有尿湿裤子，像个大孩子了"；"宝宝这几天学到的童谣，特别好听"；"宝宝，今天在幼儿园开心的事儿有什么呀？"（紧接着分享孩子的感受和情绪，给予接纳，共同享受亲情）。

二、少说消极的、否定的、批评的话题

比如不能说，"老师有没有打你？同学有没有欺负你？你今天是不是又没有睡午觉？今天有没有好好吃饭？"；"今天老师教的儿歌你怎么都不会，真够笨的"；"你是不是又不乖了？不听话了？"

三、要信任自己的孩子，对其做得好的多点赞，这是我们要特别强调的

就像下面这个案例：妈妈向老师反映自己的孩子不自信，上学爱磨蹭，回答问题含含糊糊，显得很不确定。经了解，原来这位妈妈每次都在接孩子回家的路上问孩子一天的表现，当孩子说：老师今天表扬我了之类的话题时（应该大加点赞、鼓励），妈妈都会习惯性地反问"是吗？"。孩子一下子就不自信了。妈妈为什么要反问孩子呢？其实她就是想要确认一下孩子所说的是否属实。妈妈的这种习惯性不自信的回应方式，给了孩子一种强烈的暗示："我可能不那么好。"妈妈一次又一次对孩子的怀疑，让孩子无法体验到快乐、积极、自信的情绪，反而有种莫名的恐慌，导致孩子不喜欢去幼儿园，并且表现出缺乏自信等问题，无形中把幼儿园好的教育成果给毁了。

四、多谈容易回答的具体话题或在幼儿园里的生活细节

（一）聊幼儿园里的环境、体育器械、玩具、具体的游戏等。这需要父母主动观察幼儿园里的新鲜事儿，或者通过与老师交流获取信息。比如在与幼儿离园时间：宝贝，我发现你们那个手工角落有一个新作品，很好看的；你们园中的滑滑梯红得真漂亮啊！等等。

（二）聊孩子的吃喝拉撒。建议用"猜测"的方式去开启话题，并多用证明的词汇去描述内容。如在接幼儿离园时间：让妈妈猜一猜，你今天自己主动上厕所了对不对？让我猜一猜，你今天玩了很好玩的木马玩具吧？等等。

（三）聊孩子的小伙伴、交到的新朋友。比如在与幼儿离园时间：宝贝，我发现有一个小朋友好像很喜欢你啊！他主动过来跟你拉手了，他叫什么名字啊？等等。

（四）少问或不问幼儿难理解的宽泛问题。若问题太过宽泛，孩子大多数时候都会摇头，父母也无法跟孩子继续进行有效地沟通。比如：你今

天在幼儿园都做什么了啊？你今天都吃了什么呢？上课老师都教了你们什么呀？等等。这些问题对幼儿来说都是不具体的问题，幼儿很难回答，亲子间也就难以对话下去，勉强对话也只能是重复或废话。

（五）每周至少与幼儿的老师面对面沟通一次。每周都要找老师有空的时间，同老师聊聊孩子的表现。但这个时候最好能避开孩子，以免让孩子听到一些负面信息。

（六）建议尽量步行离园回家。亲子一同走路回家，也别太匆忙，要利用放学路上的充裕时间和孩子慢慢走在林荫道中，一起发现身边有趣的事情，陪孩子看蚂蚁搬家、蜻蜓低飞，让幼儿说一天的新鲜事。这样的时光特别适合亲子交流，尤其是在当下忙碌紧张的快节奏生活当中。在这个放松的过程中，建议多跟孩子有肢体接触的动作，如：亲亲、抱抱幼儿等。要知道，沟通不限于说话，因为对孩子来说，这种肢体上的交流，是更重要的沟通方式。每一个亲昵的动作，都是在对孩子说：我爱你。这样，幼儿对上下园路上的美好时光会终身不忘。

| 第七章 |
幼儿的疑难问题与回答策略

本章内容导读

本章收集了一千多个幼儿提出的教师不能、不便回答的难题。虽然没有对每个问题进行解答，也没有提出标准答案，只是用数理统计分析的方法对难题进行分类汇总分析，但是提出了为幼儿解答难题的原则与方法。这些难题多数是开放性的，在幼儿的认知层面上没有标准答案。有些难题的确也不便正面回答，我们只有掌握解题策略才能无难题可解。

幼儿园小朋友爱问，疑难问题多，特别是在天文、地理、生物、哲学、医学等学科领域的难题尤其多。这是幼儿对环境充满探究心理的表现，成人应对此予以高度重视并呵护。要给幼儿留下长大后自己去探索世界的希望与要求，为幼儿长大后探究世界埋藏种子。读者应该对本章所述难题进行提前思考，准备好相应的答案以备不时之需。

第一节 难题的由来与汇总

教育家陶行知曾说过："发明千千万，起点是一问。""创新始于'问题'，强化问题意识，是培养幼儿创新能力的关键"。[①] 新时代合格的幼儿教师要时刻注意培养幼儿的问题意识，尽可能多地激发幼儿提问的动机，让幼儿自信、独立提问，为幼儿拥有创新思维做好基础性的工作。"一个世纪以来，国外对于儿童提问做过大量的研究，这些研究以实证研究为主，得出了丰硕的成果，但是这些研究浮于表面，不成体系，缺乏理论探讨。而在国内，同一个时期，对于儿童提问几乎无人问津。到了课程改革新时期，有关儿童提问的规范研究开始引人注目，关于儿童提问的功能、发展规律、年龄特点、影响因素和培养训练等等都将成为系统深入研究的课题。"[②]

我们在进行教育部重点课题研究时设计了抽样调查问卷，对幼儿教师进行了问卷调查。在问卷中设计了"请写出您所遇到的小朋友提出的最难或不能回答的难题 3 个"这一题目。运用随机多级抽样法在国内进行问卷调查，共收集到一千多个幼儿提出的教师感到不易、不能回答的难题。这些难题反映了幼儿当前的所思所想超越了我们平常的预期水平，值得幼儿教育工作者、家长们关注。

幼儿爱提问题、疑问多是人类普遍共有的现象。儿童是怎样思维的？他是怎样提问的？他对疑问的判断和推理有些什么特征？对这一类似的问题瑞士儿童心理学家让·皮亚杰（1896 ~ 1980）在《儿童语言与思维》一书中做过深入的研究阐释。这里我们改变思路，仅从数理统计分析的角度，经"收集→分类→汇总→选难→验证→分析→结论"的过程对幼儿提出的难题进行分析研究，最后提出相关对策。

---

① 王丽华：强化问题意识，培养幼儿创新能力 [J]，教育导刊，2011（7）：76.
② 费广洪，申继亮：儿童提问的发展特征研究综述 [J] 教育理论与实践，2003（4）：46.

2013 ～ 2014 年，我们运用随机多级抽样法在国内 27 个省抽取 429 所幼儿园。1904 名幼儿教师做样本（所选样本为农村幼儿园或城乡结合部的幼儿园），进行问卷调查。共收集到 1185 个幼儿提出的难题，其中有部分问卷没有回答，为保持材料原始性，没作改动，汇总如表 7-2 第二列。

根据难题所涉及的主要内容或回答难题时所涉及的主要知识内容，按健康、语言、社会、科学、艺术五领域进行分类，见表 7-2 第三列；按我国学科门类分为哲学、经济学、法学、教育学、文学、历史学、理学、工学、农学、医学、军事学、管理学，艺术学共 13 个门类，见表 7-2 第四列。

按照幼儿学习与发展最基本、最重要的内容选择出难题示例（共 5 个难题），将 5 个难题制成问卷。

问 1：为什么要上幼儿园？

问 2：为什么脚趾比手指短？

问 3：叶子为什么会从树上掉下来啊？

问 4：为什么每天要洗脸？

问 5：牛奶是从哪里来的？

带着上述 5 问题问卷随机到幼儿园验证性地对幼儿进行问卷调查（幼儿以做游戏活动的形式口头回答，由当班幼儿教师提问并记录）。农村、城市各选 10 所，其中公办与民办各半，共选择 20 所幼儿园进行。让幼儿在自然状态下认真地回答（每园选大、中、小各一个班），每班只收集前 3 个答案（记录原答案）。

对所收集的答案进行分析整理。对上述问卷答案各精选 3 个答案汇总，如表 7-1。

表 7-1 对 5 个难题的答案选例

难　题	答案选例	备注
为什么要上幼儿园？	（1）（上幼儿园后）有本领 （2）读书（上幼儿园）了会赚钱 （3）（上幼儿园）可以和小朋友玩	

（续表）

难　题	答案选例	备注
为什么脚趾比手指短?	（1）手比脚大 （2）脚趾长了走路就不好走了 （3）脚趾长了就会把袜子戳破	
叶子为什么会从树上掉下来?	（1）有风吹下来 （2）叶子老了 （3）被别人摇下来	
为什么每天要洗脸?	（1）（洗脸后）才干净 （2）干净了蚊子就不会叮我们 （3）因为有眼屎	
牛奶是从哪里来的?	（1）妈妈从梅尼（超市名）买来的 （2）发明家发明出来的 （3）从奶牛里挤出来的	

表 7-2　1185 个幼儿提出的难题

序号	问题内容	按 5 个领域分类	按 13 个学科分类
1	为什么只有男人和女人?	科学	医学
2	为什么要写字? 现在不是有电脑吗?	社会	教育
3	为什么白天看不到月亮?	科学	理学
4	老师! 我要回去?	社会	教育
5	妈妈为什么不陪我上幼儿园?	社会	教育
6	老师为什么没有小鸡鸡?	科学	医学
7	人是从哪里出来的?	科学	医学
8	月亮为什么不在白天出来?	科学	理学
9	为什么不能管姐姐叫妹妹?	社会	哲学
10	我们为什么要上幼儿园?	社会	教育
11	爸爸妈妈为什么要把我们送到幼儿园?	社会	教育
12	圣诞节我等了好久, 为什么还是没有圣诞老人送礼物呢?	社会	哲学
13	老师! 我不想写字!	社会	教育
14	老师! 我要回家!	社会	教育
15	妈妈为什么总要发脾气?	社会	哲学

（续表）

序号	问题内容	按 5 个领域分类	按 13 个学科分类
16	老师！今天你为什么不漂亮？	艺术	哲学
17	为什么有白天和黑夜？	科学	理学
18	公鸡为什么不下蛋？	科学	理学
19	为什么会下雪？	科学	理学
20	我生日时许愿是否能实现？是谁帮我实现？	社会	哲学
21	妈妈能不能不发脾气？	社会	哲学
22	老师！我不想午睡。	健康	管理
23	我不想写作业。	社会	教育
24	请问我是从哪里来的？	科学	医学
25	爸爸和妈妈为什么要结婚？我现在要结婚吗？	社会	哲学
26	爷爷为什么喜欢我，却不喜欢妹妹？	社会	哲学
27	为什么会下雨？	科学	理学
28	为什么不能学大人的样子？	社会	哲学
29	天上有什么？	科学	理学
30	人老了会死，死了有鬼魂吗？	科学	理学
31	人老了会死，死了到哪里去了？	科学	理学
32	为什么白天是太阳，晚上是月亮？	科学	理学
33	为什么我是男孩子，姐姐是女孩子？	科学	理学
34	世上为什么只有一个太阳了？	科学	理学
35	为什么有白天和黑夜？	科学	理学
36	为什么我是女的？他是男的？	社会	哲学
37	为什么我们是爷爷奶奶带？爸爸妈妈呢？	社会	哲学
38	我们想读书但我们也想像城市的幼儿园有很多玩具。	社会	教育
39	为什么男孩子不留长发？女孩子要留长发？	健康	哲学
40	为什么男孩子和女孩子不能在一间厕所里撒尿？	社会	哲学
41	为什么地球是圆的？	科学	理学
42	为什么我要叫她阿姨？	社会	哲学
43	老师为什么不跟我们吃同样的菜？	健康	教育
44	老师为什么不感冒？	健康	医学
45	老师为什么不和我们一起读书？	社会	哲学

（续表）

序号	问题内容	按5个领域分类	按13个学科分类
46	为什么她的脚比我的大，我的比她的小？	科学	理学
47	冬天为什么不发冰激凌吃？	科学	理学
48	什么东西最难吃？	健康	哲学
49	为什么别人有那么多吃的东西？	社会	哲学
50	我是从哪里来的？	科学	医学
51	什么是爱？	社会	哲学
52	什么是友情？	社会	哲学
53	你会和其他人分享你的玩具吗？	社会	哲学
54	为什么天会黑？	科学	理学
55	为什么我们不能在天上生活？	科学	理学
56	鸡蛋是鸡生的还是买来的？	科学	理学
57	小孩是从哪里出生的？	科学	医学
58	为什么要写家庭作业？	社会	教育
59	为什么他喜欢抢东西？	社会	哲学
60	为什么每天都吃一样的菜？	健康	教育
61	怎样区别是男孩还是女孩？	科学	医学
62	老师都住在哪儿啊？	社会	哲学
63	为什么她喜欢我？	社会	哲学
64	爸爸和妈妈为什么要结婚？	社会	哲学
65	为什么有的爷爷奶奶只喜欢男孩？	社会	哲学
66	为什么会有月亮和太阳？	科学	理学
67	地球会转动为什么我们却没有倒？	科学	理学
68	为什么小明喜欢问为什么？	社会	哲学
69	为什么要吃饭和睡觉？	健康	医学
70	摩托车的妈妈是谁？	社会	哲学
71	小明老是告状，他不是好孩子吗？	社会	哲学
72	爸爸为什么不蹲着尿尿？	科学	医学
73	宝宝是怎么跑到妈妈肚子里去的？	科学	医学
74	小鸟为什么不到我们教室来玩？	社会	哲学
75	为什么要上幼儿园？	社会	教育

（续表）

序号	问题内容	按5个领域分类	按13个学科分类
76	为什么要学习知识？	社会	教育
77	为什么老师只喜欢他而不喜欢我？	社会	哲学
78	为什么大人能说谎？	社会	哲学
79	我们可以不上幼儿园吗？	健康	教育
80	为什么有人会说我爸爸闯红灯了？	社会	哲学
81	我是怎样从妈妈肚子里出来的？	科学	医学
82	为什么男孩和女孩尿尿的地方不一样？	社会	理学
83	为什么我和他长得不一样？	科学	理学
84	为什么男人不可以生宝宝？	科学	医学
85	为什么爸爸妈妈不打牌就打架？	社会	哲学
86	为什么我们要看书？	社会	教育
87	为什么老师要找男朋友？	社会	哲学
88	爸爸欺负妈妈，我长大了是不是要像爸爸一样厉害？	社会	哲学
89	长大了我可以娶我的老师吗？	社会	哲学
90	爸爸妈妈为什么不带我，而要跑到广州打工？	社会	哲学
91	先有爸爸还是先有我？	科学	理学
92	太阳为什么跟着我们走？	科学	理学
93	为什么我们的幼儿园没有电视里的那么好？	社会	哲学
94	为什么我的爸爸妈妈一年才来看我一次？	社会	哲学
95	我是从哪儿来的？	科学	医学
96	为什么老师不是我的妈妈？	社会	哲学
97	为什么我的幼儿园没有漂亮衣服和书包？	社会	哲学
98	为什么我们的校车没有别人的那么大那么漂亮？	社会	哲学
99	我真的是从爸爸的腋下出来的吗？	科学	医学
100	男孩和女孩为什么长得不一样？	科学	理学
101	为什么妈妈和爸爸都不教我写作业？	社会	教育
102	我什么时候才能变漂亮啊？	科学	理学
103	我什么时候才能当老师？	社会	教育
104	我怎样才能当爸爸？	社会	哲学
105	世界上为什么会有人？	科学	理学

（续表）

序号	问题内容	按 5 个领域分类	按 13 个学科分类
106	爸爸妈妈为什么要出去打工啊？	社会	哲学
107	老师怎么长胡子了？	科学	理学
108	我们可不可以多放几天假啊？	社会	哲学
109	爸爸妈妈为什么不上幼儿园？	社会	哲学
110	长大了还要不要上幼儿园？	社会	教育
111	王八蛋是什么？可不可以吃啊？	社会	哲学
112	地球是怎么自转的？	科学	理学
113	鱼在水里是怎么生存的？	科学	理学
114	如何才能快快长大？	科学	医学
115	为什么我不可以和大人一起打麻将？	社会	哲学
116	地球不转动可以吗？	科学	理学
117	人为什么只用两条腿走路，而动物却要用四条腿？	科学	理学
118	不闭眼为什么会睡不着？	科学	医学
119	为什么我们生活在地球上而不是其他星球上？	科学	理学
120	地球没有引力了会怎么样？	科学	理学
121	地球的另一边是什么？	科学	理学
122	地球为什么要绕着太阳转？	科学	理学
123	为什么男生和女生不能一起上厕所？	社会	哲学
124	为什么喜羊羊会打败灰太狼？	社会	哲学
125	为什么孙悟空是从石头里出来的？	社会	哲学
126	为什么男生和女生不能一起睡？	社会	哲学
127	为什么你是女生而不是男生？	健康	医学
128	你的眼睛为什么那么大？	科学	医学
129	你为什么穿红色衣服？	社会	哲学
130	为什么幼儿园有那么多小朋友？	社会	哲学
131	为什么爸爸妈妈不陪我一起玩？	社会	哲学
132	为什么天空是蓝的，树叶是绿的？	科学	理学
133	为什么人会走路房子却不会倒？	科学	理学
134	有多少人去过月亮上？	科学	理学
135	为什么能从电话里听到声音？	科学	工学

（续表）

序号	问题内容	按5个领域分类	按13个学科分类
136	橡皮擦为什么能擦掉铅笔字？	科学	工学
137	怎样才能让动物听懂我们说的话？	科学	工学
138	为什么爸爸妈妈的结婚照里没有我？	社会	哲学
139	男生的头发都短，那女生的头发剪短了就会变成男生吗？	社会	哲学
140	妈妈肚子大了就生弟弟，爸爸的肚子大了为何不生弟弟？	科学	医学
141	为什么一只手有五个手指头？	科学	理学
142	水从哪里来的？	科学	理学
143	人死了会怎样啊？	科学	理学
144	我为什么要长大？	社会	哲学
145	什么"1+1"必须等于"2"？	科学	理学
146	为什么爸爸妈妈会生下我？	科学	理学
147	为什么月亮总在太阳后面出来？	科学	理学
148	一年为什么要分四季？	科学	理学
149	爸爸妈妈为什么天天吵架？	社会	哲学
150	为什么我会哭？	健康	教育
151	海水为什么是咸的？	科学	理学
152	世界有多大？	科学	理学
153	人为什么要眨眼睛？	科学	医学
154	时间是什么？	社会	理学
155	无限是多少？	科学	理学
156	人为什么不开花结果？	科学	理学
157	我长大了会变成什么样子？	科学	哲学
158	为什么是我先睡觉？	社会	哲学
159	我们为什么要从妈妈肚子里出来？	科学	医学
160	太阳为什么要从东方出来？	科学	理学
161	为什么要吃饭？	健康	医学
162	为什么爸爸是男生？	社会	哲学
163	世界上是先有男生还是先有女生？	科学	理学
164	为什么男生可以站着尿尿而女生却不可以？	社会	哲学
165	耳朵里面是什么样子的？	科学	医学

（续表）

序号	问题内容	按5个领域分类	按13个学科分类
166	为什么要在十字路口安红绿灯？	社会	哲学
167	怎样才算是好孩子？	社会	哲学
168	灯为什么可以发亮？	科学	工学
169	为什么闹钟总是不停地转？	科学	工学
170	为什么我比她懂事她却比我受重视？	健康	哲学
171	为什么只有女孩才能生宝宝？	科学	医学
172	为什么妈妈不长胡子？	科学	理学
173	我什么时候才能变成奥特曼？	社会	哲学
174	爸爸妈妈结婚的时候我在哪儿？	科学	医学
175	为什么要结婚？	社会	哲学
176	为什么爷爷奶奶要死？	科学	医学
177	为什么爸爸可以和妈妈睡而我却不可以？	社会	哲学
178	天上有多少颗星星？	科学	理学
179	为什么白天看不到月亮？	科学	理学
180	为什么没钱就不能买糖吃？	社会	哲学
181	飞机为什么要在天上飞而不在地上走呢？	科学	工学
182	公鸡为什么不能下蛋？	科学	理学
183	血管为什么是紫色的？	科学	医学
184	为什么我只能一个人睡在小房间里？	社会	哲学
185	我为什么不跟妈妈姓？	社会	哲学
186	天上的星星为什么不会掉下来啊？	科学	理学
187	为什么太阳比月亮更亮啊？	科学	理学
188	世界上真的有奥特曼吗？	社会	哲学
189	为什么灰太狼总是吃不到懒羊羊？	社会	哲学
190	小鸟为什么会长翅膀？	科学	理学
191	人鱼公主为什么会变成泡沫？	社会	哲学
192	我能不能变成樱桃小丸子？	社会	哲学
193	我怎样才能变成孙悟空？	社会	哲学
194	为什么冬天会下雪？	科学	理学
195	妈妈为什么要打我？	社会	哲学

（续表）

序号	问题内容	按5个领域分类	按13个学科分类
196	为什么晚上会变黑？	科学	理学
197	鸭子为什么不会沉到水里？	科学	工学
198	灰太狼为什么要吃小羊？	社会	哲学
199	爸爸为什么要和妈妈睡？	社会	哲学
200	为什么没有星期八？	社会	哲学
201	为什么水要向下流而不是向上？	科学	理学
202	王子为什么喜欢公主？	社会	哲学
203	螃蟹为什么要横着走路？	科学	理学
204	花儿为什么是红色的？	科学	理学
205	水为什么是无色的？	科学	理学
206	铅笔为什么可以写字？	科学	工学
207	太阳住在哪儿？	科学	理学
208	电视机为什么会出画面和声音？	科学	工学
209	我能当玉皇大帝么？	社会	哲学
210	为什么鱼要在水里游？	科学	理学
211	小鸟为什么能飞？	科学	理学
212	飞机为什么会飞？	科学	工学
213	1后面为什么不能是3？	科学	理学
214	太阳为什么只在晴天出来？	科学	理学
215	男生为什么不能穿裙子？	社会	哲学
216	爸爸亲还是妈妈亲？	社会	哲学
217	为什么只有吃饭才能长高？	科学	医学
218	太阳是什么东西？	科学	理学
219	老师为什么不给我们钱？	社会	哲学
220	人是不是动物？	科学	哲学
221	我还能再回到妈妈的肚子里去吗？	科学	理学
222	菜豆为什么是弯的？	科学	理学
223	大树为什么能长那么高而我却不可以啊？	科学	理学
224	河里有多少滴水啊？	科学	理学
225	一个人有多少根头发啊？	科学	理学

（续表）

序号	问题内容	按5个领域分类	按13个学科分类
226	肚肚为什么会痛呢？	健康	医学
227	叶子为什么会从树上掉下来啊？	科学	理学
228	天有多少岁了啊？	科学	理学
229	青蛙是人类的好朋友，可为什么人类还要吃它啊？	社会	哲学
230	有没有外星人啊？	科学	理学
231	雪为什么会化？	科学	理学
232	花儿为什么会枯萎？	科学	理学
233	什么是死？	科学	医学
234	海里有美人鱼吗？	社会	哲学
235	为什么苹果不可以唱歌？	科学	理学
236	为什么老师不可以变成蜘蛛侠？	科学	理学
237	为什么头发是黑色的？	科学	理学
238	老师为什么不可以像母鸡一样下蛋？	科学	理学
239	草为什么是绿色的？	科学	理学
240	为什么要叫老师为老师？	语言	教育
241	为什么人死了就听不见人说话了啊？	科学	医学
242	为什么狗狗不上幼儿园啊？	社会	教育
243	天有边吗？	科学	理学
244	天有多高？	科学	理学
245	为什么要有考试？	社会	哲学
246	大街上为什么会有那么多警察？	社会	哲学
247	能不能天天都过年啊？	社会	哲学
248	树为什么要长树叶？	科学	理学
249	为什么狗狗见了好人也叫？	科学	哲学
250	为什么我能看到太阳却摸不着它？	科学	理学
251	星星有眼睛吗？	科学	理学
252	种铅笔是不是也能长出铅笔啊？	科学	工学
253	东西为什么可以吃？	科学	医学
254	为什么鸟儿可以在天上拉粑粑？	科学	理学
255	为什么动物园里有孔雀，幼儿园里却没有？	社会	哲学

（续表）

序号	问题内容	按5个领域分类	按13个学科分类
256	阿姨们穿的鞋为什么那么尖？	社会	哲学
257	小孩怎么不可以谈恋爱？	社会	哲学
258	我们为什么要叫人而不是别的？	社会	哲学
259	为什么长大需要那么久？	科学	理学
260	为什么要有晴天和雨天？	科学	理学
261	为什么我们都喜欢看《喜羊羊与灰太狼》？	社会	哲学
262	小鸡能不能变成鸡蛋？	科学	理学
263	为什么我的牙齿又掉了？	科学	医学
264	喜羊羊和灰太狼谁跑得更快？	社会	哲学
265	我为什么不能每天都穿新衣服？	社会	哲学
266	我为什么会生病？	科学	医学
267	药为什么那么苦？	科学	医学
268	书包起火了怎么办？	科学	工学
269	奥特曼为什么要打小怪兽？	社会	哲学
270	结婚是干什么？	社会	哲学
271	公鸡为什么会打鸣？	科学	理学
272	我没打他，可他为什么要打我？	社会	哲学
273	为什么我的眼睛要长在脸上？	科学	医学
274	天上为什么会有白云？	科学	理学
275	我为什么还有自己的名字？	社会	哲学
276	鱼儿为什么会吐泡泡？	科学	理学
277	蚂蚁为什么要搬家？	科学	理学
278	米老鼠会不会咬人？	社会	哲学
279	天上为什么只有一个太阳？	科学	理学
280	喜羊羊为什么永远都不会被灰太狼吃掉？	社会	哲学
281	鱼不能吃猫咪吗？为什么？	科学	理学
282	爸爸不喜欢我，最喜欢妈妈，为什么呢？	社会	哲学
283	我每年都长高，爷爷奶奶为什么总是不长呢？	科学	医学
284	蜻蜓是从哪里来的？	科学	理学
285	太阳怎么升上来又要落下去呢？	科学	理学

（续表）

序号	问题内容	按5个领域分类	按13个学科分类
286	为什么是爸爸管我而不是我管爸爸呢？	社会	哲学
287	为什么太阳是圆的？	科学	理学
288	天空那么大，上面有没有住人啊？	科学	理学
289	为什么瀑布的水总是流不完？	科学	理学
290	冬眠的动物有哪些？兔子是么？	科学	理学
291	汶川大地震死了多少个小朋友？	社会	哲学
292	为什么香蕉里没有种子？	科学	理学
293	萤火虫为什么可以发光？	科学	理学
294	为什么我总觉得妈妈比爸爸好？	社会	哲学
295	人死了会去哪儿？	科学	医学
296	牛奶为什么是白色的？	科学	理学
297	兔子的眼睛为什么是红色的？	科学	理学
298	奥特曼住哪儿？	社会	哲学
299	海有多大？	科学	理学
300	星星为什么那么喜欢眨眼睛？	科学	理学
301	先有树还是先有种子？	科学	理学
302	世界上有鬼吗？	社会	哲学
303	为什么月亮要跟着我走？	科学	理学
304	为什么要让我做我不喜欢做的事？	社会	哲学
305	为什么会有人？	科学	理学
306	为什么我不能长翅膀？	科学	医学
307	月亮为什么不能像星星一样多？	科学	理学
308	地球是人类的母亲，那地球的母亲是谁呢？	社会	哲学
309	狗狗为什么不能像电视里的狗狗那样聪明？	社会	哲学
310	为什么说太阳是公公，月亮是阿姨呢？	社会	哲学
311	中国有多少个幼儿园？	社会	理学
312	人为什么会长两只眼睛？	科学	理学
313	我能不能钻进电视啊？	科学	工学
314	为什么我不能当家长？	社会	哲学
315	人为什么不能一年长两岁啊？	科学	理学

（续表）

序号	问题内容	按 5 个领域分类	按 13 个学科分类
316	人为什么不长尾巴？	科学	理学
317	嫦娥是不是真的住在天上养玉兔啊？	社会	哲学
318	我为什么要上厕所？	科学	医学
319	蚊子为什么叫蚊子？	社会	哲学
320	为什么会有对错之分？	社会	哲学
321	世界上最怪的动物是什么啊？	社会	理学
322	我什么时候会死啊？	科学	医学
323	读书为什么还要交钱？	社会	教育
324	为什么哆啦 A 梦不来我家？	社会	哲学
325	蜜蜂屁股上会有刺，为什么蝴蝶没有？	科学	理学
326	人要吃饭，花草为什么不要？	科学	理学
327	怎样才能做一个可爱的孩子？	社会	教育
328	蚯蚓为什么会住在土里？	科学	理学
329	儿童节为什么是 6 月 1 日而不是 7 月 1 日？	社会	哲学
330	牙齿为什么是白色的？	科学	医学
331	教室里的砖有时候为什么会出汗？	科学	工学
332	火车为什么不能飞？	科学	工学
333	人为什么不用手走路？	科学	理学
334	地球是什么样子的？	科学	理学
335	爸爸妈妈吵架我该怎么办？	社会	哲学
336	为什么渴了要喝水？	科学	医学
337	火车重还是汽车重？	科学	工学
338	飞机那么重为什么没有掉下来？	科学	工学
339	外国人为什么和我们长得不一样？	科学	理学
340	花儿可以有那么多颜色为什么草却只有一种颜色？	科学	理学
341	白云为什么是白色的？	科学	理学
342	为什么一比二小，而第一却比第二大？	社会	哲学
343	线为什么会自己打结？	科学	工学
344	火车到底有多长啊？	科学	工学
345	猴子的屁股为什么是红色的？	科学	理学

（续表）

序号	问题内容	按5个领域分类	按13个学科分类
346	为什么大人不准我吃零食？	健康	医学
347	肚子里到底有什么？	科学	医学
348	为什么姐姐先出生？	科学	医学
349	为什么蚂蚁那么小大象那么大？	科学	理学
350	吃饭为什么要用筷子？	社会	哲学
351	怎样才能让天不黑？	科学	理学
352	鸡蛋为什么是不圆不扁的？	科学	理学
353	什么是人类？	科学	哲学
354	猴子是怎么样变成人的？	科学	理学
355	月亮有什么用？	科学	理学
356	怎样才会有法术？	社会	哲学
357	为什么会有风？	科学	理学
358	风是从哪儿来的？	科学	理学
359	汽车为什么要安轮子？	科学	工学
360	人是否能穿越时空？	社会	哲学
361	时光能倒流么？	科学	工学
362	现在离世界末日有多久？	科学	哲学
363	如何才能启动我们的魔法？	社会	哲学
364	为什么有的人长得美有的人长得丑？	科学	理学
365	人为什么都长着2只眼睛2只耳朵？	科学	理学
366	脏了的东西为什么就不可以吃了？	健康	医学
367	为什么一定要按时吃饭？	健康	医学
368	自来水为什么是冷的？	科学	工学
369	小狗为什么爱吃骨头？	科学	医学
370	老师为什么戴眼镜？	科学	医学
371	光为什么只能在凸的地方才能看见，凹的地方看不见？	科学	工学
372	为什么孕妇的肚子会那么大？	科学	医学
373	为什么水撒在地上会呈现不一样的形状？	科学	工学
374	妈妈为什么会有宝宝？	科学	医学
375	不吃饭是不是就可以不用上厕所？	科学	医学

（续表）

序号	问题内容	按5个领域分类	按13个学科分类
376	人为什么会做梦？	社会	哲学
377	动物会不会做梦？	科学	理学
378	宝宝为什么要跑到妈妈的肚子里？	科学	理学
379	为什么房子没有脚？	社会	哲学
380	眼泪为什么是咸的？	科学	医学
381	我可不可以一直待在妈妈的肚子里？	科学	医学
382	世界上第一个人是怎么来的？	科学	理学
383	蚂蚁是害虫还是益虫？	科学	理学
384	夏天为什么没有人给太阳洗澡？	社会	哲学
385	天上的星星为什么不是五颜六色的？	科学	理学
386	我是妈妈生的，但为什么我长得却像爸爸呢？	科学	医学
387	小偷为什么要拿别人的东西？	社会	哲学
388	玻璃瓶掉在地上会碎，铁瓶为什么不会碎？	科学	工学
389	地球会爆炸吗？	科学	理学
390	为什么会有数不清的明天？	社会	哲学
391	为什么耳朵能听到声音？	科学	工学
392	世界上最大的花有多大？	科学	理学
393	宇宙是怎么形成的？	科学	理学
394	脸上为什么会长痣？	科学	医学
395	血为什么是红色的？	科学	医学
396	蚊子为什么要吸血？为什么不吸肉呢？	科学	理学
397	冬瓜为什么不长在树上？	科学	理学
398	榴莲为什么要长那么多刺？	科学	理学
399	棉花糖可以吃，棉花可以吃吗？	健康	医学
400	小猫为什么要舔爪子？	科学	理学
401	蛇是怎样下蛋的？	科学	理学
402	人为什么不能坐着睡觉？	科学	医学
403	为什么吃橘子要剥皮？	健康	医学
404	天上的雨落下后会流到哪里去？	科学	工学
405	露珠是从哪儿来的？	科学	工学

（续表）

序号	问题内容	按5个领域分类	按13个学科分类
406	石头为什么是硬的？	科学	工学
407	鱼为何会长鳞？	科学	工学
408	眼睛里为什么有黑的还有白的？	科学	医学
409	恐龙为什么是3只脚啊？	社会	哲学
410	小宝宝在妈妈肚子里该怎么吃饭啊？	科学	医学
411	爸爸为什么喜欢男孩？	社会	哲学
412	红太狼为什么有那么多平底锅啊？	社会	文学
413	天线宝宝几岁了？	社会	文学
414	为什么爸爸可以说脏话、可以打牌吃槟榔，我却不可以啊？	社会	哲学
415	为什么会打雷？	科学	理学
416	小蝌蚪的妈妈为什么是青蛙？	科学	理学
417	秋天叶子为什么会变黄？	科学	理学
418	地下面是什么？	科学	理学
419	为什么我没有别人聪明？	社会	哲学
420	天堂在哪儿啊？	社会	哲学
421	电视机是怎么制成的？	科学	工学
422	青蛙为什么是绿色的？	科学	理学
423	鲨鱼为什么要吃人？	科学	理学
424	乌龟不吃东西会不会死啊？	科学	理学
425	离婚是干什么啊？爸妈为什么要离婚啊？	社会	哲学
426	老师，为什么别的小朋友不和我玩啊？	社会	哲学
427	地球每天都在动，可为什么我们还在原地啊？	科学	理学
428	小鸭子会游泳，为什么小鸡却不能啊？	科学	工学
429	压水机是怎样把水压上来的？	科学	工学
430	我们离地球有多远？	科学	理学
431	世界为什么会有那么大啊？	科学	理学
432	白云为什么喜欢飘来飘去啊？	科学	工学
433	鱼的妈妈是谁啊？	科学	理学
434	冬天我可不可以把太阳放在床上和我一起睡觉？	科学	理学
435	鱼儿在那么凉的水里游，它会不会冷啊？	科学	理学

（续表）

序号	问题内容	按 5 个领域分类	按 13 个学科分类
436	男生和女生抱在一起，就会生宝宝吗？	科学	医学
437	玉皇大帝能生活在天上，为什么我不能住在天上？	社会	哲学
438	天上的小朋友也上幼儿园吗？	社会	哲学
439	下雨了为什么会看见彩虹？	科学	理学
440	老师，地平线是什么线，也可以织毛衣吗？	社会	哲学
441	奶奶为什么会说我笨得像头猪？	社会	哲学
442	人为什么只有一个嘴巴？	科学	理学
443	打人不对为什么爸爸还要打我？	社会	哲学
444	黑板为什么那么黑？	科学	工学
445	我会学猫咪叫，为什么猫咪却不会学我叫？	语言	理学
446	鱼儿要睡觉吗？	科学	理学
447	为什么说水是生命的源泉？	科学	理学
448	当了和尚为什么就不能有头发？	社会	哲学
449	人为什么会流泪？	科学	医学
450	为什么天黑了我就看不见你了？	科学	工学
451	太阳早上离我们近还是中午离我们近？	科学	理学
452	为什么时光不能倒流？	科学	工学
453	喝水为什么能解渴？	科学	医学
454	帮爸爸洗碗是不是也应该给我钱？	社会	哲学
455	早晨的太阳为什么是红色的？	科学	工学
456	人为什么是猴子变的？	科学	理学
457	雪为什么是白色的？	科学	理学
458	黑板刷为什么可以刷掉粉笔字？	科学	工学
459	星星为什么不是圆的？	科学	理学
460	月亮为什么会变胖变瘦？	科学	理学
461	为什么小松鼠的尾巴那么长？	科学	理学
462	天有多高？地有多厚？	科学	理学
463	老鹰为什么总要吃小鸡？	科学	哲学
464	花生为什么长在地下？	科学	理学
465	天空为什么有时是黑的？	科学	理学

（续表）

序号	问题内容	按5个领域分类	按13个学科分类
466	十万个为什么是什么？	社会	教育
467	风筝为什么会飞行？	科学	工学
468	大海有多大？	科学	理学
469	天空为什么是蓝的？	科学	理学
470	蜘蛛为什么不会被自己的网粘住？	科学	工学
471	琴是怎样发声音？	科学	工学
472	世界上第一个人是哪里来的？	科学	哲学
473	奶奶的牙为什么可以拿出来？	科学	医学
474	飞机为什么会在天上飞行？	科学	工学
475	我从那里来的？	科学	哲学
476	为什么要上幼儿园？	社会	教育
477	妈妈会在什么时间来接我？	社会	哲学
478	灰太狼为什么总是捉不住喜羊羊？	社会	哲学
479	为什么有些人是男的有的是女的？	科学	医学
480	妈妈为什么不给我生个小妹妹？	社会	哲学
481	爸爸为何有不知道的事呢？	社会	哲学
482	为什么爸爸总要我听话，不然就打我？	社会	哲学
483	为什么××上周还与我玩，这周就不与我玩了，同yy玩？	社会	哲学
484	为什么男孩子站着尿尿？我也要站着尿尿	社会	理学
485	男孩子为什么不穿裙子？	社会	哲学
486	为什么总要吃青菜？	健康	医学
487	妈妈为什么要戴眼镜？	科学	医学
488	午睡后起来为什么不能找妈妈？	社会	教育
489	××为什么总是流鼻涕？	健康	医学
490	为什么生病就要打针？	健康	医学
491	大人为什么也会生病？	科学	医学
492	为什么爸妈总是吵架？	社会	哲学
493	爷爷说带我去动物园，为什么总是不去？	社会	哲学
494	老师说不能打架，为什么妈妈能打我呢？	社会	哲学
495	小鸡在蛋里，老虎也在蛋里？	科学	理学

（续表）

序号	问题内容	按5个领域分类	按13个学科分类
496	妈妈如何生宝宝？	科学	医学
497	动物小时候也要去动物园？	社会	教育
498	我的小乌龟能活几年？	科学	理学
499	为什么有的动物要灭绝？	科学	哲学
500	父母为什么会离婚？	社会	哲学
501	蝴蝶是怎样出现的？	科学	理学
502	车是怎样开动的？	科学	工学
503	白天为什么不见星星？	科学	理学
504	蝙蝠为什么是吸血鬼？	社会	理学
505	天上的月亮为什么会跟我走？	科学	理学
506	天上的云为什么会走？	科学	工学
507	我长大能做什么？	社会	教育
508	为什么幼儿园中没有男老师？	社会	教育
509	为什么每天要吃三餐？	健康	医学
510	男女有什么区别？	社会	哲学
511	我是从哪里来的？	科学	理学
512	为什么太阳总是从东方升起？	科学	理学
513	鸡蛋是怎样变成鸡的？	科学	理学
514	为什么苹果树上不长梨？	科学	理学
515	老师，我为什么不是你生的？	社会	哲学
516	为什么要用鸡蛋造小鸡？	科学	理学
517	妈妈说我是捡来的，是真的？	社会	哲学
518	我与小男孩为什么不一样？	科学	医学
519	无限是多少？	科学	理学
520	风从哪里来？	科学	理学
521	时间是什么？	社会	理学
522	为什么一结婚就有小宝宝？	科学	医学
523	水从哪里来？	科学	理学
524	人死了会怎样？	科学	医学
525	为什么爸爸爱妈妈？	社会	哲学

（续表）

序号	问题内容	按5个领域分类	按13个学科分类
526	我在妈妈肚子里时怎样吃饭？	科学	医学
527	为什么小孩子要听大人的话？	社会	哲学
528	耳朵里是什么样？	科学	医学
529	妈妈会不会变成老奶奶？	科学	医学
530	为什么姐姐先出生呢？	科学	医学
531	我为什么跟爸爸姓？	社会	哲学
532	我能不要新爸爸吗？	社会	哲学
533	我为什么要成为大人？	社会	哲学
534	为什么海水不能喝？	科学	理学
535	为什么要有闰年？	科学	理学
536	今年六一节我能评上好孩子吗？	社会	教育
537	聋哑人是没有嘴还是没有耳朵？	科学	医学
538	唐僧肉可以长生不老，唐僧为什么不吃一点自己的肉呢？	社会	哲学
539	孙悟空可以72变，我为什么不能72变？	社会	哲学
540	父母为什么会吵架？	社会	哲学
541	老师为什么要下班？	社会	哲学
542	为什么他说我长得不好看？	社会	哲学
543	长大了我能与××结婚吗？	社会	哲学
544	我能不能不上课？	社会	教育
545	我不喜欢与能玩，他为么会么长得不好看？	社会	哲学
546	我为什么想妈妈了？	社会	哲学
547	为什么没人与我玩？	社会	哲学
548	我为什么要上兴趣班？	社会	教育
549	为什么爸爸总打我？	社会	哲学
550	我是不是最笨的孩子？	社会	教育
551	为什么女孩子蹲着尿尿，男孩子是站着尿尿？	社会	哲学
552	为什么我的爸爸总不回家？	社会	哲学
553	我是从哪里来的？	科学	医学
554	先有鸡还是先有蛋？	科学	理学
555	大石头是怎样产生的？	科学	工学

（续表）

序号	问题内容	按5个领域分类	按13个学科分类
556	先有的鱼还是先有鱼苗？	科学	哲学
557	你见过怪兽吗？它会伤害小朋友吗？	社会	哲学
558	人是从哪里来的？	科学	哲学
559	有外星人吗？	科学	理学
560	什么可以毁灭一切？	社会	哲学
561	我为什么不长翅膀？	科学	理学
562	地球上有多少个超市？	社会	理学
563	哪里有奥特曼？	社会	哲学
564	地球上有多少人是有钱人？	社会	哲学
565	老师你最喜欢谁？	社会	哲学
566	他为什么不喜欢我？	社会	哲学
567	为什么有的蚂蚁有翅膀？	科学	理学
568	人为什么不开花结果？	科学	理学
569	小宝宝在妈妈肚子里时怎样上厕所？	科学	医学
570	月亮上有没有蚊子？	科学	理学
571	我怎样才能变成一朵花？	社会	哲学
572	如何找妈妈要钱？	社会	哲学
573	幼儿园可以开在我家吗？	社会	教育
574	外星人来过地球吗？	科学	理学
575	老师你做我的妈妈好吗？	社会	教育
576	我是怎样从妈妈肚子里钻出来的？	科学	医学
577	为什么月亮和太阳不同时出现在天空？	科学	理学
578	爸爸和妈妈为什么结婚呢？	社会	哲学
579	为什么会有姐姐呢？	科学	医学
580	为什么不可以光屁股？	社会	哲学
581	人为什么只有一个嘴巴？	科学	理学
582	爸妈为什么生我？	社会	哲学
583	为什么胶水不会粘到瓶子上面？	科学	工学
584	种无子西瓜播什么种子？	科学	工学
585	电是什么东西？	科学	工学

（续表）

序号	问题内容	按 5 个领域分类	按 13 个学科分类
586	什么是相爱？	社会	哲学
587	小蝌蚪的妈妈是谁？	科学	理学
588	灰太狼为什么老是说我会回来的？	社会	哲学
589	爱情是什么？	社会	哲学
590	我可不可以变男生？	社会	哲学
591	明天可以长到老师那样高吗？	科学	医学
592	为什么胖子也能游泳？	科学	工学
593	电长得什么样子？	科学	工学
594	为什么公鸡不下蛋？	科学	理学
595	鸟怎样睡觉？	科学	理学
596	摘花花会痛吗？为什么它不哭？	科学	医学
597	生命是什么？	科学	哲学
598	为什么爸爸是男的妈妈是女的？	科学	理学
599	为什么眼睛长在前面耳朵长在侧面？	科学	理学
600	有没有外星人？	科学	理学
601	鬼长得什么样子？	社会	哲学
602	老师为什么不能当我的妈妈？	社会	教育
603	我怎么能快速长大？	科学	医学
604	老师不让我骂人，爸爸妈妈为什么骂人呢？	社会	哲学
605	为什么不能脱裤子？	社会	哲学
606	为什么要穿衣服？	社会	哲学
607	牛为什么长角？	科学	理学
608	妈妈的肚子里为什么可以住弟弟？	科学	医学
609	为什么树叶有的会变黄有的不会？	科学	理学
610	我为什么会说话？	语言	理学
611	树叶为什么不长在我身上？	科学	理学
612	妈妈为什么不给我生个姐姐？	科学	医学
613	为什么男女生不能上一个厕所？	社会	哲学
614	为什么老师还没有结婚？	社会	哲学
615	为什么爸爸和别的阿姨在一起？	社会	哲学

（续表）

序号	问题内容	按 5 个领域分类	按 13 个学科分类
616	为什么人只有两条腿和两只手？	科学	理学
617	人为什么要睡觉？	科学	医学
618	新闻联播什么时候是大结局？	社会	文学
619	妈妈为什么会扯爸爸的耳朵？	社会	哲学
620	我为什么要拉屎？	科学	医学
621	为什么有两个叔叔？	社会	哲学
622	为什么要听妈妈的不听奶奶的？	社会	哲学
623	为什么每天都要上学？	社会	教育
624	月亮离我们有多远？	科学	理学
625	1+1 为什么等于 2？	科学	理学
626	天上有多少星星？	科学	理学
627	为什么孙悟空会飞行？	社会	哲学
628	我们为什么能说话？	科学	医学
629	为什么老师不让我们玩？	社会	哲学
630	什么是喜欢？	艺术	哲学
631	为什么要睡觉？	科学	医学
632	为什么小明的血是红色的？	科学	医学
633	为什么爸爸脸上长胡子，妈妈脸上没有？	科学	医学
634	为什么天上的云有时是白的有时不是？	科学	理学
635	蚂蚁为什么要搬家？	科学	理学
636	动物为什么不吃饭？	科学	理学
637	为什么马路上有杂草？	科学	理学
638	写字好累为什么要写字？	社会	教育
639	为什么二郎神有三只眼？	社会	哲学
640	为什么有白天和晚上？	科学	理学
641	冬天为什么会下雪？	科学	理学
642	汽车为什么会跑？	科学	工学
643	被蚊子咬后为什么会长小包包？	科学	医学
644	为什么爸爸不能生小孩？	科学	医学
645	为什么糖是甜的？	科学	理学

（续表）

序号	问题内容	按 5 个领域分类	按 13 个学科分类
646	风是什么？	科学	理学
647	蛋为什么是圆的？	科学	理学
648	为什么我还不能结婚？	社会	哲学
649	天空为什么会有变化？	科学	理学
650	小鸟为什么会飞行？	科学	理学
651	人为什么要吃饭？	科学	医学
652	我为什么会长成这样？	艺术	哲学
653	人死的时候会痛吗？	科学	医学
654	世界上有天堂吗？	社会	哲学
655	早上的太阳大还是中午的太阳大？	科学	理学
656	星星为什么会眨眼睛？	科学	理学
657	为什么电视上的古代人都不上厕所？	社会	哲学
658	为什么猴子没变成人？	科学	理学
659	狮子与老虎谁厉害？	科学	理学
660	太阳为什么是圆的？	科学	理学
661	蛇没有脚为什么能走路？	科学	理学
662	我为什么只有一个爸爸？	社会	哲学
663	为什么太阳是东升西落？	科学	理学
664	为什么北极熊不在南极？	科学	理学
665	为什么鸡生出来的是蛋，妈妈生出来是我？	科学	理学
666	为什么爸爸常打妈妈？	社会	哲学
667	为什么妈妈生我爸爸不生我？	科学	理学
668	妈妈为什么把我吃进肚子后又吐出来？	科学	医学
669	为什么船头是尖的船后是方的？	科学	工学
670	为什么地球仪是歪的？	科学	理学
671	为什么男孩与女孩不一样？	科学	医学
672	煤为什么是黑的？	科学	理学
673	太阳出来时月亮去哪儿了？	科学	理学
674	地球上有没有外星人？	社会	哲学
675	人为什么会饥渴？	科学	理学

（续表）

序号	问题内容	按5个领域分类	按13个学科分类
676	火车为什么不能在公路上跑？	科学	工学
677	玻璃为什么是透明的？	科学	工学
678	机器人为什么会走路？	科学	工学
679	太阳为什么不掉下来？	科学	理学
680	我爸妈为什么分开不要我了？	社会	哲学
681	老虎为什么是黄色的？	科学	理学
682	彩虹为什么会是七色的？	科学	理学
683	斑马为什么是黑白相间的？	科学	理学
684	河马为什么用泥水洗澡？	科学	理学
685	为什么我们不能到外面上课？	社会	教育
686	为什么我要去兴趣班画画？	艺术	教育
687	为什么会打雷？	科学	理学
688	公鸡为什么不下蛋？	科学	理学
689	哪里有外星人？	科学	理学
690	蜗牛的壳是怎样长出来的？	科学	理学
691	我是从哪里生出来的？	科学	理学
692	为什么我不会飞？	科学	工学
693	太阳为什么从东方升起？	科学	理学
694	天为什么会下雨？	科学	理学
695	月球上有什么？	科学	理学
696	天上为什么会出彩虹？	科学	理学
697	人为什么会死？	科学	医学
698	人是从哪里来的？	科学	理学
699	地球有吸引力那为什么天空不被吸下来呢？	科学	理学
700	小鱼为什么会吹泡泡？	科学	理学
701	为什么有些房顶上会长小树和小草？	科学	理学
702	柳树的枝条为什么特别长？	科学	理学
703	男孩子能变成女孩子吗？	科学	理学
704	地球上的水用完后人喝什么？	科学	理学
705	太阳不发热、不工作了会是什么样子？	科学	理学

序号	问题内容	按5个领域分类	按13个学科分类
706	为什么水果都是圆的没有方的？	科学	理学
707	水是从那里来的？	科学	理学
708	无限是什么？	社会	哲学
709	世界有多大？	科学	理学
710	为什么爸妈结婚后要生小宝宝？	科学	理学
711	离婚是什么意思？	社会	哲学
712	小孩子都是从妈妈肚子里用刀剖出来吗？	科学	医学
713	为什么会相爱？	社会	哲学
714	我可以变成男孩子站着尿尿吗？	社会	哲学
715	为什么有人会离婚？	社会	哲学
716	女孩子一生下来就会生小宝宝吗？	科学	理学
717	为什么没结婚也有生宝宝的？	社会	哲学
718	被亲一下就会生宝宝吗？我被亲了为什么不生宝宝呢？	科学	理学
719	天上为什么会下雨？	科学	理学
720	我为什么要学习？我为什么不爱上幼儿园？	社会	教育
721	地球上为什么要有男人和女人？	科学	理学
722	我为什么要上幼儿园？	社会	教育
723	为什么我不想上幼儿园只想与老师玩？	社会	教育
724	为什么我长得快老师长得慢？	科学	理学
725	为什么我不会画画？	艺术	教育
726	为什么有的人长得高有的人长得不高呢？	科学	理学
727	为什么奶奶只喜欢弟弟不喜欢我呢？	社会	哲学
728	为什么不每天下雨？	科学	理学
729	为什么不只有白天？	科学	理学
730	水是哪里来的？	科学	理学
731	为什么小动物不会与人讲话呢？	科学	理学
732	为什么树上开花后会结果？	科学	理学
733	为什么白天出太阳晚上出月亮？	科学	理学
734	树叶子有爸爸妈妈吗？	科学	理学
735	爸妈打架我该帮谁的忙？	社会	哲学

（续表）

序号	问题内容	按5个领域分类	按13个学科分类
736	老师你老了会长胡子吗?	科学	理学
737	爸妈为什么要睡在一起呢?	社会	哲学
738	为什么头发长在头上不长在屁股上呢?	科学	理学
739	妈妈要我学跳舞我不喜欢怎么办?	艺术	教育
740	天为什么有时晴有时下雨?	科学	理学
741	为什么不能用糖果当饭呢?	科学	理学
742	花儿为什么有不同颜色?	科学	理学
743	天下的雪是从哪里来的?	科学	理学
744	为什么要我写家庭作业?	社会	教育
745	虫子受伤了为什么不流血?	科学	医学
746	我不睡午觉好不?	社会	哲学
747	为什么鸭子能游泳鸡不能呢?	科学	工学
748	猪有四条腿, 鸡为什么只有二条腿?	科学	理学
749	为什么爸妈要工作?	社会	哲学
750	妈妈为什么只喜欢弟弟不喜欢我?	社会	哲学
751	小动物说话为什么听不明白?	科学	文学
752	为什么有小朋友用右手吃饭我用左手吃饭?	社会	理学
753	为什么有时在下午能看到月亮?	科学	理学
754	我为什么总记不住儿歌?	科学	文学
755	我为什么没有翅膀?	科学	理学
756	开水为什么会让人受伤?	科学	医学
757	我想不长大有什么办法?	社会	哲学
758	天是圆的吗?	科学	理学
759	为什么我长大后也不能与妈妈结婚呢?	社会	哲学
760	树叶是如何长出来的?	科学	理学
761	为什么老师有那么多知识?	社会	教育
762	为什么你比我高得多?	科学	理学
763	太阳为什么是圆的?	科学	理学
764	为什么象的鼻子能吸水而人的不能吸水?	科学	理学
765	司马光砸的缸是什么?	社会	历史

（续表）

序号	问题内容	按 5 个领域分类	按 13 个学科分类
766	我为什么要上幼儿园？	社会	教育
767	牛奶是从那里来的？	科学	理学
768	人为什么只有两条腿？	科学	理学
769	我为什么不长翅膀？	科学	理学
770	我为什么不能上《智慧树》演节目？	社会	艺术
771	小蜜蜂采的蜜都到哪里去了？	科学	理学
772	女孩子为什么要穿裙子？	社会	哲学
773	人为什么要吃饭？	科学	理学
774	妈妈的头发为什么比爸爸的长？	科学	理学
775	为什么晚上要睡觉？	科学	理学
776	我不想上幼儿园行不？	社会	教育
777	我是怎么到妈妈肚子里的呢？	科学	理学
778	为什么我们的鼻子有两个孔呢？	科学	理学
779	为什么有的小朋友是男的有的是女的？	科学	理学
780	为什么我们是站着走路的？	科学	理学
781	为什么爸爸不能生小孩子？	科学	理学
782	为什么肚子上有个小洞（肚脐眼）？	科学	医学
783	鱼身体上有翅膀为什么不会飞行呢？	科学	工学
784	为什么肚子里会有宝宝？	科学	理学
785	金字塔是怎样建成的？	社会	哲学
786	为什么先闪电后打雷再下雨？	科学	理学
787	老鹰为什么要抓小鸡？	科学	理学
788	我为什么叫××？	社会	哲学
789	我妈妈厉害还是我爸爸厉害？	社会	哲学
790	男人与女人一定要结婚吗？	社会	哲学
791	皮球掉到厕所里后能不能用手捡？	健康	医学
792	一周为什么只有一个星期日？	社会	哲学
793	蜘蛛侠有几个老婆？	社会	哲学
794	花朵为什么有香味？	科学	理学
795	小狗为什么汪汪叫？	科学	理学

（续表）

序号	问题内容	按 5 个领域分类	按 13 个学科分类
796	我为什么要听老师和家长的话？	社会	教育
797	蛇身上有毛吗？	科学	理学
798	我的眼睛为什么没有穿透力？	科学	医学
799	我能把梦想放到冰箱中保存到我长大后再拿吗？	社会	哲学
800	耳朵里面为什么会生耳屎？	科学	理学
801	你为什么这么胖？	科学	理学
802	耳朵里面有什么？	科学	理学
803	孙悟空是大石头中蹦出的我也是吗？	科学	理学
804	水沸腾后为什么壶盖会蹦起？	科学	工学
805	人为什么不长叶子呢？	科学	理学
806	老师为什么要留短头发？	社会	哲学
807	头发为什么是黑的？	科学	理学
808	人为什么要吃饭？	科学	理学
809	为什么长颈鹿有很长的脖子？	科学	理学
810	我们为什么要住在房子里？	科学	理学
811	为什么鱼肉有刺？	科学	理学
812	为什么收音机会说话？	科学	理学
813	风是怎样来的？	科学	理学
814	为什么下雨后蚂蚁会从地下跑出来？	科学	理学
815	水果为什么不煮就可以吃呢？	科学	医学
816	为什么爸爸的腋下会长毛发？	科学	理学
817	小狗为什么说话与我们不一样？	科学	理学
818	小鸟为什么可以在天上飞行？	科学	理学
819	鱼在水中为什么淹不死？	科学	理学
820	蚂蚁为什么不会说话？	科学	理学
821	妈妈是从哪里来的？	科学	理学
822	地球从哪里来的？	科学	理学
823	人为什么一只手有五个指头？	科学	理学
824	爸妈为什么要亲嘴？	社会	哲学
825	小鸟为什么要长翅膀？	科学	理学

序号	问题内容	按5个领域分类	按13个学科分类
826	为什么男孩子与女孩子穿的衣服不一样？	社会	哲学
827	我还能回到妈妈的肚子里吗？	科学	理学
828	为什么黑板是黑的？	社会	哲学
829	天上有仙女吗？	科学	理学
830	天上有多少颗星星？	科学	理学
831	人为什么要吃饭？	科学	理学
832	为什么现在没有恐龙了？	科学	理学
833	为什么要打预防针？	健康	医学
834	地下面是什么？	科学	理学
835	天上为什么会有太阳和月亮？	科学	理学
836	字为什么要这样写？	社会	教育
837	头里面有什么？	科学	医学
838	火车是怎样刹车的？	科学	工学
839	天上的星星会不会掉下来？	科学	理学
840	人身上为什么要长毛？	科学	理学
841	为什么要把我的玩具给他玩？	社会	哲学
842	肚子里面是什么？	科学	医学
843	月亮为什么总是跟我走？	科学	理学
844	为什么动物园内的猴子不变成孙悟空？	科学	理学
845	妈妈说爷爷睡觉了（死了）为什么不能回来呢？	科学	理学
846	彩虹桥上有什么？	社会	哲学
847	为什么人要长头发？	科学	理学
848	消防车是怎样灭火的？	科学	工学
849	斑马身上的条纹有什么用？	科学	理学
850	电话为什么能传声音？	科学	工学
851	电视机为什么能播送节目？	科学	工学
852	向日葵为什么总向着太阳？	科学	理学
853	母鸡下蛋后为何咯咯叫？	科学	理学
854	飞机为什么能飞行？	科学	工学
855	老师你为什么要交男朋友呢？	社会	哲学

（续表）

序号	问题内容	按5个领域分类	按13个学科分类
856	为什么大人不上幼儿园，要让小孩子上幼儿园？	社会	教育
857	为什么小孩子不能结婚？	社会	哲学
858	大人为什么要吵架？	社会	哲学
859	为什么大人不吃小菜非让小孩子吃？	健康	理学
860	为什么医院里的阿姨要戴口罩？	健康	医学
861	他有小鸡鸡我为什么没有？	科学	理学
862	酒不好喝可我爸爸为什么天天要喝呢？	社会	哲学
863	为什么鸡只下蛋不生小鸡呢？	科学	理学
864	为什么只能让大人抽烟而不让小孩子抽呢？	社会	哲学
865	毛毛虫为什么要变蝴蝶呢？	科学	理学
866	蚊子为什么只在夏天才有？	科学	理学
867	晚上为什么没有太阳？	科学	理学
868	西瓜肉是红色的皮为什么是绿色的呢？	科学	理学
869	外星人是什么样子的？	科学	理学
870	爷爷去天堂干吗？	社会	哲学
871	为什么妈妈有奶爸爸没有？	科学	理学
872	为什么晚上会变黑？	科学	理学
873	为什么蚂蚁那么小大象那么大？	科学	理学
874	为什么风不能把小蚂蚁吹上天？	科学	理学
875	我老了也会死吗？	科学	理学
876	宝宝在妈妈肚子里面会哭吗？	科学	理学
877	为什么会刮风？	科学	理学
878	生日许愿为什么没有实现？	社会	哲学
879	刮风了为什么会冷？	科学	理学
880	太阳为什么有时候不出来？	科学	理学
881	为什么用脚走路？	科学	理学
882	为什么小朋友用铅笔写字老师用钢笔？	社会	教育
883	为什么煮熟的豆子不发芽？	科学	理学
884	手机为什么会响？	科学	工学
885	钥匙为什么会打开锁？	科学	工学

（续表）

序号	问题内容	按5个领域分类	按13个学科分类
886	老师为什么不哭？	社会	教育
887	为什么这个老师比那个老师漂亮？	艺术	哲学
888	为什么我们长得不一样？	科学	理学
889	为什么水要从高往低处流？	科学	工学
890	为什么人要吃饭睡觉？	健康	医学
891	为什么我弟弟叫我姐姐不是妈妈？	社会	哲学
892	为什么人体要出汗珠？	科学	理学
893	为什么冬天冷夏天热？	科学	理学
894	为什么天上有彩云？	科学	理学
895	什么叫结婚？	社会	哲学
896	人为什么会饥饿？	科学	理学
897	为什么会有指甲？	科学	理学
898	猫为什么要吃老鼠？	科学	理学
899	世界上的第一个人是从哪里来的？	科学	理学
900	老师能做我的妈妈吗？	社会	教育
901	为什么兔子的尾巴不长？	科学	理学
902	为什么熊猫只吃竹子？	科学	理学
903	为什么我的眼泪是咸的？	科学	理学
904	小草为什么要有水才能生长？	科学	理学
905	爸爸是大人为什么还会生病？	健康	医学
906	人为什么一天吃三餐饭？	科学	理学
907	我不想长大可以吗？	社会	哲学
908	为什么我没有爸爸？	社会	哲学
909	为什么要有白天和夜晚？	科学	理学
910	为什么每天要洗脸？	健康	医学
911	老师我长大了可以与你结婚吗？	社会	哲学
912	打人不对为什么爸爸还要打我呢？	社会	哲学
913	什么是同性恋？	社会	哲学
914	我为什么要写字？	社会	教育
915	为什么要闭着眼睛睡觉？	健康	医学

（续表）

序号	问题内容	按5个领域分类	按13个学科分类
916	人为什么不开花？	科学	理学
917	秋天为什么会落叶？	科学	理学
918	胆小鬼是什么？	社会	哲学
919	螃蟹为什么横着走路？	科学	理学
920	蝙蝠为什么倒挂着睡觉？	科学	理学
921	兔子的耳朵为什么特别长？	科学	理学
922	为什么小孩子要上幼儿园？	社会	教育
923	世界上为什么会有各种各样的小动物？	科学	理学
924	我们为什么有两只眼睛？	科学	理学
925	我为什么只有一个妈妈？	社会	哲学
926	为什么雪是白色的？	科学	理学
927	空气为什么看不见呢？	科学	理学
928	手指为什么与脚趾不一样？	科学	理学
929	母鸡有翅膀为何不能飞？	科学	理学
930	什么叫二奶？	社会	哲学
931	为什么小狗汪汪叫小猫喵喵叫？	科学	理学
932	我吃饭后为什么就饱了？	健康	医学
933	地球每天转会不会晕呢？	科学	理学
934	为什么妈妈每天都要我吃饭？我讨厌吃饭！	健康	医学
935	为什么女孩儿的头发比男孩子的长，是他们的长不长吗？	科学	理学
936	爸爸在银行把卡插入墙中为什么取出钱来？	科学	工学
937	地上为什么有水，为什么有山？天上为什么会有云？	科学	理学
938	水为什么会结冰？	科学	理学
939	电视机为什么有图像？电灯为什么会发光？	科学	工学
940	老师，我以后会与××结婚吗？	社会	哲学
941	老师，我为什么要叫她姐姐？	社会	哲学
942	老师，头发是怎样长出来的？	科学	理学
943	为什么会有男孩子和女孩子？	科学	理学
944	为什么我比他大呢？	科学	理学
945	为什么世界上有各种颜色？	艺术	哲学

（续表）

序号	问题内容	按5个领域分类	按13个学科分类
946	我们是从哪儿来的？	科学	理学
947	为什么不一直是黑夜？	科学	理学
948	老师你有几根头发？	科学	理学
949	为什么我们只有两只眼不长三只眼睛？	科学	理学
950	为什么男孩子站着尿尿，女孩子蹲着尿尿？	社会	哲学
951	为什么只有金银铜牌，没有铁牌？	社会	哲学
952	为什么你高我矮？	科学	理学
953	为什么月亮一直跟着我们走？	科学	理学
954	你说天有多高？	科学	理学
955	为什么你们都有妈妈而我没有？	社会	哲学
956	我为什么从妈妈肚子里出来而不从爸爸的肚子里出来？	科学	理学
957	为什么人只有一个嘴巴？	科学	理学
958	为什么星星是太阳公公与月亮婆婆的孩子？	社会	理学
959	为什么兔子的眼睛是红色的？	科学	理学
960	是先有鸡还是先有蛋？	科学	理学
961	人死了会到哪里去？	科学	理学
962	白天为什么有月亮？	科学	理学
963	人是从哪里来的？	科学	理学
964	为什么男子不穿裙子？	社会	哲学
965	天为什么是蓝色的？	科学	理学
966	月亮为什么会有几种形状？	科学	理学
967	我是妈妈生的吗？	科学	理学
968	世界上有多少种花？	科学	理学
969	为什么我会掉眼泪？	科学	理学
970	爷爷奶奶为什么会死？	科学	理学
971	为什么牙齿不是彩色的？	科学	理学
972	为什么白天有星星？	科学	理学
973	天空为什么是蓝色的？	科学	理学
974	下雨天为什么会打雷？	科学	理学
975	我为什么不是男孩？	科学	理学

（续表）

序号	问题内容	按5个领域分类	按13个学科分类
976	爸爸会不会变成老爷爷？	科学	理学
977	电是如何产生的？	科学	工学
978	为什么草会长高？	科学	理学
979	什么力量让花儿盛开？	科学	理学
980	小树为什么没有嘴巴？	科学	理学
981	妈妈说我是从河里捡到的，是真的吗？	社会	哲学
982	星星为什么眨眼睛？	科学	理学
983	阴天太阳到哪里去了？	科学	理学
984	我为什么会是妈妈生的？	科学	理学
985	天上为什么会有太阳？	科学	理学
986	妈妈为什么不喜欢奶奶？	社会	哲学
987	有翅膀可以飞，鸭子有翅膀为什么不能飞？	科学	理学
988	小鸟是从哪里来的？	科学	理学
989	为什么会有人呢？	科学	理学
990	世界上真的有鬼吗？	社会	哲学
991	我可以活100岁吗？	科学	理学
992	真有外星人吗？	社会	哲学
993	地球有不存在的那一天吗？	科学	理学
994	晚上真的有鬼吗？	社会	哲学
995	地球的寿命是多少？	科学	理学
996	1+1为什么不等于3？	科学	理学
997	为什么会有小狗？	科学	理学
998	爷爷是从哪里来的？	科学	理学
999	天上为什么会有云朵？	科学	理学
1000	我们为什么会饿肚子？	健康	医学
1001	妈妈是怎样生我的？	科学	理学
1002	为什么会有阴天？	科学	理学
1003	为什么要有幼儿园？	社会	教育
1004	人为什么会死？	科学	理学
1005	什么是爱呢？	社会	哲学

（续表）

序号	问题内容	按5个领域分类	按13个学科分类
1006	小宝宝是从哪里来的？	科学	理学
1007	爸爸为什么长胡子而妈妈没有？	科学	理学
1008	人为什么会变老？	科学	理学
1009	雪花是从哪里来的？	科学	理学
1010	月亮为什么不掉下来？	科学	理学
1011	天上为什么会有星星？	科学	理学
1012	白天为什么看不到星星？	科学	理学
1013	什么时候才算长大？	健康	医学
1014	为什么要叫你老师？	社会	教育
1015	1+1为什么不是等于11呢？	科学	理学
1016	阿姨为什么喜欢黄头发？	社会	哲学
1017	太阳为什么不从南方升起？	科学	理学
1018	为什么只有女孩子穿裙子？	社会	哲学
1019	电视里的人会飞行，我为什么不能飞行？	科学	工学
1020	我什么时候才能长大？	科学	理学
1021	我要娶老师做老婆行不？	社会	哲学
1022	天为什么那么大？	科学	理学
1023	太阳和月亮为什么不一样？	科学	理学
1024	母鸡为什么会下蛋？	科学	理学
1025	胡萝卜为什么是红色的？	科学	理学
1026	老师我不想上课可以吗？	社会	教育
1027	老师上课能吃东西吗？	社会	教育
1028	小鸟为什么会飞行？	科学	理学
1029	人那么大为什么会跑到电视机里面去？	科学	理学
1030	猫眼为什么会发光？	科学	理学
1031	哥哥姐姐们为什么要亲嘴？	社会	哲学
1032	鱼为什么离开水就会死亡？	科学	理学
1033	鱼总是张开眼，它不睡觉吗？	科学	理学
1034	人死后会变成什么？	社会	哲学
1035	我是从哪里来的，石头里蹦出来的吗？	科学	理学

（续表）

序号	问题内容	按5个领域分类	按13个学科分类
1036	为什么幼儿园和家里都要逼我们学习？	社会	教育
1037	感冒后就可以不认真学习吗？	社会	哲学
1038	动物为什么一定要吃东西？	科学	理学
1039	为什么人有两只手？	科学	理学
1040	乌龟为什么走那么慢？	科学	理学
1041	为什么我们是两条腿走路？	科学	理学
1042	为什么人没有翅膀？	科学	理学
1043	字是怎样造出来的？	社会	哲学
1044	种子吃进肚子里为什么不会长叶子？	科学	理学
1045	为什么头发会长长？	科学	理学
1046	为什么人死了就不能再活过来？	科学	理学
1047	彩虹为什么一会就不见了？	科学	理学
1048	我为什么天天要学习？	社会	教育
1049	头发为什么不是绿色的？	科学	理学
1050	为什么我们每天要吃饭？	健康	医学
1051	为什么苹果要叫苹果？	社会	哲学
1052	伙伴们为什么要分享玩具？	社会	哲学
1053	为什么会有人？	科学	理学
1054	草为什么是绿色的？	科学	理学
1055	女孩子为什么不能站着上厕所？	社会	哲学
1056	为什么狗会叫？	科学	理学
1057	为什么奶奶不喜欢妈妈？	社会	哲学
1058	我为什么要活着？	社会	哲学
1059	耳朵里面是什么？	科学	医学
1060	人为什么没有尾巴？	科学	理学
1061	太阳是从哪里来的？	科学	理学
1062	为什么灯会发光？	科学	理学
1063	小刺猬身上为什么会长刺？	科学	理学
1064	钢琴为什么会发出声音？	艺术	工学
1065	上厕所为什么要分男女？	社会	哲学

（续表）

序号	问题内容	按 5 个领域分类	按 13 个学科分类
1066	我们的指甲为什么会长长?	健康	医学
1067	牙齿为什么是那么硬?	科学	理学
1068	蛇为什么要咬人呢?	科学	理学
1069	猫为什么要吃老鼠?	科学	理学
1070	小明的眼睛为什么会比我的大?	科学	理学
1071	我为什么不能和老师一起睡?	社会	教育
1072	为什么只有女孩子才能生小宝宝?	科学	理学
1073	为什么要结婚?	社会	哲学
1074	为什么要我一个人睡?	健康	医学
1075	为什么牙齿里面有虫子?	健康	医学
1076	人为什么会生病?	健康	医学
1077	为什么老师不哭呢?	社会	哲学
1078	老师为什么不睡觉?	社会	教育
1079	我什么时候可以做爸爸?	健康	医学
1080	为什么男孩子不可以穿裙子?	社会	哲学
1081	我为什么要上幼儿园?	社会	教育
1082	地球真是圆的吗?	科学	理学
1083	为什么懒羊羊比喜羊羊胖?	社会	哲学
1084	男女抱在一起做什么?	社会	哲学
1085	为什么奶奶的牙齿可以拿下来?	健康	医学
1086	为什么要把碗里的东西吃干净?	社会	哲学
1087	为什么打人不对可爸爸还是打我?	社会	哲学
1088	为什么一定要我先睡觉?	健康	教育
1089	鱼儿为什么离不开水?	科学	理学
1090	为什么饿了就要吃饭?	健康	医学
1091	真的有天堂和地狱吗?	社会	文学
1092	天使是什么样的?	社会	哲学
1093	蜗牛为什么走得慢?	科学	理学
1094	人为什么会死?	科学	理学
1095	为什么人要爬山?	健康	医学

（续表）

序号	问题内容	按5个领域分类	按13个学科分类
1096	为什么姐姐先比我大？	科学	理学
1097	宝宝在妈妈肚子里是怎样喝水的？	科学	理学
1098	为什么鼻孔中有流不完的鼻涕？	科学	理学
1099	为什么会有宝宝？	科学	理学
1100	蚂蚁为什么会有那么多脚？	科学	理学
1101	人为什么会长指甲？	科学	理学
1102	为什么男孩子不能和女孩子睡一张床？	社会	哲学
1103	为什么爸爸妈妈不陪我上课？	社会	教育
1104	我长大了会变成什么样子？	科学	理学
1105	为什么有男孩子和女孩子？	科学	理学
1106	为什么我们身上会长毛？	科学	理学
1107	为什么太阳不是方的？	科学	理学
1108	地球会毁灭吗？	科学	理学
1109	恐龙现在到哪里去了？	科学	理学
1110	春风是什么颜色的？	社会	哲学
1111	我们也会长尾巴吗？	科学	理学
1112	糖果为什么是甜的？	健康	医学
1113	人为什么会死，死后去哪里了，死是什么东西？	科学	理学
1114	为什么超人可以飞翔？	社会	哲学
1115	水是从哪里来的？	科学	理学
1116	电视里有飞翔的人，我为什么不能飞翔呢？	科学	工学
1117	灰太狼为什么要抓喜羊羊？	社会	哲学
1118	老师为什么戴眼镜？	科学	医学
1119	月亮为什么在天上？	科学	理学
1120	我为什么没有老婆呢？	社会	哲学
1121	如果有一天大海里没有水了鱼儿怎么办呢？	科学	理学
1122	牛奶是从哪里来的？	科学	哲学
1123	人为什么只有两条腿？	科学	理学
1124	小朋友的脸是干什么的？	社会	哲学
1125	我长大后会和妈妈一样吗？	科学	理学

（续表）

序号	问题内容	按5个领域分类	按13个学科分类
1126	如果我越来越小会变成婴儿吗?	科学	理学
1127	为什么我们会长指甲?	科学	理学
1128	为什么会有水?	科学	理学
1129	为什么一年365天?	科学	理学
1130	时间是什么?	社会	哲学
1131	风从哪里来?	科学	理学
1132	你为什么要眨眼睛?	科学	理学
1133	飞机为什么可以飞?	科学	工学
1134	天上有没有人居住?	科学	理学
1135	天上为什么会闪电?	科学	理学
1136	鱼为什么可以在水里生活?	科学	理学
1137	我为什么会生病?	科学	理学
1138	汽车为什么有四个轮子?	科学	工学
1139	小燕子是从哪里来的?	科学	理学
1140	人为什么有名字?	社会	哲学
1141	轮船为什么可以在水中游?	科学	工学
1142	蚂蚁为什么会那么小?	科学	理学
1143	妈妈是怎么生出我来的?	科学	理学
1144	老师为什么不选我跳舞?	社会	教育
1145	我爸爸是警察为什么也赌钱?	社会	哲学
1146	人死了会到什么地方去?	科学	理学
1147	天堂真的是无忧无虑吗?	社会	哲学
1148	爸爸妈妈为什么喜欢我?	社会	哲学
1149	我为什么有时候开心有时候不开心?	社会	哲学
1150	天空为什么会下雨、下雪、出太阳、下雾?	科学	理学
1151	人为什么会生病还有的治不好?	科学	理学
1152	蛇蜕皮为什么不会死?	科学	理学
1153	人死后可以活过来吗?	科学	理学
1154	爸爸妈妈吵架后我怎么办?	社会	哲学
1155	天为什么那样高?	科学	理学

（续表）

序号	问题内容	按5个领域分类	按13个学科分类
1156	树叶为什么是绿色的又变黄还落下？	科学	理学
1157	是先有鸡还是先有蛋？	科学	理学
1158	老师我们为什么要学这么多东西？	社会	教育
1159	蚂蚁为什么喜欢吃糖？	科学	理学
1160	恐龙现在去哪里了？	科学	理学
1161	人死了为什么要埋在土里？	社会	哲学
1162	老师你为什么要结婚？	社会	哲学
1163	什么是结婚，我什么时候可以结婚？	社会	哲学
1164	花蕊是什么？	科学	理学
1165	世界究竟有多大？	科学	理学
1166	天上的星星为什么会发光？	科学	理学
1167	小朋友为什么不能吸烟？	健康	医学
1168	老师你为什么这么漂亮？	艺术	哲学
1169	白天为什么会这么亮？	科学	理学
1170	老师我喜欢你可以与你结婚吗？	社会	哲学
1171	老师你可以带我去外星球吗？	社会	哲学
1172	天上为什么会有飞翔的东西？	科学	理学
1173	太阳离我们有多远？	科学	理学
1174	海水能流干吗？	科学	理学
1175	人为什么有两只脚？	科学	理学
1176	为什么石头是硬的？	科学	理学
1177	为什么只有妈妈才能生宝宝，人为什么会死？	科学	理学
1178	为什么女孩子要扎辫子男孩子不需要？	艺术	哲学
1179	为什么脚趾那么短？	科学	理学
1180	为什么轮船在水上不会沉下去？	科学	理学
1181	为什么男孩子与女孩子的身体不一样？	科学	理学
1182	我的胸部为什么没有妈妈的大？	科学	理学
1183	我要月亮为什么得不到呢？	社会	哲学
1184	为什么天上有太阳？	科学	理学
1185	为什么鱼没有脚？	科学	理学

第二节 汇总分析难题

一、对幼儿提出的难题按两种分类方法进行分类分类汇总

如图表 7-3、图表 7-4

图表 7-3 按《指南》五领域汇总。

领域	难题数量	百分比
健康	46	3.88%
语言	3	0.25%
社会	381	32.15%
科学	744	62.79%
艺术	11	0.93%
合计	1185	100%

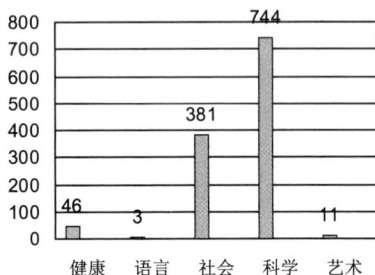

图表 7-4 按学科 13 个门类汇总

学科	难题数量	百分比
哲学	328	27.679%
经济学	0	0
法学	0	0
教育学	71	5.992%
文学	6	0.506%
历史学	1	0.084%
理学	563	47.511%
工学	77	6.500%
农学	0	0
医学	137	11.560%
军事学	0	0
管理学	1	0.084%
艺术学	1	0.084%
合计	1185	100%

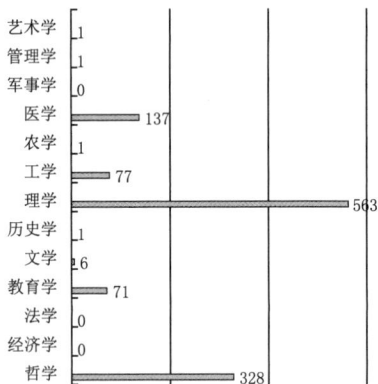

二、幼儿的难题所反映出的很多问题

(一) 对所有难题分析的结论

尽管表 7-2 中难题所属领域的归类可能不是百分之百的准确，在所属

学科门类分类过程中也存在有偏差，还是根据汇总特别突出的数据得出如下结论：

（1）幼儿所提难题中属于科学领域的占 62.79%，属于社会领域的占 32.15%。就五领域来看，科学和社会领域的难题占近 95%，其他三个领域的难题很少。

（2）教师很难回答的难题内容主要为理学、哲学门类，占比达 75% 以上。

（3）所有难题大多为开放性的，就幼儿能理解的水平很难找到一个标准的答案，幼儿所提问题都与其现实生活有一定的联系。

（二）用五个难题反问幼儿的结果

表 7–1 中的 5 个难题都是从幼儿提出的难题中选出的，且都是开放式的问题，就幼儿的认知水平来说很难找出统一的标准答案。当用这些难题反过来问幼儿时还是有很多答案的。幼儿的回答能使在场的老师深感惊奇（读者可用这 5 个难题到幼儿中验证）。对教师是难题的问题，对幼儿未必。

（1）幼儿并没有认为这些难题难回答，而是在其已有的认知水平上有各自的答案（见表 7–1），在问卷调查时各班幼儿都有不同的、不少于 3 个以上的答案且回答踊跃。

（2）幼儿的回答总是出人意料，尽管答案不全面，有些差强人意，但细致分析其答案也是有一定依据和道理的，并与幼儿的生活息息相关，都有其必然性和正确性（读者可用上述 5 个难题自行验证）。

（3）教师认为是难题的问题，对幼儿来说并不难，幼儿都有自己的认识和答案。如，"为什么脚趾比手指短？"成人一般认为很难用一两句话说清楚，但幼儿的回答很简洁，且有其充分的理由和一定的客观性。

（4）同一难题在小、中、大班中的答案是不一样的，呈现出向更丰富、更准确发展的趋势。如，"为什么脚趾比手指短？"小班的答案很少，大部分班不到三个答案，且内容单调；大班答案很多，千奇百怪，内容丰富多彩；中班介于两者之间。

综合分析这些难题与答案，难回答的原因固然很多，但充分说明了目前幼儿教师欠缺理学、哲学等学科领域的知识，在这些方面的自身修养和科学素质是不够的。在幼儿教育工作中面对幼儿提出此类难题时不能回答或答非所问，甚至有可能恶语相加泯灭幼儿的问题意识，使其思维活动力、创新精神受到损害。

(三) 难题反映了幼儿教育活动分领域有失均衡

目前，多数幼儿园是按《指南》中的五个领域平衡安排教育教学活动的，没有突出幼儿在科学、社会两个领域，以及理学、哲学等门类知识方面的需求重点。还有部分幼儿园只注重语言、艺术领域的活动，导致幼儿在科学领域提出的难题多。当前社会飞速发展，幼儿接触社会的途径已今非昔比，幼儿的知识面已经超乎想象的宽广。在"科学领域中，幼儿的提问不仅是幼儿科学探究能力的一种外在表现，而且是其满足自身情感需要的内在途径"[①]。如果不能满足幼儿的多方面需求，就没有达到现代幼儿教育的目的。

(四) 难题反映了幼儿教师在职前培养中存在严重"偏科""缺科"

在各大专院校中，幼儿教育专业的学生一直以来多偏重于语言、艺术能力的修养，普遍忽视科学领域，理学专业知识的学习。特别是初中起点中专学历的毕业生更是缺乏科学领域的知识素养，他们普遍专业培养时间短（不到三年）、文化基础差（初中毕业）。但目前在幼儿园中这类教师很多。如果教师队伍欠缺科学素养，就必然导致幼儿科学教学有缺陷，达不到幼儿教育的应有要求。因此，提高幼儿教师学历门槛，改变幼儿教育专业课程结构已经迫在眉睫。

---

① 何亚柳.科学领域中幼儿提问的特点及教师回应策略 [J]，西华师范大学学报（哲学社会科学版），2007（3）：88.

第三节 解决现代幼儿难题的策略

幼儿难题可分为三大类型，即用原因去解释的、用动机去解释的和提出证明的[①]。建议读者做好如下工作：

（一）现代幼儿教师和家长应当加强理学、哲学，特别是天文，地理、生物、医学、生理、道德等学科知识的补充学习。相关院校对幼儿教育专业学生的课程要有所调整，引导学生提高理学、哲学修养。

（二）幼儿园应当加强与理学、哲学等有关的活动内容，满足幼儿对这类科学知识的独特渴望。建议少分或者不分领域进行教育活动，执行以某一主题游戏活动为中心的综合全能型教育活动。加强科学领域的活动，启迪幼儿对科学领域的探究，保护幼儿好问的天性，至少我们要鼓励部分幼儿园做这样的尝试。

（三）成人不可忽视幼儿的提问。"正确的做法应是能根据幼儿的年龄特点，深入浅出地及时给予正确解答"[②]。特别是对四岁前的儿童，应答要真实准确，不能有神秘不科学的答案。因为这时的幼儿还不能把现实和想象分开，周围世界对于他们都是真实客观的事实。如果不真实、正确应答，就会造成他们认识上的混乱，以致他们要花费很长时间和脑力来分辨你所给答案的真假。

教师可以把幼儿提出的难题作为日常保教活动的主题，把解决难题当作活动的出发点与动力。有些难题是很好的故事素材（如，"我怎样才能变成孙悟空？"），可把难题及答案编成故事主动讲给幼儿听，引导、启发幼儿探索社会环境，培养幼儿善于思考、追根问底的精神；有些难题反映了幼儿观察自然的能力（如，"鱼儿为什么会吐泡泡？"），要就此赏识幼儿，鼓励幼儿去观察、了解自然世界；有些问题反映了幼儿的所思所

---

① （瑞士）让·皮亚杰著，傅统先译．儿童语言与思维 [M]，文化教育出版社，1980：189.
② 张秀娟．怎样对待幼儿的提问 [J]，教育文汇，2005（3）：38.

想和复杂的内心世界，特别是在家里发现了又不能在家中询问的反映社会现实的问题（如：爸爸妈妈为什么天天吵架？），教师要与家长保持沟通与协调，家长们也要及时反思。

（四）面对幼儿所提难题应有的原则。

1. 态度要认真。当幼儿提问时要放下手中的活计，认真、耐心地倾听幼儿提问，不可一边听幼儿提问一边干自己的活，一幅心不在焉的态势。如此次数多了幼儿就会认为他提出的问题不重要，不受重视，又得不到自己想要的答案，是很失望的。这有可能打击幼儿以提问探求未知的欲望与心理，扼杀幼儿好奇、好问的天性，对其人生的发展极其不利。

2. 不知不乱答。对不知道答案的问题一定要给幼儿说暂时不知道，等会查找资料、找到答案后再告诉他。切不可为掩饰自己无知的尴尬而给幼儿胡编乱造答案。要知道幼儿对主动提问而得到的答案是深信不疑的。如果这时给幼儿错误的答案将危害幼儿很长时间甚至终身。家长对自己确实难以回答的问题，可建议幼儿问老师或长辈等可能知道答案的人。

3. 答案要真实。对不便、不能回答的问题，要尽可能真实、简短的回答。如"我是从哪儿来的？"此类问题出现的频率很高，幼儿就是想了解自己的出处和与被问者的关系。多数成人、家长都会因受中国传统文化的影响，感到难以启齿不正面回答幼儿。一般会先用其他话题敷衍幼儿，敷衍不过就以"垃圾堆捡到的""树上长出来的""从别人家里抱来的"等荒唐的答案搪塞幼儿，再不行就恶语相加，总是不正面、正确地面对此类问题，这是错误的。尽管幼儿长大后会明白自己是哪儿来的，但不正确的回答对幼儿还是不公正的，甚至造成不必要的伤害。因为他们在儿时总以为自己真的是父母捡到的、树上长出来的、抱来的……，长大了也会像父母一样对两性关系讳莫如深。我们要真实且简要地作如下应答：当爸爸妈妈长大成人后（恋爱结婚时的年龄），就相互喜欢上了，结婚后就组建了现在的家庭，爸爸把一粒种子塞到妈妈的肚子里，与妈妈的种子结合成新种子。新种子在妈妈肚子里生长 10 个月后就变成了很

小的你。这时你太大了，妈妈的肚子太小了，你就从妈妈的肚子里钻出来，天天吃奶，后来天天吃饭菜。经过几（问者的年龄）年，你就慢慢腾腾地长成现在的样子了。一定要让幼儿明白自己是从妈妈肚子里生长出来的。这是关键，不可乱说、瞎编故事。

4. 少讲原理。用"化繁变简法"。"考虑到孩子的实际接受能力，对一些科学性较强的问题，应深入浅出，以浅显易懂的形象性语言来回答。若说得过于深奥，一旦孩子不能真正理解，还会影响其提问的兴趣。"[1]对一些深奥的难题，要启发幼儿长大后自己去探索的希望与追求，为幼儿探索世界埋下种子。如回答"月亮为什么不掉下来？"我们只需要告诉幼儿，月亮是围绕我们生存的地球不停旋转的球形物体（天体），暂时是不会停止旋转的，当它停止旋转时就有可能掉落到地球上来。等你长大了，学习了天文地理方面的知识就会知道月亮为什么不掉下来了，你快快长大吧！

我们收集到的这些难题都是幼儿教师及家长们有可能遇到的，很多难题的内容发人深省，答案耐人寻味。"国外多数研究得出结论：认为问题会随着儿童年龄的增长内容更加深化，形式更加复杂。"[2]因此，大家还有可能遇到另外的新问题。希望幼儿教师或家长们尽早提高自己的科学素养，尽早做好科学、合理、客观地应答幼儿难题的准备。

本书文字方案中有几个章节的选题就出自本章。如，爸爸妈妈为什么不带我，而要跑到广州打工？读者也可把难题的答案编成故事主动讲给幼儿听，引导、启发幼儿探索世界，呵护、培养幼儿善于思考、追根问底的精神。

---

[1] 姜玲. 教师如何对待幼儿的提问 [J]，教育导刊，2003（2，3）：80.

[2] 费广洪，申继亮. 儿童提问的发展特征研究综述 [J] 教育理论与实践，2003（4）：44.

| 第八章 |
儿歌精选

本章内容导读

　　本章精选了50首儿童诗歌。在组织学习时不能强行要求幼儿书写、背诵。可在平时做游戏后用几分钟让幼儿口头诵读，经多次学习，等幼儿基本熟悉后老师朗读时有意漏掉一两句，让幼儿指出，增强幼儿的兴趣与记忆。在学习的顺序上建议诗歌内容与时令气候相吻合，如："15.饺子"最适合在春节前学习，这样幼儿在家过春节时就能用上。每首诗歌学习2～4周为宜。

一、动物篇

1. 小乌龟
小乌龟，不说话，
背着厚壳爬爬爬。
爬到水里会游泳，
爬上岸来伸尾巴。

2. 小刺猬
小刺猬，真奇怪，
身穿一件带刺衣。
小刺猬，有主意，
刺上插满枣和李。

3. 小蝴蝶
小蝴蝶，穿花衣，
喜欢飞在花丛里。
彩翅膀，真美丽，
鲜花都会爱上你。

4. 鹅大哥
山坡走来一群鹅，
排成一列干什么。
红帽子，白围脖，
嘴里呜嘎唱着歌。

5. 大雁飞
大雁大雁排成队，
齐心协力向南飞。
雁弟弟，雁妹妹，
千万不要掉了队。

二、植物篇

1. 花儿开
春天花儿开，
朵朵真可爱。
只能用眼看，
不能用手摘。

2. 菊花
菊花菊花开开，
板凳板凳歪歪。
开几朵，开三朵，
爸一朵，妈一朵，
宝宝头上戴一朵。

3. 牵牛花
一朵牵牛花，
使劲向上爬。
滴滴答，滴滴答，
爬到屋顶吹喇叭。

4. 荷叶

绿绿的荷叶，

小鱼把它当成遮阳伞，

小露珠把它当成绿摇篮，

青蛙把它当成太阳帽。

5. 柳树姑娘

四四方方小池塘，

一旁站着柳姑娘。

长长辫子拖地上，

谁见都夸好漂亮。

三、食物篇

1. 土豆

土豆土豆切丝儿，

土豆土豆切片儿，

土豆丝和土豆片，

片片丝丝我喜欢。

2. 包子卷子

包子这么大，

卷子这么长，

包子包着肉和糖，

左看看，右看看，

宝宝都来尝一尝。

3. 蛋糕

蛋糕大，蛋糕圆，

蛋糕摆在宝宝前。

吹灭上面小蜡烛，

别忘许个小心愿。

4. 冰激凌

冰激凌，凉又甜，

宝宝吃成小花脸。

爱吃也别吃太多，

小心肚痛上医院。

5. 饺子

饺子弯弯像小船，

装着肉馅白胖胖。

放进锅里开水煮，

肚子洗得鼓又圆。

四、节日篇

1. 元宵

月婆婆，敲铜锣，

星宝宝，满天坐，

不听戏，不赛歌，

过元宵，比灯火。

2. 年公公

年公公，哪里来？

财神送我天上来。

带了啥？年夜饭，

你吃我吃乐开怀。

3. 新年到

新年到，真热闹，

姑娘要花，小子要炮，

老奶奶要块大年糕，

老爷爷要顶新毡帽。

4. 中秋节

中秋节，桂花香，

吃月饼，赏月圆。

穿新袜，换新鞋，

一家老小团团圆。

5. 腊八蒜

白白一头蒜，

放在醋里腌。

绿色腊八蒜，

样子多好看。

五、自然篇

1. 大瀑布

山公公，

会织布，

没人买，

挂高处，

天天挂，

月月挂，

原来是水织大瀑布。

2. 雷

爱发脾气雷公公，

大雨来临气哄哄。

轰隆隆，轰隆隆，

只是发怒的雷公公。

3. 月亮

月亮月亮她会变，

有时弯来有时圆。

弯弯月亮像小船，

圆圆月亮像玉盘。

4. 云

天空中有位小画家，

一会儿乱涂又乱画，

你猜谁是小画家？

聪明的孩子猜到啦！

5. 彩虹

黄橙桥，红绿桥，

天上搭座七彩桥。

桥身长，桥身高，

七色桥下彩云飘。

六、四季篇

1. 春来了

春天来，春天来，

飞来鸟，绿了草。

春天来，春天来，

春雷响，青蛙叫。

2. 找春天

春天来了吗？

妈妈说："快看，迎春花。"

爸爸说："快看，柳树的嫩芽。"

哥哥说："快听，青蛙在呱呱叫。"

3. 夏天的雨

夏天的雨，说来就来。

夏天的雨，说走就走。

来时乌云滚滚，

走时彩虹飘舞。

4. 秋风

秋风起，树枝摇。

红叶黄叶往下掉。

彩叶飞，像蝴蝶，

小朋友追着去迎接。

5. 四季歌

春天草出头，

夏天树盖头，

秋天麦浪随风摆，

冬天大雪盖地头。

七、家庭篇

1. 家

我有一个家，

有爸也有妈，

相亲又相爱，

快乐笑哈哈。

2. 好妈妈

我的妈妈好脾气，

脸上总是笑眯眯。

不生气的好妈妈，

宝宝最最喜欢你。

3. 我们都是好孩子

爷爷抱，奶奶抱，

不要不要，我不要；

爸爸抱，妈妈抱，

不要不要，我不要；

我们都是好孩子，

不要不要大人抱。

4. 小弟弟

小弟弟，有礼貌，

见到老人问声好。

爷爷奶奶眯眯笑，

夸他是个好宝宝。

5. 小妹妹

小妹妹，真顽皮，

跟着姐姐学走路。

一二一，一二一，

姐妹两个笑嘻嘻。

八、生活篇

1. 醒了

风儿醒了，它吹醒了树，

树儿醒了，它摇醒了鸟。

鸟儿醒了，

它唤醒了睡梦中的我。

2. 起床歌

天亮了，公鸡叫，

小宝宝，起得早。

快把被子收拾好，

我们一起做早操。

3. 做早操

公鸡喔喔叫，

晨练时间到。

穿好衣，戴好帽，

我陪爷爷把步跑。

4. 洗手

小朋友，讲卫生，

饭前手要洗干净。

搓手心，搓手背，

看看谁的最干净。

5. 睡觉

风不闹，鸟不叫，

小宝宝，要睡觉。

早早睡，早早起，

明天还要去学校。

九、游戏篇

1. 丢手绢
你牵手来我拍手，
手拉手来圈圈走。
你抓我后我抓他，
抓到娃娃笑哈哈。

2. 跷跷板
跷跷板，跷跷板，
一跷跷到半天高。
太阳对我眯眯笑，
我对太阳把手招。

3. 敲小鼓
上敲鼓咚咚，
下敲咚咚鼓，
上下一起敲，
小鼓咚咚咚。

4. 放风筝
春姑娘，送春风，
春风来了放风筝。
蝴蝶筝，金鱼筝，
各种风筝满天空。

5. 毽儿
鸡毛毽，飘呀飘，
小妞妞，哈哈笑。
拍拍手，蹦又跳，
经常运动身体好。

十、手指篇

1. 手指一家亲
大拇哥是爸爸，
二拇哥是妈妈，
中指头是哥哥，
小指头就是我。

2. 五兄弟
五个小兄弟，
比比高和低，
大哥真神气，
二哥真心细，
三个笑嘻嘻，
四哥不在意，
五弟站出来，
说话讲道理。
不管高和低，
团结有力气。

3. 五指歌

一二三四五，

上山打老虎，

老虎没打到，

碰到松鼠弟。

松鼠有几只，

让我数一数，

数来又数去，

一二三四五。

4. 数字歌

一二三，爬高山，

四五六，翻筋斗，

七八九，拍皮球，

伸出两只手，

十个手指头。

5. 手指歌

一个手指按电钮，

两个手指拣豆豆，

三个手指系扣扣，

四个手指提兜兜，

五个手指并一起，

握成有力大拳头。

| 第九章 |
幼儿园常用故事精选

本章内容导读

　　本章主要精选 50 个儿童故事。可在平时幼儿回家前反复讲给幼儿听。讲故事时要绘声绘色，不可读故事，平淡地诵读故事是不符合要求的，幼儿也不爱听。等幼儿基本熟悉故事内容后老师在重讲故事时有意漏掉故事的主角、配角、主要情节等，让幼儿指出，并加以赞赏，提高幼儿认真听故事的兴趣，增强幼儿对故事的记忆。每个故事都可反复讲述，让幼儿耳熟能详，达到个别复述或集体复述。

一、童话故事

1.聪明的公鸡（示范）[1]

春天到了，很多动物准备出去旅行。

公鸡和狗是好朋友，两个人决定结伴出游，一路上可以相互照应。狗提出要保护公鸡，以免遭到狐狸和狼的欺负；公鸡则提出每日清晨准时叫狗起床。一切准备就绪，他们高兴地出发了。

天快黑的时候，他们来到一片茂密的森林。公鸡飞到一棵大树的枝头，打起了瞌睡，狗钻进下面的树洞，倒头进入了梦乡。他们玩得太累了！

黑夜很快过去。天亮时公鸡照常大声"喔喔喔"（要模仿公鸡的叫声，越像越好）啼了几遍，然而他的叫声没能叫醒狗，却惊动了从这里路过的狐狸。

狐狸抬头看见树上的公鸡，立刻停下了脚步。"多美的一顿早餐啊！"（悄悄地心里话的表演）狐狸想着又肥又大的公鸡，不觉得流下了口水（用手做擦口水的动作）。他站在树底下，彬彬有礼地对公鸡说："尊敬的公鸡先生，能够听到您美妙的歌声，真是我的荣幸。我一直是您的崇拜者（粉丝），也一直真诚地希望与您结识。"

公鸡一眼就看穿了狐狸的诡计，当然不会束手就擒。"我的当务之急是要把睡在树洞里的狗叫醒"（悄悄地心里话的动作表演）公鸡暗暗地想。于是公鸡装作很想认识狐狸的样子，客气地说："认识你很高兴。你可以绕到我下面的树洞里，叫醒那个看门的，他会让你上来的。"（一本正经，很有礼貌地大声讲话）

狐狸一听，乐得快合不拢嘴了（做心理活动的旁白），急忙走进那树洞。

狗睡得正香，忽然觉得有东西碰他，睁开眼一看，原来是狐狸在捣鬼。

---

[1] 周敏改编.美绘本青少年版《伊索寓言》[M].北京少年儿童出版社，2010:07.

他气坏了，起身向狐狸猛扑过去，狐狸要不是跑得飞快就被咬住了（做狐狸逃命的表演）。

公鸡从树上下来（做胜利的拍手动作。自语：小样，还敢跟我斗，下次还与你玩玩），和狗继续他们快乐的旅行去了。

2. 没有脑子的鹿 [1]

狮子病了，躺在洞里，没有力气给自己弄吃的。于是，他对前来看望他的狐狸说："我的朋友，我病了几天，特别想吃鹿的心和脑子。我希望你能够帮助我，到那边的森林里，把住在那里的鹿骗到我洞里来。"狐狸接到狮子交给自己的任务，走到森林，找到了鹿。狐狸温柔地对鹿说："我亲爱的朋友，你交好运了。你知道吗？狮子大王快要死了，他已经指定让你做他的继承者统治百兽了。希望你做了大王以后不要忘了我，可是我告诉你这个好消息的。好了，我现在必须回到狮王那里，你也最好能够去为他送葬。"

狐狸的一番话把鹿捧得飘飘然，他毫不怀疑地跟着狐狸来到狮子洞。看着"美味"进了洞，狮子着急地向鹿扑过去。可是，病了几天的狮子过高地估计了自己的跳跃能力，他没有抓到鹿，让鹿逃跑了。

鹿吓坏了，他拼命地逃跑，回到安全的地方鹿才发现自己的耳朵被狮子撕破了一点儿皮。狮子极其失望，肚子又饿，他求狐狸再试一次，把鹿骗到洞里来。狐狸觉得这次简直是太难了，不过他仍旧答应了狮子的要求，再过去试一试。

狐狸第二次走进森林，看到鹿正在休息，脸上还有惊慌的神情。鹿一看见狐狸就大叫起来："你这坏蛋，想把我引到死路上去，你是什么用心？快滚！别让我见到你，否则我对你不客气！"狐狸一点愧疚的样子都没有，还笑嘻嘻地说："你这个胆小鬼呀！狮子根本没有恶意，他只是想跟你咬

---

[1] 周敏改编. 美绘本青少年版《伊索寓言》[M]. 北京少年儿童出版社，2010:07.

咬耳朵，悄悄地嘱咐你几句话，可你却像只吓破胆的兔子，竟然逃走了。狮王觉得你是个胆小鬼，不适合做统治者，想把王位传给狼。我想你应该马上回去，表示你是只勇敢的鹿，我保证王位还是你的。记住，我永远做你忠实的仆人。"

愚蠢的鹿又被狐狸说动了心，跟着狐狸又一次进了狮子洞。

这次，狮子做好了充分的准备，等鹿一进洞口，就迅速把鹿扑倒在地，咬死了他，然后津津有味地大吃起来。

狐狸趁狮子不注意，偷走了鹿的脑袋，用来犒赏自己。狮子想吃鹿的脑子，可怎么也找不到。在旁边看着的狐狸说："别找了，我看是找不到了，像这样一只会两次进狮子洞的家伙，是不可能有脑子的。"

3. 奇怪的镜子 [①]

美丽的池塘里有一条小鱼。

他快快活活地玩了一天，可累了，正想休息一会儿。

突然，小鱼发现有一样东西在一闪一闪的，他睁大眼睛一看，不禁叫起来："多大多亮的镜子啊！"

小鱼想："要是把镜子搬到家里，让大家都能照一照该多好！"想着想着，小鱼轻轻地游到那镜子边，还没碰着，"镜子"就碎了。小鱼心里难过极了。但是，不一会儿，那"镜子"又圆了起来。

于是，小鱼急急忙忙找来了正在河边唱歌的小青蛙。

"青蛙弟弟，我找到了一面又大又圆的镜子，请你帮我抬回家好吗？"小青蛙一口答应了。小青蛙用宽宽的大嘴巴刚想轻轻衔住镜子，只见"镜子"又碎了。小鱼和小青蛙都很难过。但是，不一会儿，那"镜子"又圆了起来。

于是，小鱼又急急忙忙找来了正在水中跳舞的河蚌。"河蚌姐姐，请你帮我把大镜子抬回家好吗？"河蚌一口答应了，跟着小鱼来到镜子边。

---

① 周敏改编 . 美绘本青少年版《伊索寓言》[M]. 北京少年儿童出版社，2010:07.

河蚌用两片蚌壳刚想轻轻地夹住镜子，可"镜子"又碎了。小鱼、小青蛙、河蚌都很难过。但是，很快那"镜子"又圆了起来。

小鱼又找到了正在水藻中吹泡泡的螃蟹。"螃蟹哥哥，我找到一面又大又圆的镜子，请你帮我抬回家好吗？"螃蟹一口答应了。他用两只大大的螯，刚想轻轻地钳住镜子，可是"镜子"又碎了，成了一块块的小片儿。大家都很难过，可是又感到很奇怪，到底是怎么回事呢？

这时只听见一阵"哈哈哈"的笑声，虾公公拖着长长的胡子来了："傻孩子，这哪是镜子，这是天上的月亮倒映在水面上啦。"小鱼、小青蛙、小河蚌、螃蟹都抬起了头。大家看看天，又看看水面，都哈哈地笑了起来，连池塘里的月亮也笑了。

4. 燕子妈妈和她的孩子们 [①]

早春三月，燕子家族从南方飞回来，到小镇上安了家。

几天后，家族又添了几只小燕子。燕妈妈高兴极了，每天东奔西跑地为燕宝宝找虫子吃，忙得不可开交。

日子一天天过去了，燕宝宝在妈妈的抚育下，羽毛逐渐丰满起来。

一天，燕妈妈对她的孩子说："孩子们，你们已经长大了，也该学习独立生活了。从明天起，我开始教你们学飞翔。"小燕子们一听，纷纷撅起了小嘴，七嘴八舌地说："妈妈，我们还没有站稳，怎么学习飞翔呀？""还是过一段时间吧！"

燕妈妈疼爱地看着自己的宝宝，说："孩子们，现在该学习本领了，否则你们会后悔的。"小燕子们见妈妈坚决的态度，都开始撒娇地说："好妈妈，您看，我们现在太胖了，怎么飞翔呀。我们还是先待在家里，替您看家吧！"燕妈妈拗不过孩子们，又舍不得训斥他们，只好无奈地点点头。

小燕子们一天天长大，所需的食物一天比一天多。燕妈妈更辛苦了，

---

① 周敏改编. 美绘本青少年版《伊索寓言》[M]. 北京少年儿童出版社，2010:07.

她每天早出晚归，为孩子们觅食。

这天，燕妈妈又去找食物了，小燕子们在家里"叽叽喳喳"地唱歌。他们的歌声引起了一条蟒蛇的注意。蟒蛇偷偷地爬上树，见是一窝小燕子，心里高兴极了。

小燕子看见大蟒蛇，都大声地叫喊："妈妈，妈妈，快来救我们呀！"

他们一边求救，一边拍着翅膀想飞起来，可是怎么也飞不起来。蟒蛇贪婪地看着小燕子，向他们扑了过去。

燕妈妈归来，看见窝里只剩下斑斑血迹和几根稚嫩的羽毛，她明白发生了什么事，伤心地哭了："哎！真后悔当时……"

5. 披着狮子皮的驴子 ①

一只驴子刚刚逃脱猛兽的毒爪，他跑得上气不接下气。驴子想："要是我能变成一头狮子，那些野兽就不会袭击我了。"

这天，驴子突然发现灌木丛中有一张狮子皮，狮子头还栩栩如生，挺吓人的。驴子心想："这肯定是猎人不小心丢下的。这下可好了，我可以扮成狮子了，披上狮子皮，把所有的动物都吓跑，不但野兽不敢来追赶我，小动物们也会被我吓走，我就可以吃最鲜美的青草了。"驴子越想越高兴，便披上狮子皮，昂首阔步地向前走去。

一只小鹿正吃着青草，看到披着狮子皮的驴子出现在他面前时，他吓得撒腿就跑，一眨眼就不见了。

一只兔子正在草地上玩耍，披着狮子皮的驴子悄悄走近他，兔子吓得"哧溜"一声钻进了地洞。

……

披着狮子皮的驴子把小动物们一个个都吓跑了，心里很高兴，便哈哈大笑起来。动物们从笑声中听出那头"狮子"原来是驴子，纷纷责怪他不

---

① 周敏改编．美绘本青少年版《伊索寓言》[M]．北京少年儿童出版社，2010:07.

应该吓唬自己的兄弟。

正在这时，一只狐狸走来，小动物们闻讯又都跑了，只有披着狮子皮的驴子大摇大摆地走到狐狸面前，慢悠悠地停了下来。

狐狸一看是狮子，赶紧毕恭毕敬地走上前，说："敬爱的狮子大王，原来是您呀！我马上就走，不打搅您。"说完，掉头溜开了。

看见以前袭击他、追赶他的狐狸也吓得跑掉了，开心的驴子忍不住引颈高歌，"昂昂"地叫起来。

驴子的叫声传到尚未走远的狐狸耳朵里，他明白自己被披着狮子皮的驴子给骗了，心想："如果我没有听到你的叫声，我真可能被你吓倒了，但现在……"狐狸转身回来，向驴子猛扑过去。

笨拙的驴子想逃跑，却已经来不及了。

6. 小老鼠吹喇叭 [1]

一只漂亮的小老鼠，特别想参加小动物们的"喷喷香乐队"。

因为小老鼠觉得"喷喷香乐队"吹奏的曲子不仅好听，而且还散发出一股甜丝丝、香喷喷的味道。

小兔指挥问他："学习乐器要吃苦，你行吗？"小老鼠急急忙忙地说："我行！我行！"于是他领到了一把亮晶晶的大黄喇叭。小老鼠鼓起嘴巴，使劲儿地吹。他练得认真极了，直吹到鼻子尖上冒出了汗珠，嗓子眼儿也干干的。他无意中用舌头尖儿轻轻一舔，呦，甜丝丝的。原来这喇叭是蜜糖做的，怪不得满屋子都是甜味儿。

小老鼠每天照样认真练，但吹完了总是喜欢用舌头舔一阵。他对自己说："这味儿对嗓子会有好处，我就舔一丁点儿，反正喇叭嘴那么长呢！"

乐队准备演出了，在舞台上，小老鼠打开盒子，拿出喇叭，动物们一看都吃惊得张大了嘴，他那只喇叭短粗短粗的，只剩下圆圆的喇叭口了。

---

① 武玉桂编 .365 幼儿睡前故事 [M]. 吉林美术出版社，2005:08.

7. 十二生肖的故事 ①

很久很久以前，有一天，人们说："我们要选十二种动物作为人的生肖，一年一种动物。"天下的动物这么多，怎么个选法呢？这样吧，定好一个日子，这一天，动物们来报名，就选先到的十二种动物为十二生肖。

猫和老鼠是邻居，又是好朋友，它们都想去报名。猫说："咱们得一早起来去报名，可是我爱睡懒觉，怎么办呢？"老鼠说："别着急，别着急，你尽管睡你的大觉，我一醒来，就去叫你，咱们一块儿去。"猫听了很高兴，说："你真是我的好朋友，谢谢你了。"

到了报名那天早晨，老鼠早就醒来了，可是它光想到自己的事，把好朋友猫的事给忘了，就自己去报名了。

结果，老鼠被选上了。猫呢？因为睡懒觉，起床太迟了，等它赶到时，十二种动物已被选定了。

猫没有被选上，就生老鼠的气，怪老鼠没有叫它。从这以后，猫见了老鼠就要吃它，老鼠就只好拼命地逃。现在还是这样。（此故事太长，建议分成两部分，分两次来讲，第二次的重点是让幼儿记住十二生肖动物名及顺序）

你们知道十二生肖是哪些动物吗？

它们是老鼠、牛、老虎、兔子、龙、蛇、马、羊、猴、鸡、狗、猪。

怎么让小小的老鼠排在第一名呢？这里也有个故事。

报名那天，老鼠起得很早，牛也起得很早。它们在路上碰到了。牛个头大，迈得步子也大，老鼠个头小，迈得步子也小，老鼠跑得上气不接下气，才刚刚跟上牛。老鼠心里想：路还远着呢，我快跑不动了，这可怎么办？它脑子一动，想出个主意来，就对牛说："牛哥哥，牛哥哥，我来给你唱个歌。"牛说："好啊，你唱吧。咦，你怎么不唱呀？"老鼠说："我在唱哩，你怎么没听见？哦，我的嗓门太细了，你没听见。这样吧，让我

---

① 胡巧玲著. 十二生肖的故事（彩图注音版）[M]. 四川天地出版社，2010:05.

骑在你的脖子上唱，这样你就听见了。"牛说："行啊，行啊！"老鼠就沿着牛腿子一直爬上了牛脖子，让牛驮着它走，可舒服了。它摇头晃脑的，真的唱起歌来：

"牛哥哥，牛哥哥，过小河，爬山坡，驾，驾，快点儿啰！"

牛一听，乐了，撒开四条腿使劲跑，跑到报名的地方一看，谁也没来，高兴地叫起来："我是第一名，我是第一名！"牛还没把话说完，老鼠从牛脖子上一蹦，蹦到地上，吱溜一蹿，蹿到牛前面去了。结果是老鼠得了第一名，牛得了第二名，所以，在十二生肖里，小小的老鼠排在最前面了。

8. 啄木鸟嘟嘟 [①]

啄木鸟嘟嘟是个电视迷。动画片、连续剧……看了一集又一集。时间久了，眼睛出了问题。

这天，嘟嘟正在吃早点。突然，电话铃响起——森林里发生了虫害，催他赶紧上班去！

快！快！嘟嘟急急忙忙离开家，可他刚飞出不远，就撞上了一样东西。嘟嘟心想："这一定是大树，赶快把虫子啄去！"

噗噗噗！刚啄了几下——咦，这声音不对？

这时，兔妈妈说话了："嘟嘟，你啄错啦！这是我种的丝瓜，不是大树。"

"兔妈妈，对不起！对不起！我的眼睛出了问题……再见！我得赶快捉虫子去。"

飞呀飞呀，咚！又撞上了一样东西。嘟嘟心想：这回一定是大树了，赶快啄！

嗵嗵嗵，刚啄了几下——咦，这声音也不对？

耳边传来黑熊的惊叫声："哎哟，我的啤酒……"原来，这次嘟嘟又啄错了——他把黑熊的啤酒桶啄了三个小洞。

---

① 武玉桂编 .365 幼儿睡前故事 [M]. 吉林美术出版社，2005:08.

"熊大叔，对不起！我的眼睛出了点儿问题……再见！我得赶快捉虫子去。"

飞呀飞呀，咚！又撞上了一样东西，呦，这回的声音更不对！

耳边传来长颈鹿气呼呼的声音："你瞎啄什么呀！把人家的脖子当大树……"

"长颈鹿老师，实在对不起，我的眼睛……"

听说嘟嘟的眼睛出了问题，长颈鹿老师安慰他："没关系，没关系！我认识眼镜店的师傅，他一定会帮助你的。"

后来，嘟嘟带上了眼镜，总算能看清楚东西了。不过，戴着眼镜实在不方便！飞得快一点儿吧，怕眼镜掉下来；啄木时用力一点儿吧，怕眼镜被震破；雨天、雾天吧，怕水汽模糊了眼镜……唉！有一双明亮的眼睛多好！啄木鸟嘟嘟现在非常后悔，可是后悔也晚了……

9. 南瓜星上的孩子 [①]

太空中有一颗星，叫南瓜星。

南瓜星上的孩子们舒服极了，他们连一丁点儿活都不用干。爸爸妈妈都说："你们只要好好学习就行！"

为了不耽误儿子看书，儿子的鞋带总是由爸爸来系；为了让女儿多练一会儿钢琴，妈妈拿着小勺亲自给女儿喂饭。

南瓜上的孩子们真有出息：在这里，两岁的小孩儿会书法，会画画，会打算盘；三岁的小孩儿会唱歌，会跳舞，还会下围棋；四岁的小孩儿能演奏九十九种乐器…………

地球上的小孩六岁半才上学。可是，在南瓜星上，六岁半的孩子都已经大学毕业了。可惜呀，这些大学生们学到了许多知识，偏偏没有学会干活。

日子一年一年过去了。终于有一天，南瓜星上的爸爸妈妈们都老

---

① 武玉桂编 .365 幼儿睡前故事 [M]. 吉林美术出版社，2005:08.

了，去世了。从此，这个星球上再也没人会系鞋带，会使小勺，会扣纽扣了…………

不会系鞋带怎么走路呀？不会使小勺怎么吃饭呀？没办法，总统只好派飞碟去地球上请老师。

10．小象的大便 [①]

早上，出门散步的河马非常吃惊。今天空地上非常臭。"哪里臭？哪里臭？"河马边问边找。

鳄鱼、狮子、猴子和刺猬也都围了过来。"哪里臭？哪里臭？"大家正找着，"吧嗒""吧嗒"，只见几个大便落在了空地的中央。"哇塞，这么大！"河马说。"是谁的大便啊？"鳄鱼问。"是大象的吧。"狮子说。"真大呀！"猴子说。"说不定是天空的大便哟。"刺猬说。"天空不会拉大便的。"河马笑着说。"不过，有时会拉小便。"鳄鱼说。"也许有时会拉大便。"猴子说。"也许是吧！"大家点头说。

于是，它们一起站在空地上往天上看。

"对不起，对不起，是我的大便。"小象急冲冲地跑来，"我马上打扫干净。"小象开始用鼻子吸沙掩埋大便。

"等一下。"猴子说，"我也想拉这么大的粪便。"

"我也想。""我也想。"大家一个接一个地说。

然后，它们问小象："你怎么会拉出这么大的粪便？"

"那是因为我吃得多呀！"小象说。

"真的吗？那我们也得努力吃呀！"大家一齐说，"明天早上我们再来悄悄地比一比。"

这下可热闹了。

河马、鳄鱼、狮子、刺猬还有猴子回到家就不停地吃。输给小象，那

---

① （日）角野荣子著，佐佐木洋子（图），张慧荣译．小象的大便（彩图注音版）[M].21世纪出版社，2010：05.

还得了!

吃啊、吃啊。每个人的肚子都吃得胀鼓鼓的。

第二天早上,大家在空地中央集合。

"一、二、三!"最后还是小象拉的大便个头最大。

"啊,我的最小。"刺猬难过地说。

"啊,我输了!"河马、鳄鱼、狮子和猴子都难过地说。

"是吧,还是我的最大!"小象骄傲地扬起了鼻子。

这时,妈妈和爸爸们赶来了,说:"你们干了什么呀,空地上这么臭!打扫干净!赶快打扫!今天就打扫!"

大家吓得跳了起来,慌忙开始打扫。

那么,这次谁是第一呢?

得第一的是粪便最小的刺猬。

二、益智故事

1. 曹冲称象 ①

古时候,有个小孩叫曹冲。曹冲的父亲曹操是个大官,外国人送给他一只大象,他很想知道这只大象有多重,就叫他手下的官员想办法把大象称一称。这可是一件难事。大象是陆地上最大的动物。怎么称呢?那时候没有那么大的秤,人也没有那么大的力气把大象抬起来。官员们都围着大象发愁,谁也想不出称象的办法。

正在这个时候,跑出来一个小孩子,站到大人面前说:"我有办法,我有办法!"官员们一看,原来是曹操的小儿子曹冲,嘴里不说,心里在

---

① 人民教育出版社中学语文室. 听话和说话 [M]. 人民教育出版社,2004:04.

想："哼！大人都想不出办法来，一个五六岁的小孩子，会有什么办法！"可是千万别瞧不起小孩子，这小小的曹冲就是有办法。他想的办法，常常连大人一时也想不出来。他父亲就说："你有办法，快说出来让大家听听。"曹冲说："我称给你看，你们就明白了。"

他叫人牵了大象，跟着他到河边去。他的父亲，还有那些官员们都想看看他到底怎么个称法，一起跟着来到河边。河边正好有只空着的大船，曹冲说："把大象牵到船上去。"大象上了船，船就往下沉了一些。曹冲说："齐水面在船帮上划一道记号。"记号划好了以后，曹冲又叫人把大象牵上岸来。这时候大船空着，大船就往上浮起一些来。

大家看着，一会儿把大象牵上船，一会儿又把大象牵下船，心里想："这孩子在玩什么把戏呀？"接下来曹冲叫人挑了石块，装到大船上去，挑了一担又一担，大船又慢慢地往下沉了。"行了，行了！"曹冲看见船帮上的记号齐了水面，就叫人把石块又一担一担地挑下船来。

这时候，大家明白了：石头装上船和大象装上船，船都会下沉到同一记号上，可见，石头和大象是同样的重量；再把这些石块称一称，把所有石块的重量加起来，得到的总和不就是大象的重量了吗？大家都说，这办法看起来简单，可是要不是曹冲做给大家看，大人还真想不出来呢。曹冲真聪明！

2. 文彦博灌水取球

北宋有个著名的政治家叫文彦博，他小时候非常聪明，又特别肯动脑筋。

有一天，他和几个朋友在外面玩踢球，大伙儿你踢过来我踢过去，玩得可高兴了！踢了一会儿，有一个朋友使劲踢了一脚，哎呀⋯⋯⋯⋯这一脚用力也太大了！球飞得老远老远了，一下子飞到一棵老树后面了，大家赶紧跑过来找球。可是，他们围着这棵老树找呀找，绕了一圈又一圈，怎么找也找不到，小朋友们都觉得奇怪极了！明明这只球是朝这儿飞过来的呀！怎么一眨眼它就不见了呢？

大家正在纳闷，忽然，有一个小朋友叫了起来："快来看呀！这里有个树洞！"大家过去一看，原来球掉进了一棵大树的树洞里。小朋友趴在地上试着伸手进树洞取球，可是树洞太深，怎么也摸不到底。还有一个孩子拿来一根竹竿想把球从洞中赶出来，可是树洞又深又弯，怎么也取不出来。几个小伙伴都愁了起来，互相观望不知如何是好。有孩子跑去找来几个大人帮忙，大人们望着又黑又深的洞，试了几次也没了办法。

文彦博看着那黑漆漆的树洞想了一会儿，说："我有个办法，可以试一试！"随后他叫几个小朋友提来几桶水，把水一桶一桶往树洞里灌，不一会儿水就把树洞给灌满了。还真灵，皮球就忽忽悠悠地浮上来了！孩子们高兴得拍起手来，很容易地拿到了球。

大家都夸文彦博聪明，能想出这么好的办法。这样，小伙伴们就又一起开心地踢球了。

3. 徐文长的故事

徐渭字文长，浙江绍兴人，明代杰出的文学家、艺术家，在诗文、戏剧、书画等各方面都能颇有造诣，他的诗，袁中郎尊之为明代第一，他的戏剧，受到汤显祖的极力推崇，至于绘画，他更是我国艺术史上成就很高的人物之一。

徐文长从小就善于动脑筋思考，他聪明、机智，也充满了情趣。

徐文长的伯父很喜欢他，时常想些法子逗他玩，考他的思考能力。有一次，伯父领着徐文长来到一座贴着水面、桥身既窄又软的竹桥边，把两只水桶装满了水，对徐文长说："我想考考你，如果你能提着这两桶水过桥，我就送你一件礼物。"少年徐文长想了一下，就脱下鞋，用两根绳子把小桶系住，然后再把装满了水的木桶放到水里，就这样他提着两根绳子走过了木桥。

伯父还想用一个更难的题目把徐文长难倒。他说："既然你过了桥，礼物我当然要给你，但必须要按我的要求去取礼物。"说着，他就把那件礼物吊到一根长竿顶上，并且告诉徐文长："你既不能站在凳子之类的高地方去取，又不能把竹竿横下来。"

伯父想，这下徐文长就没有办法了。但徐文长摸了摸后脑勺，马上就想出了取礼物的方法。只见他拿着竹竿一直走到一口井边，然后把竹竿向井里放，当竹竿顶快到井口时，他就顺利地拿到了那件礼物。

伯父被聪明的徐文长惊呆了，不禁拍手称赞："真是聪明的徐文长啊！"

4. 郑人买鞋

郑国有一个人，眼看着自己脚上的鞋子从鞋帮到鞋底都已破旧，于是准备到集市上去买一双新的。

这个人去集市之前，在家先用一根小绳量好了自己脚的尺寸，却随手将小绳放在座位上，起身就出门了。

一路上，他紧走慢走，走了一二十里地才来到集市。集市上热闹极了，人群熙熙攘攘，各种各样的小商品摆满了柜台。这个郑国人径直走到鞋铺前，里面有各式各样的鞋子。郑国人让掌柜的拿了几双鞋，他左挑右选，最后选中了一双自己觉得满意的鞋子。他正准备掏出小绳，用事先量好的尺码来比一比新鞋的大小，忽然想起小绳被搁在家里忘记带来。于是他放下鞋子赶紧回家去。他急急忙忙地返回家中，拿了小绳又急急忙忙赶往集市。尽管他一路小跑，还是花了差不多两个时辰。等他到了集市，太阳快下山了，集市上的小贩都收了摊，大多数店铺已经关门。他来到鞋铺，鞋铺也打烊（yàng）了。他鞋没买成，低头瞧瞧自己脚上，原先那个鞋窟窿现在更大了，十分沮丧。

有几个人围过来，知道情况后问他："买鞋时为什么不用你的脚去穿一下，试试鞋的大小呢？"他回答说："那可不成，量的尺码才可靠，我的脚是不可靠的。我宁可相信尺码，也不相信自己的脚。"

这个人的脑瓜子真像榆木疙瘩一样死板。而那些不尊重客观实际、自以为是的人，不也像这个揣着鞋尺码去替自己买鞋的人一样愚蠢可笑吗？

5. 聪明的野鸭 ①

在一片树林边上有一条河，离河不远的地方住着一只野鸭。

有一天，野鸭又从河里捉了很多的鱼。他用柳树枝把捉的鱼穿成一串一串的，高高兴兴地朝家里走去。这时候，一只饿得瘦瘦的狐狸看见野鸭走过来，急忙躲到一棵大树后面。狐狸恨不得马上把野鸭吃掉，填饱肚子。他又想："不行！这野鸭一喊，别的动物一来就糟了。"突然，他想了一个主意，两只手捂着肚子喊道："唉哟，唉哟，我肚子疼死了。"野鸭听到喊声，跑过来一看是狐狸，就说："狐狸老弟，怎么啦？""唉哟，唉哟，我肚子疼啊！""前面就是我的家，先到我家休息会儿吧！"

狐狸心里暗暗地高兴，想："我先吃掉他捉的鱼，然后再吃野鸭。"

野鸭扶着狐狸进了屋，赶紧煮了一锅鱼汤，给狐狸盛了一碗。鲜美的热乎乎的鱼汤，狐狸眯起眼睛狼吞虎咽地吃了一碗又一碗。吃饱了，又美美地睡着了。一觉醒过来，已经是下午了。狐狸肚子又饿了，于是他喊道："野鸭，我肚子又饿了！既然你做了一次好事，那么好事就做到底吧，现在我想把你吃掉！"野鸭一听，心里骂道："你这个没有良心的坏东西！我救了你，你反而恩将仇报。我一定要想个办法，把这个坏蛋消灭掉！"想到这儿，野鸭说："狐狸老弟，如果你把我吃掉，那么以后谁跟你捉鱼呀！"狐狸一听："是啊，现在先不吃他，反正是嘴边的肉，想什么时候吃就什么时候吃。"想到这儿，他便喊："那你立刻给我捉鱼去，我肚子饿坏了。""好的。"

一会儿，野鸭空着手回来了。狐狸一看就急了，"怎么，鱼呢？"野鸭说："狐狸老弟，不好了，有一只跟你一样的狐狸把鱼给抢走了，而且还说从今以后不许再捉鱼，要不是我跑得快也被他吃掉了。""你这笨蛋！走，带我去看一看，还有比我厉害的，我倒要看一看他是谁。"

他们俩来到小河边，狐狸左右看看，什么也没有啊！这一下，狐狸更

---

① 赵晓燕编著. 中华成语故事 [M]. 北京大众文艺出版社，2010:03.

来气了，说："野鸭，你敢骗我，现在我就吃掉你。""唉，唉，别吃，别吃，你看，那个狐狸在水里正看着你呢！你不信，请你往河边走一走，朝水里看一看。"

狐狸走到河边，往水里一看，"唉，果然有一只和自己一模一样的狐狸在看着自己呢！"岸上的狐狸瞪眼，水里的狐狸也瞪眼，岸上的狐狸张嘴，水里的狐狸也张嘴。这下，可惹恼了岸上的狐狸。他想："我一定要把水里的狐狸吃掉。"于是，他使足了劲朝前一窜，向水里的狐狸扑去。水中冒起了一串一串气泡，岸上的狐狸再也没有上来。狐狸没吃到鱼，而鱼却吃掉了狐狸。

野鸭继续在这条河里欢快地游泳、捉鱼，日子过得非常愉快。

6. 包公审石头

从前有个小孩，爸爸死了，妈妈病了，日子可不好过了。小孩每天一早上起来，提着一篮油条，一边跑，一边嚷："卖油条啰，卖油条啰！又香又脆的油条，两个铜钱买一根。"有一天，他把油条全卖完了，坐在路边一块石头上，把篮子里的铜钱一个一个地数了一遍，正好一百个。他卖油条，把一双手弄得油乎乎的，用手数铜钱，把铜钱也弄得油乎乎的。他瞧着这些油乎乎亮闪闪的铜钱，可高兴了，心想："今天卖了一百个铜钱，可以给妈妈买药了。"

小孩跑了一个上午，可累坏了，他把头一歪，靠在石头上，就呼呼地睡着了，睡了好一会儿才醒来。"哎呀，我得赶快给妈妈买药去。"小孩站起来一看，糟了，篮子里的铜钱一个也没有了。小孩又着急，又伤心，呜呜地哭了起来。这时候，正好包公带了人马打这儿走过。包公是什么人呀？包公是个官，黑脸黑胡子，人家叫他"包老黑"，又叫他"黑包公"，他办事公道，又很聪明。包公看见小孩哭得很伤心，就问他："小孩，你为什么哭呀？""我卖油条得的钱不见了，呜——呜。""谁偷了你的钱？""不知道。我靠在这块石头上睡着了，醒来一看，钱就不见了。呜——呜。"

包公想了一想说："我知道了，一定是这块石头偷了你的钱，我来审问这块石头，叫它把钱还给你。"

人们听说包公要审问石头，觉得很奇怪，都跑来看热闹。包公对那块石头说："石头，石头，小孩的铜钱，是不是你偷的？"石头会说话吗？不会。包公又问了："石头，石头，小孩的铜钱，是不是你偷的？快说，快说！"石头还是一声不响，它不会说话呀。包公发火了："石头，石头，你不说实话，打烂你的头。"手下的人听包公这么一说，就拿起棍子，噼里啪啦地打起石头来，一边打，一边喊："快说，快说！" 看热闹的人哄地笑起来了，唧唧喳喳地说："石头怎么会偷钱？""石头怎么会说话？""人家都说包公聪明，原来是个糊涂蛋！" 包公听了很生气，就说："我在审问石头，你们怎么说我的坏话。哼，你们每个人都得罚一个铜钱！"包公叫手下的人借来一只盆子，倒上水，让看热闹的人往盆子里丢一个铜钱。看热闹的人没办法，只好排着队每人往盆子里丢一个铜钱，"扑通，扑通，扑通……"有一个人刚把铜钱丢进盆子里去，就被包公叫手下的人抓住了。包公指着这个人说："你是小偷，你偷了小孩卖油条得来铜钱时！"大家都觉得很奇怪，这是怎么回事呀？包公说："你们瞧，只有他丢下的铜钱，水面上浮起了一层油，他的铜钱一定是趁小孩睡觉的时候偷来的。" 那个小偷没办法，只好把一百个铜钱还给小孩。

大家都说，包公真聪明。

7. 山羊救狼之后

一只狼不小心掉进了猎人设的陷阱里。他爬了半天也爬不出来，就拼命叫："救命啊！救命啊！"

这时候，有只山羊路过这里，听见了喊声。山羊朝陷阱里面望了望，发现是只狼，就想走开。

狼连忙喊："喂喂喂，别走啊。求求你救救我吧，我家里的孩子还等着我回去照顾呢。"

山羊摇摇头："不行，我救你上来，你会吃掉我的。"

狼赶紧发誓说："我发誓，你救我上去，我绝不伤害你。你救了我，就是我的大恩人，我怎么还会伤害你呢？"

山羊看见狼那么可怜，还发了誓，就相信他了。山羊去找了根绳子把狼拉了上来。

狼上来后对山羊说："好心的山羊，我现在肚子饿了。你救人救到底，让我吃了你吧。"

山羊大吃一惊，说："你不是发誓不吃我了吗？"

狼说："是啊，但是我不吃你的话，我同样会饿死。你既然救我上来，就要救到底。"说完狼朝山羊扑过去。

这时候一只兔子路过，山羊赶紧找兔子评理。兔子看看陷阱说："你们都没有说清楚，除非能亲眼看见山羊是怎样把狼拉上来的，我才好评理。"

狼果真跳进陷阱里面大声喊救命，山羊刚想拉他上来，兔子赶紧拦住他："跟这种东西还讲什么道理，让猎人来收拾他吧。"说完兔子拉着山羊走了。

狼这才知道上了当，可是再没有人来救他了。

8. 猴子用常识判案

狮子王爱吃奶豆腐，大厨奶牛每天晚上都要提前给狮子王准备一盘子，以备狮子王早餐时享用。

一天早上，狮子王醒来，走进餐厅，坐在餐桌旁一看，盘子里空空如也。狮子王勃然大怒，责问奶牛："今天为什么不准备奶豆腐，是昨晚睡懒觉没做？还是早上丢魂忘了？"

奶牛委屈地说："大王的命令，我从来不敢怠慢。按照惯例，昨晚已经给您预备了，天没亮就送进餐厅，放在餐桌上，没准被哪个馋嘴的家伙偷吃了？"

狮子王的一日三餐，不但关系到它的营养保健，而且要特别注意食品

安全。饮食安全无小事，马虎不得，大意不得，必须一查到底，查个水落石出。狮子王立即传唤猴子，命令猴子负责调查，迅速破案。猴子奉命将正在值班的鹦鹉、黄狗、黑猫、狐狸叫来，当场讯问。

鹦鹉说："我吃不了既干又硬的东西，也不爱吃奶豆腐。我在客厅值班，我不知道谁偷吃了奶豆腐。"

黄狗说："我在大门口值班，寸步未离，没进餐厅。况且，我最近节食减肥，不吃零食。"

黑猫说："我昨晚一直忙于逮老鼠，收获不小，吃得饱饱的，我没吃奶豆腐。"

狐狸说："众所周知，我喜欢吃鸡肉，比较挑食，不喜欢吃别的东西。我一直在大王卧室门口值班，边值班边做鸡毛掸子，忙个不停，什么都没吃。"

狮子王追问："你们都说自己没偷吃，都不承认自己有罪，难道奶豆腐长翅膀飞了不成？"

猴子眼珠子转了三转，灵机一动，计上心来。猴子说："举报有功，包庇有罪；如果合伙偷盗，拒不承认，一旦查清落实，罪加一等。我假设你们都是无辜的，那么，你们能否谈谈自己的看法？帮我分析分析案情，谁涉嫌偷盗？"

鹦鹉、黄狗和黑猫一脸无辜，它们摇摇头，不言不语。看大家都不说话，狐狸自作聪明地说："奶豆腐是誉满天下的美食，众所周知，猫类最喜欢奶豆腐的味道，馋嘴猫或者其同类同伙的嫌疑最大。"

黑猫眼看狐狸给自己和猫类泼脏水，怒火中烧，扑上去咬狐狸，狐狸吓得转圈子跑，边跑边咆哮。

狮子王喝令它们保持肃静，不得咆哮公堂，请猴子继续讯问。

猴子突然想到一个常识，狗的嗅觉最灵敏，不妨现场利用一下黄狗的特长。想好主意，猴子要求鹦鹉、黑猫、狐狸逐个张开嘴，让黄狗挨个闻闻它们三个的口气。

黄狗闻过鹦鹉、黑猫、狐狸的口气，笑呵呵地努努嘴，冲着狐狸给猴子递眼色。猴子心领神会，喝令狐狸老实交代，争取宽大处理。

狐狸闻言，故作镇静且装作冤屈地申辩道："黄狗与我有过节，故意诬陷我，它怀疑我涉嫌偷吃，谁又能证明黄狗没有偷吃？从昨晚到现在，我们几个都在发案现场，都有作案时间与作案机会，它可以奉命检查我们，但它没资格自证清白！"

猴子哈哈一笑道："狗的嗅觉超级好，这是常识！狗忠诚老实，尽职尽责，从来不说谎，这也是常识！还有，吃什么饭，必然拉什么屎！这更是常识！你不服气？那好，为了彰显公平正义，为了不冤枉你，不偏袒黄狗，给大王一个清清楚楚的交代，给大家一个明明白白的说法，我现在就将你与黄狗同时关禁闭一天，最后，请别的狗来检验你们两个的粪便，你说行不行？"

听罢猴子言说，黄狗很高兴，主动要求关自己禁闭，配合检验。狐狸做贼心虚，自知事情已经败露，狡辩无用，只好低头认罪，承认是自己偷吃了奶豆腐，并向黑猫和黄狗赔礼道歉，积极争取宽大处理。

9. 我的幸运日 [①]

一天，一只饥饿的狐狸正准备出门找午餐。在他修爪子的时候，忽然门外传来了一阵敲门声。

"嗨，小兔子！"有人在门外喊："你在家吗？"

兔子？狐狸想，如果这儿有什么兔子的话，我早就把他当午餐了。

狐狸打开门——门外站着一只小肥猪。

"哎呀，我找错门了！"小猪尖叫起来。

"啊，没错，"狐狸喊着，"你找的正是地方！"他一把夹住小猪，使劲地把他拖了进来。

---

① 庆子·凯萨兹编，吴小红译．我的幸运一天 [M]．江苏少年儿童出版社，2007:09.

"这真是我的幸运日！"狐狸大声叫道，"什么时候午餐竟然自己送上门来了！"

小猪一边挣扎一边尖叫："放开我！让我走！"

"对不起，小子，"狐狸说，"这可不是一般的午餐呐，这是一顿烤猪肉——我的美味大餐！现在，就请你到烤箱里去吧！"

挣扎也没有用了。"好吧，"小猪叹了口气，"听你的安排吧。可是，我有一件事情要说。""可是什么？"狐狸吼道。

"嗯，你知道，我是一只猪，而猪是非常脏的。难道你就不想给我洗洗澡吗？想一想吧，狐狸先生。"

"嗯，"狐狸自言自语道，"他是很脏。"

于是，狐狸开始忙起来了：捡树枝，生火，拎水。

然后，他给小猪洗了个澡。

"你真是个令人害怕的家伙。"小猪说。

狐狸说："现在你是全村最干净的小猪了。给我安静地待着！"

"好吧，"小猪叹了口气，"听你的安排吧，可是……"

"可是什么？"狐狸吼道。

"嗯，你知道，我是一只非常小的猪。难道你就不想喂饱我，让自己吃得更过瘾一点吗？想一想吧，狐狸先生。"

"嗯，"狐狸自言自语道，"他确实小了点。"

于是，狐狸开始忙起来了：摘西红柿，做通心粉，烤小甜饼。然后，他给小猪吃了一顿丰盛的午餐。

"你真是个令人害怕的厨师！"小猪说。

"好了，"狐狸说，"你现在是全村最肥的小猪了。给我进烤箱吧！"

"好吧，"小猪叹了口气，"听你的安排，可是……"

"可是，可是，可是什么？"狐狸叫道。

"嗯，你知道，我是一只勤劳的猪，所以我的肉特别硬。难道你就没有想过给我按摩一下，让自己吃上更嫩一点的烤肉吗？想一想吧，狐狸先生。"

"嗯，"狐狸自言自语道，"肉嫩一点当然更合我的口味啦！"

于是，狐狸又开始忙起来，他先推推这儿，又拉拉那儿，把小猪从头到尾捏了又捏。

"这真是令人害怕的按摩。"小猪说。

"不过，"小猪接着说，"这些日子我确实工作得很辛苦，我的背都僵硬了。你能再用点力气吗，狐狸先生？再多用一点点力气就好了。哦，可以了，可以了。现在请往左边用点力气。

"狐狸先生，你在哪儿？"

可是，狐狸先生再也听不见了——他累昏过去了。连抬抬手指头的力气都没有了，更别说烤猪肉啦！

"可怜的狐狸先生，"小猪叹了口气，"他忙了整整一天！"

然后，村里最干净、最肥、最嫩的小猪，拿着剩下来的小甜饼飞快地跑回家去。

"多么舒服的澡！多么丰盛的午餐！多么惬意的按摩！"小猪叫起来，"这真是我最幸运的一天！"

10. 瘪嘴老虎①

在美丽的森林里，住着许许多多的小动物们。有一天，突然来了一只大老虎，它长着尖尖的牙齿，锋利的爪子，它还要吃小动物呢。小动物们都非常害怕。

小猴伸着舌头说："嗬，比柱子还粗的树，大老虎只要用它的尖牙一啃，咔嚓就断，真吓人哪！"

小兔子说："大老虎嚼起铁杆来，就跟吃面条一样……"说着说着它就害怕地缩起了脑袋。

———————————

① 人民教育出版社中学语文室. 幼儿文学作品选读 [M]. 人民教育出版社，2004:05.

可小狐狸却说："你们都怕大老虎的牙齿，我就不怕！我还要把它的牙齿全部拔掉呢！"

哈哈哈，嘻嘻嘻，谁会相信小狐狸的话呢？

"吹牛！吹牛！"小猴和小兔都在笑话小狐狸。

"不信，你们就瞧着吧！"小狐狸拍拍胸脯走了。

嗬，狐狸真的去找大老虎了，他带了一大包礼物："啊，尊敬的大王，听说你吃肉吃腻了，换些新鲜的，瞧，我给你带来了世界上最好吃的东西——糖。"

糖是什么？老虎从来没尝过。他接过一粒奶油糖就往嘴里塞，啊，哈，好吃极了！于是老虎就命令狐狸以后每天都要送来一包糖。

第二天，小狐狸又送去了糖，第三天，第四天，第五天……老虎吃了一包又一包的糖，连睡觉的时候，嘴里还含着糖呢。

这时，大老虎的好朋友狮子来劝他说："哎哟哟，糖吃得太多，又不刷牙，牙齿会坏掉的。狐狸最狡猾，你可别上他的当呀。"

"嗯。"大老虎答应着，他正要刷牙，狐狸来了："啊，你把牙齿上的糖全刷掉了，多可惜呀。"

"可是听狮子说，糖吃多了会坏牙的。"

"哎呀，别人的牙怕糖，你大老虎的牙这么厉害，铁条都能咬断，还会怕糖！"

"对，对，狐狸说的对！我以后不刷牙了，我要天天吃糖，我的牙不怕糖！"

就这样，老虎每天都要吃很多的糖，而且从来不刷牙，终于有一天，大老虎哇哇大叫，"我的牙好痛啊，谁来帮帮我啊，啊啊噢，痛死了！"

老虎来到医院，他对马大夫说："快，快把我的痛牙拔掉吧。"嗬，马大夫怎么敢拔大老虎的牙呢，吓得连门也不敢开。

老虎又去找牛大夫，牛大夫赶快逃跑了："我……我……我可不敢拔你的牙……"

哎呀，老虎的脸肿起来了。痛得他直叫："哎哟，哎哟，疼死我啦！谁把我的牙拔掉我让他做大王！"

这时候，狐狸穿了白大褂来了，笑眯眯地说，"我来给你拔牙吧！"

"谢谢，谢谢。"老虎捂着嘴巴说。

狐狸一看老虎的嘴巴就叫了起来："唉哟哟，不得了啦，你的牙全得拔掉！"

"啊？"老虎歪着嘴，一边哼哼，一边说："唉，只要不痛，拔……就拔吧……"嗨哟，嗨哟，狐狸拔了拔，拔了一颗又一颗……最后，狐狸把老虎的牙全都拔完了。

哈哈，哈哈……这只没有了牙齿的大老虎成了瘪嘴老虎啦！他还用漏风的声音，对狐狸说："还是你最好，送给我糖吃，谢谢，谢谢！"

老虎的牙齿都拔掉了，它再也不能吃小动物们了。小动物们也不再害怕老虎了，它们在美丽的森林里快乐地生活着。

三、历史故事

1. 秦桧的"恶臭"和"美食"

南宋奸臣秦桧以"莫须有"的罪名害死岳飞，为历代百姓所痛恨。位于杭州的岳坟有以铁铸成的秦桧夫妇跪像，不断地被人咒骂、踢打、吐口水。

关于秦桧夫妇铁像，有一个很"臭"的传说。话说有个姓秦的浙江巡抚，上任后见秦桧夫妇的跪像受辱，感到"愧姓秦"而面目无光，想将铁像搬走。为免激起民愤，他命人在夜间偷偷地把铁像扔进西湖。不料，第二天湖水忽然发出恶臭，同时，岳飞坟前的奸像又不翼而飞。百姓就纷纷要求官府调查。不久，铁像竟然从湖底浮起。百姓将铁像捞起，放回岳飞坟前，湖水又马上不臭了。百姓都认为是秦桧太臭，以致弄污了西湖。姓秦的巡

抚看到这种情况，也无可奈何。

历代的百姓并没有因为铸了秦桧的跪像而觉得出了气。相传他们把面粉制成秦桧夫妇的模样，然后并在一起放在油里炸，名为"油炸桧"。今天，在中国，"油炸桧"被称为"油条"，或直截了当地称其为"油炸鬼"，好像把秦桧夫妇当作恶鬼一样。

2. 发愤学书法

柳公权是我国古代的大书法家。

柳公权小时候字写得不好，常常受到老师和父亲的批评。他虚心听取他们的教诲，经过一年的勤学苦练，写的字进步很大，受到老师的表扬。表扬的次数多了，柳公权也觉得自己很了不起了。有一天，柳公权和几个小伙伴举行写大楷比赛。他很快地写好了一篇，满以为稳拿冠军，脸上露出得意洋洋的神色。这时，一个卖豆腐的老人看到他写的几个字"会写飞凤家，敢在人前夸"，觉得这孩子太骄傲了，便皱皱眉头，说："这字写得并不好，好像我的豆腐一样，软塌塌的，没筋没骨，还值得在人前夸吗？"小公权一听，很不高兴地说："有本事，你写几个字让我看看。"

老人爽朗地笑了笑，说："不敢，不敢，我是一个粗人，写不好字。可是，人家有人用脚都写得比你好得多呢！不信，你到华京城看看去吧。"

第二天，小公权起了个五更，独自去了华京城。一进华京城，他就看见一棵大槐树下围了许多人。他挤进人群，只见一个没双臂的黑瘦老头赤着双脚，坐在地上，左脚压纸，右脚夹笔，正在挥洒自如地写对联，笔下的字迹似群马奔腾、龙飞凤舞，博得围观的人们阵阵喝彩，写出的字比自己不知要好多少倍。他冷静下来想想，觉得自己那么一点成绩真算不得什么。

小公权"扑通"一声跪在那位无臂老人面前，诚恳地说："我愿意拜您为师，请您告诉我写字的秘诀……"老人慌忙用脚拉起小公权说："我是个孤苦的人，生来没手，只得靠脚巧混生活，怎么能为人师表呢？"小公权苦苦哀求，老人才在地上铺了一张纸，用右脚写了几个字：

"写尽八缸水，砚染涝池黑；博取百家长，始得龙凤飞。"

老人解释说："这就是我写字的秘诀。我用脚写字，已经练了50多个年头。我磨墨练字用完八大缸水，每天写完字就在半亩大的池塘里洗砚，池水都染黑了。可是天外有天，山外有山，我的字还差得远呢！"

柳公权把老人的话牢记在心，从此发奋练字。他搜集了许多古代书法家的字，反复琢磨，吸取各家的长处；经常登门拜访当时的书法名家，向他们虚心求教；手上磨起了厚厚的茧子，衣肘补了一层又一层经过苦练，柳公权终于成为我国著名的书法家。

3. 悬梁刺股

东汉时候，有个人名叫孙敬，是著名的政治家。

他年轻时勤奋好学，经常关起门独自一人不停地读书，常常是废寝忘食。时间久了，疲倦得直打瞌睡。他怕瞌睡影响自己学习，就想出了一个特别的办法。他找来一根绳子，一头牢牢地绑在房梁上，另一头系在头发上。当他打盹时，头一低，绳子就会牵住头发，把头皮扯得很疼，他也马上就清醒了，再继续读书学习。从此，每天晚上读书时，他都用这种办法，这就是孙敬"悬梁"的故事。

经过年复一年地刻苦学习，孙敬饱读诗书，博学多才，成为一名通晓古今的大学问家。

战国时期，有一个人名叫苏秦，也是出名的政治家。在年轻时，由于学问不多不深，曾到好多地方做事，都不受重视。回家后，家人对他也很冷淡，瞧不起他。这对他的刺激很大。所以，他下定决心，发奋读书。他常常读书到深夜，很疲倦，常打盹，直想睡觉。他也想出了一个方法，就是准备一把锥子，一打瞌睡，就用锥子往自己的大腿上刺一下，使自己猛然间感到疼痛，清醒起来，再坚持读书。这就是苏秦"刺股"的故事。就这样，苏秦后来身佩六国的相印，成为显赫天下的名人。

古代中国很重视读书，于是就有了孙敬的头悬梁、苏秦的锥刺骨。

4. 孔子少年时期的故事

孔子，姓孔，名丘，字仲尼，是我国春秋时期著名的思想家、教育家、政治家，也是我国儒家学说的创始人。他之所以能成为弟子三千、名扬四海的圣人，是和他小时候的刻苦勤奋分不开的，也正所谓是"天才来自勤奋"。

史书说，孔子的母亲在他刚刚三岁的时候，就教他读书识字，到四岁的时候，他已会念百余字了。

有一天，他的妈妈说："昨天我教你的字会背了吗？"

孔丘说："都记住了。"

妈妈说："那好，明天一早我考考你。"

孔丘和哥哥在一起睡觉。这天晚上，他钻进被窝后对哥哥说："哥哥，妈妈教给你的字都记住了吗？"

哥哥道："都记住了。你呢？"

孔丘说："我已经练了多遍，也许都记住了，可又没有把握，明天一早娘要考我，若有不会的，娘一定非常伤心和难过。不行，我一定要起来再多练几遍。"

哥哥被他这种刻苦学习、孝顺母亲的精神所感动，心疼地说："天气凉了，别起来练了，就在我的肚子上写吧。我能觉出对错，也好对你写的做个检查！"

于是，小孔丘就在哥哥的胸口上写了起来。每写一字，就念出声来。可这声音越来越轻，当他写完最后一个字的时候，声音也听不到了。哥哥验完他的最后一个字，望着他甜中带笑的睡容，既心疼又爱怜地笑了。

第二天一早，在母亲考核时，他一遍通过。母亲惊喜地说："这孩子真神了，前天教了他那么多字，只过了一天，就背得如此滚瓜烂熟，将来准能干大事啊！"

孔丘望着母亲欣喜的面容，高兴地笑了。然而在这微笑中，却伴着两行泪水。

站在旁边的哥哥，深深地理解他，知道在他超人的天资背后，更多的则是锲而不舍的精神和刻苦勤奋的汗水。

5. 孟母教子

战国的时候，有一个很伟大的大学问家孟子。

孟子小时候非常调皮，他妈妈为了让他受好的教育，花了好多的心血呢！

有一次，他们住在墓地旁边。孟子就和邻居的小孩一起学着大人跪拜、哭嚎的样子，玩起办理丧事的游戏。孟子的妈妈看到了，就皱起眉头：不行！我不能让我的孩子住在这里了！

孟子的妈妈就带着孟子搬到市集旁边去住。到了市集，孟子又和邻居的小孩，学起商人做生意的样子。一会儿鞠躬欢迎客人，一会儿招待客人，一会儿和客人讨价还价，表演得像极了！孟子的妈妈知道了，又皱皱眉头：这个地方也不适合我的孩子居住！

于是，他们又搬家了。这一次，他们搬到了学校附近。孟子开始变得守秩序、懂礼貌、喜欢读书。这个时候，孟子的妈妈很满意地点着头说：这才是我儿子应该住的地方呀！

后来，大家就用"孟母三迁"来表示人应该要接近好的人、事、物，才能学习到好的习惯！

6. 磨杵成针

唐朝著名大诗人李白小时候不喜欢念书，常常逃学，到街上去闲逛。

一天，李白又没有去上学，在街上东溜溜、西看看，不知不觉到了城外。暖和的阳光，欢快的小鸟，随风摇摆的花草使李白感叹不已："这么好的天气，如果整天在屋里读书多没意思！"

他走着走着，在一个破茅屋门口，看到一个满头白发的老婆婆正在磨一根棍子般粗的铁杵。李白走过去问："老婆婆，您在做什么？"

"我要把这根铁杵磨成一个绣花针。"老婆婆抬起头，对李白笑了笑，接着又低下头继续磨着。

"绣花针？"李白又问，"是缝衣服用的绣花针吗？"

"当然！"

"可是，铁杵这么粗，什么时候能磨成细细的绣花针呢？"

老婆婆反问李白："滴水可以穿石，愚公可以移山，铁杵为什么不能磨成绣花针呢？"

"可是，您的年纪这么大了！"

"只要我下的功夫比别人深，没有做不到的事情。"

老婆婆的一番话，令李白很惭愧，于是回去之后，再没有逃过学，每天都用心学习，终于成为唐代大诗人。

"磨杵成针"比喻只要有恒心，再难的事也能做成。

7. 凿壁偷光 [①]

西汉时候，有个农民的孩子叫匡衡。他小时候很想读书，可是因为家里穷，没钱上学。后来，他跟一个亲戚学认字，才有了看书的能力。

匡衡买不起书，只好借书来读。那个时候，书是非常贵重的，有书的人不肯轻易借给别人。匡衡就在农忙的时节，给有钱的人家打短工，不要工钱，只求人家借书给他看。

过了几年，匡衡长大了，成了家里的主要劳动力。他一天到晚在地里干活，只有中午歇晌的时候，才有工夫看一点书，所以一卷书常常要十天半月才能够读完。匡衡很着急，心里想：白天种庄稼，没有时间看书，我可以多利用一些晚上的时间来看书。可是匡衡家里很穷，买不起点灯的油，怎么办呢？

有一天晚上，匡衡躺在床上背白天读过的书。背着背着，突然看到东

---

① 赵晓燕编著. 中华成语故事 [M]. 北京大众文艺出版社，2010:03.

边的墙壁上透过来一丝亮光。他马上站起来，走到墙壁边一看，啊！原来从壁缝里透过来的是邻居的灯光。于是，匡衡想了一个办法：他拿了一把小刀，把墙缝挖大了一些。这样，透过来的光亮也大了，他就凑着透进来的灯光，读起书来。

匡衡就是这样刻苦地学习，后来成了一个很有学问的人。

8. 岳母刺字

八百多年以前，河南省汤阴县岳家庄的一户农民家里，生了一个小男孩。

他的父母想：给孩子起个什么名字好呢？就在这时，一群大雁从天空飞过，父母高兴地说："好，就叫岳飞。愿吾儿像这群大雁，飞得又高又远。"这名字就定下来了。

岳飞出生不久，黄河决口，滚滚的黄河水把岳家冲得一贫如洗，生活十分艰难。岳飞虽然从小家境贫寒，食不果腹，但他受母亲的严教，性格倔强，为人耿直。

一次，岳飞有几个结拜兄弟，因为没有饭吃，要去拦路抢劫，他们来约岳飞。岳飞想到母亲平时的教导，没有答应，并且劝他们说："拦路抢劫，谋财害命的事儿，万万不能干！"众兄弟再三劝说，岳飞也没动心。岳母从外面回来，岳飞一五一十地把情况告诉了母亲，母亲高兴地说："孩子，你做得对，人穷志不穷，咱不能做那些伤天害理的事！"

岳飞十五六岁时，北方的金人南侵，宋朝当权者腐败无能，节节败退，国家处在生死存亡的关头。一天，岳母把岳飞叫到跟前，说："现在国难当头，你有什么打算？"

"到前线杀敌，精忠报国！"

岳母听了儿子的回答，十分满意，"精忠报国"正是母亲对儿子的希望。她决定把这四个字刺在儿子的背上，让他永远记着这一誓言。岳飞解开上衣，请母亲下针。岳母问："你怕痛吗？"岳飞说："小小钢针算不了什么，

如果连针都怕，怎么去前线打仗！"岳母先在岳飞背上写了字，然后用绣花针刺了起来。刺完之后，岳母又涂上醋墨。从此，"精忠报国"四个字就永不褪色地留在了岳飞的后背上。

后来，岳飞以"精忠报国"为座右铭，奔赴前线，英勇杀敌，立下赫赫战功，成为一名抗金名将。

9. 少年天才白居易

唐朝有个写诗很多的少年天才——白居易。

白居易五六岁便开始作诗，九岁时对诗的声韵就非常熟悉了。白居易的母亲是一位慈爱、严格又有文化的妇女，也是白居易的启蒙教师。

不论白天还是黑夜，她总是拿着诗书教导儿子，不过，孩子毕竟是孩子，也有偷懒的时候。这时，母亲不去打骂他，而是讲道理，督促他把漏下的学习任务一点一点补上。

就这样，白居易渐渐养成了勤奋学习的好习惯。

有一次，他拿着自己的几首新作，来到在当时很有名望的诗人顾况府前，顾况漫不经心地瞟了一下名帖，等他一翻开，眼神就像被磁石吸住了，禁不住吟诵起来："'野火烧不尽，春风吹又生。'好哇，好！能写出这样诗句的人，想在任何地方住下去，都不是难事！快请进！快请进！"

看到写诗的人竟然是一位少年，顾况就高兴地与他谈起作诗来，不知不觉的就谈到了天黑！这一年白居易才16岁。

从此这个会写诗的少年天才的名字，一下子在长安城传开了。

白居易写的诗，生动流畅，连没有什么文化的老婆婆都能明白。可是谁能想到，他哪里是什么"天才"，他学写诗花了多大的心血啊。

成名后，白居易对自己的要求更严格了。他还是一天天不停地读了写写了读……白居易给后世留下了3000多首诗歌，成为唐代写诗最多的诗人之一。

10. 编蒲抄书

西汉时，河北巨鹿有个叫路温舒的人。

他少年时就非常热爱学习，可家里十分贫穷，父亲没钱送他去读书，他只能靠替人放羊才能勉强填饱肚子，维持生计。失去学习的机会，路温舒虽然很难受，可并没有放弃学习。他没钱买书，就向别人借，可是这样很不方便。他常常想，如果我能一边放羊，一边读书，那该多好啊！

有一天，他赶着羊群来到一个池塘边，看见一丛丛又宽又长的蒲草，灵机一动：这蒲草这么宽，不正像抄书用的竹木简吗？这样的书，不仅不用钱，而且重量也比用竹木简做的书轻得多，放羊时还可以带着阅读。

于是，他采了一大捆蒲草背回家，切成和竹木简同样长短，编连起来。然后向人家借了书，抄写在加工过的蒲草上，做成一册一册的书。有了蒲草书，路温舒就不愁没有书读了。他每次去放羊，身边都带着这种书，一边放羊一边读书。他用这种办法抄了不少书，从中获得了很多知识。后来，路温舒靠自学成了一个有学问的人，并做了朝廷的大官。

四、品德故事

1. 小鼹鼠上学 ①

小鼹鼠太矮了。

这不能怪他，他的爸爸妈妈也都很矮。

再说，矮也不是什么罪过，正如高也不是什么罪过一样。

小鼹鼠去读书了。不用说，他是班上最矮的一个。他很胆小，就坐在教室的最后一排了。他的前面有小羊、小鹿、小松鼠等。

---

① 武玉桂编 .365 幼儿睡前故事 [M]. 吉林美术出版社，2005:08.

上课铃声响了。大家坐在位子上，班长小松鼠看见山羊老师进来了，就叫了一声："起立！"全体同学都站立起来，向老师致敬。山羊老师环视教室，发现了后面的小鼹鼠，他便说："后面的那位同学为什么不站起来？"

大家哄笑起来。小鼹鼠其实是站在那儿的，但因为太矮了，老师误以为他坐在那儿。

山羊老师也笑了，笑自己太糊涂了。

第一堂课结束了。下课铃一响，同学们都围着小鼹鼠，取笑他："小矮子，快站起来！""小矮子，为什么老坐着？"小鼹鼠很难为情，就悄悄地哭了起来。

第二堂课又开始了。

山羊老师请小鼹鼠坐在最前面的一排，他向小鼹鼠鞠了一躬说："真对不起，小鼹鼠，我错怪你了，我不是有意的。听说有同学取笑你了？"山羊老师环视了整个教室，接着说："是我没有把事情搞清楚。我想，他们取笑的不是小鼹鼠，而是我。我也请你们原谅我的过失，我想他们不会再嘲笑你了。"

下课铃又响了。这次，再没有一个同学嘲笑小鼹鼠了。

2. 贾人渡河

现代人看来，"商"和"贾"的语意无大差别，都是贸易的意思但在古时候，"商"和"贾"在经营方式上却有所不同，所谓行卖为"商"坐卖为"贾"。从一个地方进货，到另一个固定的地方卖出，用这种方式做生意的人叫贾人。

有个贾人，在河南办了一批货，取水路运回。船在河中顺风行驶，忽然浓云密布，狂风骤起，大雨倾盆，河水陡涨。贾人走出船舱查看货物，一股大浪袭向船头，把贾人拍落水中。贾人在水中挣扎呼喊："救命呀！"

一个渔夫听到喊声，急急忙忙把船摇过来救人。贾人看到渔夫，大声喊道："快来救我，我给你一百两白银。"

渔夫把贾人救起来，送进船舱，贾人换好了衣服，拿出十两银子送给渔夫，说："拿去吧，这十两银子够你辛苦半年了。"

渔夫不接银子，看着贾人说："刚才你在水中许诺说给一百两银子，而不是十两。"

贾人满脸不高兴地说："你这人也太不知足了，你一天打鱼能挣几文钱？现在一下子捞了十两银子，不少了。"

渔夫说："事是这么回事，理却不是这个理。你刚才不许诺给一百两银子，我也会救你一命，但你既然说给一百两，我希望你不要失信。"

贾人摇摇头，踱进船舱，不再理会渔夫，渔夫长长叹口气，回到渔船。

一年后，贾人又办了批货，碰巧在河中与渔夫相遇。两个人都想起了去年那次不愉快的分手。贾人说："我给了你十两银子，你为什么不用来当本钱，做点小生意，何苦风里雨里挣这份辛苦钱？"

渔夫来不及答话，贾人的船触上礁石，船舱进水，船渐渐下沉。贾人急得团团转，大声对渔夫说："快来救我，这次我给你三百两银子，保证不失信。"

渔夫摇橹从贾人旁边划过去，回头不紧不慢地说："喊信得过你的人来救命吧，我不要你的银子，可也不救你这种无信无义人的命。"

很快，贾人随着沉船在滔滔河水中消失了。

3. 曾子杀猪

曾子是春秋时期道德修养很高的人，他是孔子的得意弟子。他教育后代守信的故事，被人们传为千古美谈。

有一天早晨，曾子的妻子要去集市上买东西，正在家门口玩耍的儿子看见了，非要跟妈妈一块儿去不可。孩子还很小，集市离家又远，带着他很不方便。因此曾子的妻子对儿子说："你在家等着，我去买东西，一会儿就回来。你不是爱吃酱汁烧的蹄子猪肠炖的汤吗？我回来杀了猪以后就

给你做。"这话倒也灵验，她的儿子一听，立即安静下来，乖乖地望着妈妈一个人远去，心里想着妈妈回来以后一定会给他做好吃的。

不久以后，曾子的妻子从集市上回来了，还没跨进家门她就听见院子里有捉猪的声音。她进门一看，原来是曾子正准备杀猪给儿子做好吃的。她急忙上前拦住丈夫，说道："家里只养了这几头猪，都是过年过节的时候才杀的。你怎么拿我哄孩子的话当真呢？"小朋友们，你们说猪杀不杀呢？

4. 程门立雪

"程门立雪"这个故事，说的是宋代学者杨时和游酢拜师求教的事。杨时和游酢原先以程颢为师，程颢去世后，他们都已四十多岁，而且已经考上了进士，然而他们还要去找程颐继续求学。故事就发生在他们初次到嵩阳书院，登门拜见程颐的那天。

两人到了程颐家的小院外面要拜见程颐，院里的童子听见，连忙开门出来，对他们摆手说："先生正在午睡呢。"他们向童子说明来意，童子请他们到书房等一等。他们怕惊醒了老师，于是谢了童子，然后恭恭敬敬地站在门外等候。

那时正值隆冬季节，阴沉的天忽然下起了鹅毛大雪。没多久，两人的脸上和身上就积了厚厚的一层雪，远远望去，就像两个雪人，可他们谁也没有要离开的意思。等程颐午睡醒来，童子端来热茶，说有两个学生来访，见先生午睡不敢打扰，现在还在门外等候。程颐很惊讶，忙让童子请他们进来。程颐被这两个人的求学精神和尊敬师长的品德深深打动，从此更加尽心尽力地教他们。终于，杨时学到了老师的全部学问。后来，杨时回到南方传播程氏理学，并且形成独家学派，世称"龟山先生"。

后人便用"程门立雪"这个典故，来赞扬那些诚恳求教、尊师重道的学子。这种刻苦求学的精神和尊师重道的品德，直到今天也是值得我们学习的。

5. 黄香温席 [①]

《三字经》有"香九龄，能温席"的记载，讲的是我国古代"黄香温席"的故事。

黄香小时候，家中生活很艰苦。在他 9 岁时，母亲就去世了，黄香非常悲伤。他本就非常孝敬父母， 在母亲生病期间，小黄香一直不离左右，守护在妈妈的病床前。母亲去世后，他对父亲更加关心、照顾， 尽量让父亲少操心。 冬夜里，天气特别寒冷。那时，农户家里又没有任何取暖的设备，确实很难入睡。一天，黄香晚上读书时，感到特别冷，捧着书卷的手一会儿就冰凉冰凉的了。他想，这么冷的天气，爸爸一定很冷，他老人家白天干了一天的活，晚上还不能好好地睡觉。想到这里，小黄香心里很不安。为让父亲少挨冷受冻，他读完书便悄悄走进父亲的房里，给他铺好被，然后脱了衣服，钻进父亲的被窝里，用自己的体温，温暖了冰冷的被窝之后，才招呼父亲睡下。

黄香用自己的孝敬之心，暖了父亲的心。街坊邻居人人夸奖黄香。 夏天到了，黄香家低矮的房子显得格外闷热，而且蚊蝇很多。到了晚上，大家都在院里乘凉，尽管每人都不停地摇着手中的蒲扇，可仍不觉得凉快，入夜了，大家也都困了，准备睡觉去了，这时，大家才发现小黄香一直没有在这里。"香儿，香儿。"父亲忙提高嗓门喊他，"爸爸，我在这儿呢。"说着，黄香从父亲的房中走出来，满头的汗，手里还拿着一把大蒲扇。"你干什么呢，怪热的天气，"爸爸心疼地说。"屋里太热，蚊子又多，我用扇子使劲一扇，蚊虫就跑了，屋子也显得凉快些，您好睡觉。"黄香说。爸爸紧紧地搂住黄香说："我的好孩子，可你自己却出了一身汗呀！" 以后，黄香为了让父亲休息好，晚饭后，总是拿着扇子，把蚊蝇扇跑，还要扇凉父亲睡觉的床和枕头， 使劳累了一天的父亲，早些入睡。

9 岁的小黄香就是这样孝敬父亲的，人称能温席的黄香，天下无双。

---

① 蔡振生主编. 中华传统美德故事 [M]. 山东人民出版社，2008:01.

他长大以后，人们说："能孝敬父母的人，也一定懂得爱百姓，爱自己的国家。"事情正是这样，黄香后来做了地方官，果然不负众望，为当地老百姓做了不少好事，他孝敬父母的故事，也千古流传。

6. 小鹿和猴子

从前，有一头小鹿和一只猴子交上了朋友。

有一天，猴子对小鹿说："每当我们吃东西的时候，总有人来追赶我们，而且要打死我们。"

"当然啰！"小鹿回答说，"因为我们一惯偷吃人们的庄稼。"

猴子问："有什么办法能使我们不必每天提心掉胆地担心被人杀死吗？"

"那我们必须亲自耕种，自食其力。"小鹿回答说，"我们可以种自己爱吃的东西，假如我们采摘的是自己种的果实，那就不会受到人们的恐吓、追逐和打杀。"

"好，那我们就努力耕种吧！我们种什么东西好呢？"

"刚开始，种香蕉比较好。"小鹿回答说，"香蕉既容易种，也容易管理。"

"好，咱们干吧。"猴子说，"不过我有个建议，最好咱俩一起种、一起收，收到的东西平分以后一块儿吃。"

"那当然。"小鹿点头答应了。于是他们开始动手各自种了一棵。

猴子种的香蕉树，长得既不茂盛，又不开花结果，而且最后枯死了。因为每当长出鲜嫩的幼芽，猴子就爬上去把它吃个精光。然而小鹿栽的那棵香蕉树却长得很茂盛，并且开始开花结果了。

几个月以后，小鹿种的香蕉成熟了。为了准备收香蕉，小鹿还编织了一只篓。因为小鹿不会爬树，只好去请猴子帮忙，请他把香蕉摘下来，摘下以后好平分。

猴子欣然答应了，随即接过小鹿交给他装香蕉的篓儿。

猴子爬上树，看到那些熟透了的香蕉，顿时起了坏念头。他把那些成熟的香蕉摘一个吃一个，把香蕉皮扔进篓里，当他把树上的香蕉吃光以后，爬下树来，一边把装着香蕉皮的篓儿交给小鹿，一边说：

"刚才我在树上就把香蕉分成两份了，我的一份，我在树上已经吃了，剩下的这些都是你的。"

小鹿接过篓儿一瞧，里面装的尽是些香蕉皮，非常生气。可是除了自认倒霉，又有什么办法呢？他后悔和狡猾的猴子交上了朋友。

7. 拥有一颗感恩的心 [1]

狮子在丛林中迷了路，正当它徘徊于迷途的时候，一根长刺扎进了它的爪子。不久，爪子化脓，狮子瘸了，十分痛苦。它一瘸一拐地游荡了很久之后，遇到了一个牧人。它摆动着尾巴，走上前去，把那只爪子伸了出来。牧人被吓昏了，急忙牵来他的羊想哄住狮子。可是这只狮子并不需要食物，而是想要治疗它的伤痛。因此，它把爪子放到牧人的膝盖上。牧人见到那个化脓的伤口，便从口袋里掏出一把锋利的刀，切开脓肿的地方，取出了棘刺。狮子解除了疼痛，感激地舔舔牧人的手，然后跟他待了一会儿，直到爪子感觉完全好了，才起身走了。

过了些时候，狮子被捕住并被送往竞技场。在那里犯人常被扔进竞技场与猛兽搏斗，供人取乐。正巧那时，那个牧人被冤枉，判处了死刑。

狮子刚被放进竞技场，牧人也被送了进来。狮子狂怒地扑向它的猎物。忽然，狮子认出了这位曾经救过它的牧人。于是，它就跑到他的面前，舔起他的手来。

这时，牧人也认出这就是很久以前他在森林中帮助过的那只狮子。这时，竞技场里又放进来两只狮子。可是牧人的狮子朋友拒绝离开他，并且轰走了另外两只狮子。牧人被要求当众讲了这件怪事的原因。前来观看的人们都要求赦免牧人，并且恢复狮子的自由。就这样，狮子返回了森林，牧人也返回了家园。

---

① 周弘著.101 个当场打动子女的激励故事 [M]. 京华出版社，2004:10.

8. 森林邮递员——小兔子可可的故事

从前，有一个名叫阳光的大森林，那里春天百花齐放，阳光明媚，夏天绿树成荫，鲜花盛开，秋天鲜果飘香，秋高气爽，冬天白雪一片，气候温和，还有许多小动物住在这里。

森林里有一个邮局，是小兔子可可开的，她天天背着个邮包，从森林的这一头跑到那一头，从那一头跑到这一头。她穿着粉红色的连衣裙，头上戴着个大红色的蝴蝶结，传递着小动物们的友情。森林里的小动物都喜欢她，称她为"森林邮递员"。

一天早晨，可可背上了邮包，向森林商店走去，今天的第一封信是给小松鼠露西的，可是当可可走进她的店里时，店里空无一人，可可想："露西不在店里，那肯定就在家里喽！"于是她向露西家走去。

终于到了露西家，可可按了按门铃，没人开门，突然，可可听见有人在喊："哎哟！哎哟！"声音是从露西家的后花园传来的，可可马上向那里跑去。

原来，露西去给花浇水时，不小心从楼梯上跌了下去，站都站不起来了。

可可马上背起了露西，向森林医院跑去。经过检查，露西被摔成了骨折，要休息两个月，暂时不能管理商店了，于是可可对露西说：

"露西，你不要担心，商店由我来管理吧！"

"那你的邮局怎么办呢？"露西问

"没关系，我可以一起做，先送信再来管理一下商店。"

"哦，谢谢你，你真乐于助人！"露西为自己有这样一个朋友感到骄傲。

"不用谢，这是我应该做的。"小兔子有礼貌地回答，"我会常常来看你的。"

从那以后，森林里的小动物们更加喜欢"森林邮递员"——小兔子可可了。

9. 小松鼠回家

从前，有一片大森林，那里住着一只小松鼠。小松鼠家周围有很多邻居，但它一个也不喜欢——小猴子上蹿下跳太调皮了；小兔子只会在地上跳，不会上树；小鸟叽叽喳喳太吵了……小松鼠一个朋友也没有，只好自己玩。

有一天，小松鼠在一个离家很远的地方玩。一不小心，从一棵高高的树上摔了下来，把腿磕破回不了家了。它又疼又伤心，坐在地上"呜呜"地大哭起来。

突然，小松鼠听到一个声音在说："你怎么了？有什么要我帮助的吗？"

小松鼠惊讶地东张西望，但没发现一个人。小松鼠好奇地问："你是谁？在哪儿？"

那个声音又说："看你旁边的石头下面。"

小松鼠推开了那块石头，发现下面有一只黑色的小蚂蚁正看着它。

小松鼠失望地说："你？算了吧。我要回家，你能抬得动我吗？"

小蚂蚁自信地说："你放心吧，我一定有办法送你回家的！"

还没等小松鼠反应过来，小蚂蚁就一溜烟地跑了。

不一会儿，小蚂蚁又出现了。它站在小松鼠面前大声问："你家住在哪里？"话音刚落，小松鼠就觉得自己在动。它往身下一看，成千上万只蚂蚁正抬着它走呢。

蚂蚁们按小松鼠指的方向把它送回了家。小松鼠突然明白了"人多力量大"的道理。它下决心以后多去看望小猴子和小兔子，多跟小鸟说说话，和它们成为好朋友。

10. 人不可貌相

春天来了，种子发芽了，长出了幼苗。春风轻轻地吹拂着幼苗，太阳暖暖地照耀着幼苗，幼苗长大了，长成一棵绿油油的小青菜。

一天，一位穿着漂亮连衣裙的姑娘，在空中飞舞着。她见到小青菜，可高兴啦，在小青菜跟前又是唱歌，又是跳舞。

小青菜呢？也打心底里喜欢这位漂亮的长翅膀的姑娘。

姑娘吻着小青菜，弄得小青菜挺不好意思的。

穿连衣裙的姑娘飞走了，小青菜一直想念着她。

没多久，小青菜觉得身上痒痒的。仔细一看，咦，在姑娘吻过的地方，有许多绿色的小虫子！

小虫子咬着菜叶，小青菜疼得直流眼泪。

小虫子吃着，吃着，越变越大，胃口也越来越大。菜叶被咬得全是小洞洞，看上去像渔网似的！

就在这时候，来了一个一蹦一跳怪物。

这怪物长着四条腿，三角脑袋，大眼睛，浑身长着鸡皮疙瘩，真难看。

它来到小青菜跟前，用大眼睛看了看，说道："小青菜，你生病了，我来给你治治。"

小青菜一看这怪物长得挺丑，连忙说："去，去，去。我不要你看病。我一看见你满身的鸡皮疙瘩，就感到讨厌！"

怪物并没有走开。它一动不动，眼睛死死盯着菜叶上的绿色小虫。

猛地，怪物跳了起来，用长长的舌头闪电般地把绿色小虫卷进了阔嘴巴！它跳一次，就吃掉一条虫子。没多久，就把小青菜身上的虫子全吃光了。小青菜身上不疼也不痒了。

怪物一蹦一跳，走开了，走远了。

后来，小青菜向农民伯伯一打听，这才明白："原来，那穿连衣裙的姑娘叫菜粉蝶，她是害虫，在青菜叶上产卵，孵出了小虫——菜青虫。那浑身长鸡皮疙瘩的怪物，叫癞蛤蟆，它是青蛙的堂兄弟，一位勤劳的捕虫健将。

从那以后，小青菜明白了这样的道理：对于任何事物，不能只看外貌哪！

11. 蚂蚁和蟋蟀

在炎热的夏天，蚂蚁们仍是辛勤地工作着，他们每天一大早便起床，一个劲儿地工作。

蟋蟀呢？天天"叽哩叽哩、叽叽、叽叽"地唱着歌，游手好闲，养尊处优地过日子。

每一个地方都有吃的东西，满山遍野正是花朵盛开的时候，真是个快乐的夏天啊！

蟋蟀对蚂蚁的辛勤工作感到非常奇怪。"喂！喂！蚂蚁先生，为什么要那么努力工作呢？偶尔稍微休息一下，像我这样唱唱歌不是很好吗？"

可是，蚂蚁仍然继续工作着，一点也不休息地说："在夏天里积存食物，才能度过寒冷的冬天啊！""我们实在没有多余的时间唱歌、玩耍！"

蟋蟀听蚂蚁这么说，就不再理蚂蚁。"啊！真是笨蛋，干吗老想那么久以后的事呢！"

快乐的夏天结束了，秋天也过去了，冬天终于来了，北风呼呼地吹着，天空中下着绵绵的雪花。

蟋蟀消瘦得不成样子，到处都是雪，一点食物都找不到。

"我若像蚂蚁先生，在夏天里贮存食物该多好啊！"蟋蟀眼看就要倒下来似的，蹒跚地走在雪地上。

一直劳动着的蚂蚁，冬天来了也不在乎。因为他们在夏天积存了好多食物，并且修建了温暖的住所。

当蟋蟀找到蚂蚁的家时，蚂蚁们正快乐地吃着东西呢！

"蚂蚁先生，请给我点东西好吗？我饿得快要死了！"

蚂蚁们吓了一跳。"咦！你不是在夏天里见过面的蟋蟀先生吗？你在夏天里一直唱着歌，我们还以为你到了冬天会是在跳舞呢！来吧！吃点东西，等恢复健康，再唱快乐的歌给我们听好吗？"

面对着善良亲切的蚂蚁们，蟋蟀忍不住留下欣喜的眼泪。

12. 想吃苹果的鼠小弟 [①]

鼠小弟家门口有一棵又高又大的苹果树，秋天到了，麦子成熟了，鼠小弟家门口的苹果树也结出了又大又红的苹果。

鼠小弟好想吃哦，口水都流出来了。

---

① （日）中江嘉男著，赵静，文纪子译. 想吃苹果的鼠小弟 [M]. 南海出版公司，2014:07.

飞来一只小鸟，叼走了一个苹果！要是我也有翅膀……

跑来一只猴子，摘走了一个苹果！要是我也会爬树……

走来一头大象，摘走了一个苹果！要是我也有长长的鼻子……

来了一只长颈鹿，摘走了一个苹果！要是我也有长长的脖子……

来了一只袋鼠，它用力一跳，摘走了一个苹果！要是我也能跳那么高……

来了一头犀牛，它用力撞了一下树，一个苹果落下来，犀牛拿走了一个苹果！

要是我的力气也那么大……

慢吞吞地爬过来一头海狮，它看见伤心的鼠小弟，就问："鼠小弟，你怎么了？我能帮你的忙吗？" 鼠小弟回答道："我想吃树上的苹果，却拿不到。""我能帮你。"小海狮说。

"你会飞吗？""不会。""你会爬树吗？""不会。""你有长长的鼻子吗？""没有。""你有长长的脖子吗？""没有。""你能像袋鼠一样跳得那么高吗？""不能。""你的力气大得能撞下苹果吗？""不行。"

"那你怎么帮我呢？"

"我有一个本领……"

小海狮说到这儿，就用顶球的绝活把鼠小弟抛到树上。

终于，鼠小弟也拿到苹果了。他一摘就摘了两个，一个给了海狮，另一个给了自己。它俩都高高兴兴地回家了。

五、民间故事

1. 嫦娥奔月

远古的时候，天上有十个太阳，晒得大地冒烟，海水干枯，老百姓苦得活不下去。

有个叫后羿的英雄力大无比，他用宝弓神箭，射下九个太阳。最后那个太阳一看大事不妙，连忙认罪求饶，后羿才息怒收弓，命令这个太阳今后按时起落，好好为老百姓造福。

后羿的妻子名叫嫦娥，美丽贤惠，心地善良，大家都非常喜欢她。

一个老道人十分钦佩后羿的神力和为人，赠他一包长生不老药，吃了可以升天，长生不老。后羿舍不得心爱的妻子和乡亲，不愿自己一人升天，就把长生不老药交给嫦娥收藏起来。

后羿有个徒弟叫蓬蒙，是个奸诈小人，一心想偷吃后羿的长生不老药，好自己升天成仙。

这一年的八月十五，后羿带着徒弟们出门打猎去了。天近傍晚，找借口未去打猎的蓬蒙闯进嫦娥的住所，威逼嫦娥交出可以升天的长生不老药。

嫦娥迫不得已，仓促间把药全部吞下肚里。马上，她便身轻如燕，飘出窗口，直上云霄。由于嫦娥深爱自己的丈夫，最后她就在离地球最近的月亮上停了下来。

听到消息，后羿心如刀绞，拼命朝月亮追去。可是，他进月亮也进，他退月亮也退，永远也追不上。后羿思念嫦娥，派人到嫦娥喜爱的后花园里，摆上香案，放上她平时最爱吃的蜜食鲜果，遥祭在月宫里眷恋着自己的嫦娥。

百姓们听说嫦娥奔月成仙的消息后，纷纷在月下摆设香案，向善良的嫦娥祈求吉祥平安。从此，中秋节拜月的风俗在民间传开了。

2. "年"兽的传说

相传中国古时候有一种叫"年"的怪兽，它的头上长着角，非常凶猛。平时"年"躲在海底下，每到除夕才爬上岸，吞食牲畜、伤害人命。因此，每到除夕这天，人们都扶老携幼逃往深山，以躲避"年"兽的伤害。

有一次，老百姓知道年兽要来了，都带着牲口进山里躲避。这时候，来了一位白胡子爷爷，一位老婆婆劝白胡子爷爷快躲一躲。白胡子爷爷说，

我住在这里，不会怕年兽的，只会是年兽怕我。

老婆婆和村里的人都躲到大山里去了，白胡子老爷爷留在了老婆婆家里。晚上，年兽闯进村子，第一个就到了老婆婆家。它看到老婆婆的门口贴着红纸，身体抖了起来，年兽气得怪叫一声，朝院子里冲过去。正在这时候，院子里响起了"噼噼啪啪"的声音，还有火光，年兽抖得更厉害了。原来年兽最怕红色、响声和火光。

年兽刚进院子，屋子的门开了，白胡子爷爷穿着红衣服从屋子里走出来，朝着年兽哈哈大笑。年兽一看，吓得转身就逃。白胡子爷爷去追年兽，一直追到大海边。年兽躲到海里，再也不敢出来了。

第二天，老婆婆和村子里的人回来一看，家家户户的门口都贴着红纸，院子里都堆着一边燃烧一边啪啪响的竹子。

从那以后，大家知道了赶走年兽的好办法。除夕快到的时候，都会在门口贴上红对联。红福字，在窗子上贴上红窗花，还会放起"噼噼啪啪"响的爆竹、烟花。初一一大早，还要走亲串友道喜问好。这风俗越传越广，成了中国民间最隆重的传统节日春节。

3. 燧人钻木取火

远古时代，一到晚上就是一片黑暗，人们都是生活在饥寒交迫的环境里。

相传天山有一个神叫伏羲，他看到了人间发生的一切后，想出了一个办法。一天，突然黑云密布，山林间下起了大雨。电闪雷鸣，雷电使树木燃烧起来，但当时的人们并不知道这是什么，吓得到处乱跑。待雨停了后，夜晚也来到了，天渐渐暗下来，只有燃烧着的树木的周围是光明的、温暖的。

人们感觉甚是舒服。远方飘来了阵阵香味，跟着香味寻过去，原来是一只被雷电击死后被火烧熟的野兽。人们分着把野兽吃了。人们感到了火的可贵，他们捡来树枝，点燃火，把火种保存下来。每天都有人轮流守着火种，不让它熄灭。可是有一天，值守的人睡着了，火燃尽了树枝，熄灭了。人们又重新陷入了黑暗和寒冷之中，痛苦极了。

伏羲在天上看到了这一切，他来到一位年轻人的梦里，告诉他："在遥远的西方有个遂明国，那里有火种，你可以去那里把火种取回来。"年轻人醒了，想起梦里大神说的话，决心到遂明国去寻找火种。

年轻人翻过高山，涉过大河，穿过森林，历尽艰辛，终于来到了遂明国。可是这里没有阳光，不分昼夜，四处一片黑暗，根本没有火。年轻人非常失望，就坐在一棵叫"遂木"的大树下休息。突然，年轻人眼前有亮光一闪，又一闪，把周围照得很明亮。年轻人立刻站起来，四处寻找光源。这时候他发现就在遂木树上，有几只大鸟正在用短而硬的喙啄树上的虫子。只要它们一啄，树上就闪出明亮的火花。年轻人看到这种情景，脑子里灵光一闪。他立刻折了一些遂木的树枝，用小树枝去钻大树枝，树枝上果然闪出火光，可是却着不起火来。年轻人没灰心，他找来各种树枝，耐心地用不同的树枝进行摩擦。终于，树枝上冒烟了，然后出火了。年轻人高兴地流下了眼泪。

年轻人回到了家乡，为人们带来了永远不会熄灭的火种——钻木取火的办法，从此人们再也不用生活在寒冷和黑暗中了，也开始吃熟的食物。人们被这个年轻人的勇气和智慧折服，推举他做首领，并称他为"燧人"，也就是取火者的意思。

4. 端午节的来历（最适合端午节前一周讲）

农历五月初五，俗称端午节，是华人夏季最盛大的传统节日，和春节、中秋并列为华人传统三大节日。

端午节起源的说法有好几种，其中以纪念两千多年前愤投汨罗江的中国大诗人屈原一说最广为流传。

屈原是楚怀王时的大臣，楚怀王非常器重他。但这样引起了其他大臣们的嫉妒，他们诽谤屈原，离间楚王和屈原之间的关系。后来楚王逐渐疏远屈原，甚至将屈原放逐。

屈原在流放途中，接连听到楚怀王客死秦国和楚国都城郢都被秦国攻破的消息后，万念俱灰，仰天长叹一声，投入了滚滚的汨罗江。

屈原死后，楚国的百姓非常悲痛，纷纷来到汨罗江边。他们撑起船只，在江上奋力打捞屈原的尸体。人们还把粽子、鸡蛋等食物，往江里面丢，希望喂饱鱼虾，不让它们去咬屈大夫的身体。

还有人拿了一坛雄黄酒倒进江里，希望药晕江里的蛟龙。据说，当时水面上浮起了一条昏晕的蛟龙，龙须上还沾着一片屈大夫的衣襟。人们就把这恶龙拉上岸，抽了筋，把龙筋缠在孩子们的手和脖子上，又用雄黄酒抹小孩的七窍，使那些毒蛇害虫都不敢来伤害这些小孩子。

因为怕饭团为蛟龙所食，人们想出用苇叶包饭，外缠彩丝，后来发展成粽子。

因为屈原投江的那天是五月初五，以后，在每年的这一天，就有了龙舟竞渡、吃粽子、喝雄黄酒的风俗，以此来纪念爱国诗人屈原。

5. 龙的传说

很久以前，龙与蛇是同父异母的两兄弟。蛇为大哥，龙为小弟。虽然是两兄弟，但性格却不同。蛇不求上进，龙则勤奋好学。

一天，他们的父亲对龙和蛇说："你们长大了，该学本领了！跟我到草地里，学怎么用腹部蠕动，还有打猎。"蛇和龙都十分欢喜地跟爸爸去学本领。到了草地，爸爸示范了一下。只见爸爸的鳞片忽然间猛一下收缩，然后很灵活地窜到五米远的地方。"看到了吧！孩子们。"爸爸问。"看到了！很奇妙，爸爸。"蛇和龙异口同声地说。接下来，是蛇和龙的练习。蛇全身的鳞片抖一抖，然后急速收缩，也很灵活地窜到几米远的地方。"好！"看到蛇精彩的表演，爸爸情不自禁地喊。另一边，龙也在刻苦的练习。可是，怎么也不如蛇好，蛇得意扬扬对龙说："笨蛋，你怎么学也学不会的，别白费功夫了。"爸爸也对龙说："有你这样的儿子，我感到羞耻。"但龙一点也没有丧气，继续刻苦练习。

从此，每当万物休息，启明星来临之前，龙就偷偷到草地上练习。就这样，一日复一日，一年复一年。整整过了两年，龙终于练好了。这时，龙去向爸爸道别，爸爸不解。龙说："我知道'蜜蜂光在一朵花上采蜜是不够的'，所以我要出去拜师学艺，去学新的本领。""但是，这儿需要你。"爸爸说。"不，蛇哥哥可以代替我。"

龙说完，转身出了门。龙第一个遇到的师父是鹿。"您好，鹿。"龙做个辑，主动向鹿打招呼。"你好，龙。有什么事吗？"鹿问。"冒昧向您求学，行吗？"龙谦虚地说。鹿很奇怪："学什么？难道我有家传秘籍？""是的，我就想学您用角来搏斗的本领。"龙天真地说。鹿更加奇怪了："你没有角，你拿什么来跟我学？""所以，我更加希望您能给我一对角。"龙变得更谦虚了。"这本来是不行的，但看在你这么诚心的份上，就批准了！"鹿说。"太好了！太好了！……"龙高兴得快要跳起来。

于是龙拥有了一对美丽漂亮的角，还可以跟鹿学习，龙感觉到它是这个世界上最幸福的人。用角搏斗的技巧主要是靠速度快，还需要强大的力量。龙的速度够快了，可是力量怎么也不够强大。龙有着惊人的毅力，他是永远不服输的。半夜三更，龙又开始练力了。经过一番努力，龙取得了优秀的成绩，被鹿批准出师了。

后来，龙向骆驼学习耐渴的本领，骆驼赠送给它驼头。向兔子学习视觉，兔子赠送给它兔眼。向牛学听力，牛赠送给它牛耳。向鱼要来鱼鳞。向老鹰学打猎，老鹰送给它鹰爪。向老虎学跑步，老虎赠送给它虎掌。向神仙学翻江倒海、腾云驾雾、呼风唤雨。

最后，龙学完了本领，回到故乡去，娶了美丽的凤凰做妻子，过上了幸福的生活。

6. 湘妃竹的传说

相传尧舜时代，湖南九嶷山上有九条恶龙，住在九座岩洞里，经常到湘江来戏水玩乐，以致洪水暴涨，庄稼被冲毁，房屋被冲塌，老百姓叫苦不迭，怨声载道。舜帝关心百姓的疾苦，他得知恶龙祸害百姓的消息，饭吃不好，觉睡不安，一心想要到南方去帮助百姓除害解难，惩治恶龙。

舜帝走了，舜帝的两个妃子娥皇和女英在家等待着他征服恶龙凯旋的喜讯，日夜为他祈祷，盼望他早日胜利归来。可是，一年又一年过去了，舜帝依然杳无音信，她们很担心。于是，娥皇和女英跋山涉水，到南方湘江去寻找丈夫。

翻了一山又一山，过了一条河又一条河，她们终于来到了九嶷山，找遍了九嶷山的每个山村，踏遍了九嶷山的每条小径，在一个名叫三峰石的地方，她们惊异地发现了一座珍珠垒成的高大坟墓，便问附近的乡亲。乡亲们含着眼泪告诉她们："这便是舜帝的坟墓，他老人家从遥远的北方来到这里，帮助我们斩除了九条恶龙，人民过上了安乐的生活，可是他却流尽了汗水，淌干了心血，受苦受累病死在这里了。"

原来，舜帝病逝之后，湘江的父老乡亲们为了感激舜帝的厚恩，特地为他修了这座坟墓。九嶷山上的一群仙鹤也为之感动了，它们地到南海衔来一颗颗灿烂夺目的珍珠，撒在舜帝的坟墓上，便成了这座珍珠坟墓。

娥皇和女英得知实情后，难过极了，二人抱头痛哭起来。她们悲痛万分，一直哭了九天九夜，把眼睛哭肿了，嗓子哭哑了，眼睛流干了。最后，哭出血泪来，死在了舜帝坟墓的旁边。

娥皇和女英的眼泪，洒在了九嶷山的竹子上，竹竿上便呈现出点点泪斑，有紫色的，有雪白的，还有血红血红的，这便是"湘妃竹"。竹子上有的像印有指纹，传说是二妃抹眼泪时印上的；有的竹子上有鲜红鲜红的血斑，传说是两位妃子眼中流出来的血泪染成的。

7. 炎帝的故事

炎帝是一位慈爱仁厚的大神，他教给人类如何播种和收获五谷，用自己的辛勤劳动来换取生活所需要的一切。

那时候，人类共同劳动、互相帮助，既没有主人，也没有奴隶，人们收获的果实大家平均分配，感情亲如手足。

为了能让人类过上更加幸福的日子，炎帝又让太阳发射出足够的光和热，使五谷更加茁壮的生长，使人们生活在灿烂温暖的光明中。从此，人类再也不愁衣食，人们非常感谢炎帝，便尊称他为"神农"。

炎帝是农业之神，同时又是医药之神。炎帝有一根神鞭，他用这根鞭子来抽打各种各样的药草。药草经过神鞭的抽打后，有毒无毒、或寒或热的各种药性就很明显地呈现出来。于是，他就根据这些药草的不同药性来治病救人。为了更加确定药性，他还亲自去品尝百草。为了尝药，他曾在一天里中毒过 70 多次。一次，他尝了一种有剧毒的断肠草，竟然被毒断了肠子。

炎帝看到人类虽然丰衣足食了，但在生活上还是有许多不便，于是又让人们设立了贸易市场，把彼此需要的东西拿到市场上来交换。在市场上，可用五谷换兽皮，或用珍珠交换石斧等。有了这种交换，人们的财富就更加丰富起来了。

那时没有钟表，也没有其他记录时间的方法，凭什么来确定交换的时间呢？人们又不能放下手中的活儿，整天地守在市场上。于是，炎帝又教给人们一个方法：当太阳照在人们头顶上的时候，就到市场上去进行交易，过了这段时间，大家便自动离去，也就散市了。在当时，这种方法感觉又简便、又准确。

在他的教育下，他的后代也为人类做出了许多贡献。如他的重孙殳制作了射箭用的箭靶；鼓和廷又制作出了一种叫"钟"的乐器，后来，他们两人又经过努力，创作了许多歌曲，使音乐在人间得到广泛流行。

8. 盘古开天地的神话

在很久很久以前，地球上天地还没有形成，完全是混沌状态，分不清上下左右，也辨不出东西南北，整个世界就像一个中间有核的圆球。人类的祖先盘古便在圆球的核心中孕育而成。

盘古经过了一万八千年的孕育才有了知觉。当他有了知觉的那一刻，便迫不及待地睁开了眼睛。可是周围一片黑暗，他什么都看不见。急切间，

他拔下自己的一颗牙齿，把它变成威力巨大的神斧，抡起来用力向周围劈砍。

圆球破裂了，沉浮成两部分：一部分轻而清，一部分重而浊。轻而清者不断上升，变成了天；重而浊者不断下降，变成了地。盘古就这样头顶天脚踏地地屹立于天地之间。

盘古在天地间不断长大，他的头在天为神，他的脚在地为圣。天每日升高一丈，地每日增厚一丈，盘古每日生长一丈。如此一日九变，又经过了一万八千年，天变得极高，地变得极厚，盘古的身体也变得极长。盘古就这样与天地共存了一百八十万年。

盘古想用自己的身体创造出一个充满生机的世界，于是他微笑着倒了下去，把自己的身体奉献给大地。在他倒下去的刹那间，他的左眼飞上天空变成了太阳，给大地带来光明和希望；他的右眼飞上天空变成了月亮，两眼中的液体撒向天空，变成夜里的万点繁星；他的汗珠变成了地面的湖泊，他的血液变成了奔腾的江河，他的毛发变成了草原和森林；他呼出的气体变成了清风和云雾；发出的声音变成了雷鸣。

盘古倒下时，他的头化作了东岳泰山（在山东），他的脚化作了西岳华山（在陕西），他的左臂化作了南岳衡山（在湖南），他的右臂化作了北岳恒山（在山西），他的腹部化作了中岳嵩山（在河南）。从此人世间有了阳光雨露，大地上有了江河湖海，万物滋生，人类开始繁衍。

| 第十章 |
幼儿常用英语短句精选

本章内容导读

　　本章精选了50个幼儿常用英语短句，通过每个句型中括号内词的变化可以组织出无数个类似的句子，可以在幼儿园教学中运用一至三年。同时，教师或家长还可以在这些句型的基础上变换其中的词，拓展出一系列的句子。坚持每月学习一个句型，每周学习一个句子。只让幼儿口头读诵，要求幼儿每天在幼儿园和家中尽量用所学英语会话，不要求幼儿书写和死记硬背，并不断复习。在课堂上（家中）有意无意地提出当天学习的英语句型，让幼儿在不经意的情况下就学会英语会话。读音发音不准的教育者可在教幼儿英语活动前先在网站（百度等翻译网站）上学准所选语句的发音，朗读熟练后再教授幼儿。

北京市第一幼儿园与共和国同龄，是北京市一级一类幼儿园，1972年开始接收外国驻华使馆人员的子女入托，在长期的教育实践和研究中，形成了"双语整合"教育模式的办园特色。各类游戏活动为幼儿创设了一个想说、敢说、有机会说的双语环境，成为北京市幼儿园双语教育实践和探索的一面旗帜。在这里不同国籍的幼儿都能流利地用汉语交流，也能用其本国的语言，有的还是老师与家长之间汉语与外语的小翻译。这说明幼儿掌握两种语言是完全可能的。

但是不是幼儿越小越有利于学习第二种语言呢？多数专家认为幼儿刚学习说话时一边学习母语一边学第二语言容易使其语言混乱，两种语言打混，因为这时幼儿还不能将母语和第二语言分开。综合多位专家学者的研究，三岁以上的幼儿在心理、生理和语言认知能力上都有学习第二语言的可能和相对优势。因此，在幼儿园的中班以上班级里根据幼儿特点有计划、有目的地开设英语学习活动将有助于培养幼儿学习英语的兴趣，为以后学习英语打下基础。我们建议幼儿园组织幼儿学习英语时应坚持以下原则：

（一）以培养幼儿学习英语的兴趣为前提

从幼儿学习的现象看，幼儿学习就是一种兴趣行为。汉语是我们的母语，当幼儿初次接触英语时是会非常兴奋、非常感兴趣的。当幼儿对英语有了兴趣就会有主动参与学习的欲望和冲动，就会产生好奇心。因此，我们要利用好幼儿的这个特点，通过日常生活常用、往复出现等办法教幼儿接触、学习英语，以激发、提高、培养、保持幼儿对英语的兴趣。这与北京一幼的外国幼儿学习汉语是一样的，有了兴趣学习起来就快多了。

（二）建立相应的语言环境

环境育人是多个著名的教育理念所主张的，语言学习更是如此。我国幼儿平常生活在汉语语言环境中，学习英语要有英语的相对环境才好。因此，在英语学习时间里我们要有目的地创设相应的语言环境。如教师用英语，尽量不说汉语，利用课室内的电视、投影、广播等配合英语教学。让幼儿置身于英语的环境中，且定期、定时坚持不懈，形成习惯。让幼儿习惯性的、自然而然地学习英语、学会简单的英语对话。

（三）让幼儿在生活中学、在玩中学、在游戏中学、在学中玩

"语言活动游戏化，游戏活动交际化"这是北京一幼的特色，幼儿天性爱游戏、爱活动，要利用好这些特性让幼儿学英语。每天进入和离开幼儿园时让幼儿用所学的英语会话，同时请家长配合。比如当幼儿学习了英语的早上问好时，每天幼儿起床时让幼儿用英语向父母问好，同时父母也要配合默契，用英语回复幼儿。这不但复习了所学英语，还会增加幼儿对英语的兴趣和学习的积极性。要在生活中学，在生活中用，活学活用。

在农村幼儿园教幼儿学习英语时也要注意几点：每次学习内容不能多；不要让幼儿写，更不可要求幼儿死记硬背所学英语及单词（目前我国中小学校通用的英语教学法就是先学、记单词）；每天在规定的时间学习英语；开始坚持复习前面所学内容，再学习新内容；以短句子会话为主；以一个月为时间单位，反复强化，使之螺旋上进；不要只教学单个的单词（目前幼儿园多数都是按中小学的教学单个英语单词的办法教学英语），中小学生学习单个英语单词都觉得枯燥无味，何况幼儿呢。应当从教学短句子开始，幼儿园也只学习短句子。

在幼儿园教学英语时还要利用幼儿爱活动的特性，把英语内容融入幼儿的日常生活、融入各种游戏与活动中，或活动本身就是英语活动（这要学习了一定数量的英语内容后才可行）。让幼儿在玩中学、在学中玩是幼儿学习英语最理想的学习方法。

根据以上三原则，我们精选编制了以下英语短句子，幼儿园可在每周选择一两个句子，并在此基础上改换其中的主要单词拓展开来，变化出若干句式相同、内容相似的句子来。

1. 老师（爸爸、妈妈、爷爷、奶奶、外公、外婆）！早上（晚上）好！
英语：Teacher (Daddy, Mammy, Grandpa, Grandma)! Good morning

(evening)!

2. 老师（爸爸、妈妈、爷爷、奶奶、外公、外婆、小朋友）！再见！

英语：Teacher (Daddy, Mammy, Grandpa, Grandma, Friends)! Good Bye!

3. 我吃过午餐（早、晚）餐了。

英语：I have eat lunch (breakfast, dinner).

4. 我想吃午餐（早、晚、桔子、苹果、冰激凌）了。

英语：I want to eat lunch (breakfast, dinner, orange, apple, ice-cream).

5. 认识（见到、看到）你很高兴（幸运）！

英语：Nice to meet (see) you!

6. 与你（他、小猫、狗）玩很开心。

英语：Play with you (him/her, cats, dogs) is happy.

7. 欢迎你（他、小明、小红、叔叔、）到我家来。

英语：Welcome to my home!（此句无宾语，对所有对象都通用）

8. 你（他、哥哥、姐姐）是对（不对）的。

英语：You (He/She, brother, sister) are(is) right.

9. 你（爸爸、妈妈、爷爷、奶奶）好吗？

英语：How are(is) you (your: Daddy, Mammy, Grandpa, Grandma)？

10 你（他）在做什么？

英语： What are(is) you(he/she) doing？

11. 我（他）刚（昨天）到这里。

英语：I(He/She) arrived here today(yesterday).

12. 我（他）没有听到你说什么。

英语：I(He/She) didn't hear you.

13. 我（你、他）必须走了。

英语：I(You, He/She) must go now.

14. 这（那个）个多少钱。

英语：How much is this(that)？

15. 我要尿尿（上厕所）了。

英语：I want to go to WC. 或 I wanna pee (toilet).

16. 我的名字叫（幼儿各自的名字）。

英语：My name is（ ）.

17. 我是男（女）孩子。

英语：I am a boy(girl).

18. 我要穿上衣（裤子、鞋子等）

英语：I want to wear my clothes (pants， shoes).

19. 我家有5口人（爸爸、妈妈、爷爷、奶奶、哥哥、弟弟、姐姐、妹妹）。

英语：There are five people in my home.(Daddy， Mammy， Grandpa，

Grandma， Brother， Sister).

20. 我家住在（ ）县（ ）镇（ ）村（ ）。

英语：I live in（ ）. 或 My family lives in the county（ ）（ ）（ ）（ ）

town，village

21. 我家地址是（ ）市（ ）街道（ ）号

英语：My address is（ ）. 或 My address is（ ）（ ）（ ） on city streets

22. 我乘车（自行车、小车、行走）上幼儿园。

英语：I go to school by bus (bicycle， car， walk).

23. 妈妈（爸爸、外公、外婆、阿姨）送我到幼儿园的。

英语：Mammy (Daddy， Grandpa， Grandma， Auntie)sent me to school.

24. 我要爸爸（妈妈、叔叔、伯伯）接我回家。

英语：I want my Daddy (Mammy， Uncle) take me home.

25. 你（他）不是接我回家的人。

英语：You (He/She) are(is) not the person to take me home.

26. 我不离开。

英语：I do not leaving.

27. 我要老师送我回家。

英语：I want teacher send me to my home.

28. 保持联系。

英语：Keep in touch.

29. 你（他）说英语（法、德、日语）吗？

英语：You (He/She) say English (French， German， Japanese) ？

30. 今（明）天（上、下午）有什么电视节目？

英语：What is showing on TV today (tomorrow) morning (afternoon) ？

31. 真高兴（奇怪）！

英语：It is happy (wired).

32. 我相信你（他）会做得很好。

英语：I believe you (he/she) will do better.

33. 这（那）太糟糕（好）了。

英语：This is terrible (good).

34. 感谢你（他）的邀请。

英语：Thank you for your (his/her) invitation.

35. 你等会儿（下午、明天）要干吗？

英语：What are you going to do next (afternoon， tomorrow) ？

36. 有空来看看我。

英语：Come to see me when you free.

37. 我能提一个小要求吗？

英语：Can I make a request ？

38. 你（大家）能安静一点吗？

英语：Can you(everybody) be quiet ？

39. 我不确定。

英语：I am not sure.

40. 我（小猫，小狗）动不了了

英语：I (Cat, Dog) cannot move.

41. 我受不了他（你, 噪音，气味）了。

英语：I cannot stand him/her (you, noise, smell).

42. 这些都怪我（他、小明、姐姐）。

英语：This should be blame on me (him/her, Xiaoming, sister).

43. 我会做好（搞定）的。

英语：I will do (manage) this.

44. 我（他）不会忘记的。

英语：I (He/She) will not forget.

45. 谁能去开一下门（接电话）。

英语：Anybody can open the door (answer the phone)？

46. 1、2、3、4、5、6、7、8、9、0

英语：One, Two, Three, Four, Five, Six, Seven, Eight, Nine, Ten

47. 我家的电话号码是（幼儿家的电话号码）。

英语：My phone number is（ ）.

48. 我最喜欢张（王、李、刘、曾）老师。

英语：Teacher Zhang (Wang, Li, Liu, Zeng) is my favorite teacher.

49. 我叫刘张龙（幼儿各自的名字）

英语：My name is（ ）.

50. 我（幼儿园、小学）毕业了。

英语：I have graduated (from kindergarten/primary school).

主题活动文字方案导读

（十一至十五章）

十一章至十五章章是幼儿园教师教学工作的文字方案（类似于小学教案）。文字方案以主题活动的形式编写，其内容很有启发性、形式有模范性，新任幼儿教师必须认真学习。

| 第十一章 |
社会领域主题活动文字方案

"爸爸妈妈，我爱你"主题活动（适合中、大班）

【活动设计缘由】

针对幼儿提问（见第七章，下同）："爸爸妈妈为什么不带我，而要跑到广州打工？"而设计。

随着农村劳动力向城市的转移，留守儿童的人数逐渐增多，据统计全国有留守儿童约5800万，庞大的数字背后，是留守孩子对亲情的渴求，对父母的依恋，对家的期盼。他们可能一觉醒来，身边的爸爸妈妈就不见了，于是大声呼唤"妈妈，你们去哪儿了"，"爸爸，为什么不带上我啊？"；也可能在与父母有准备的分别中歇斯底里哭喊着"我要妈妈""妈妈，我要跟你走"；也可能相信爸妈们"我帮你去买好吃的""我给你去买玩具"的承诺，看着他们渐渐远去，可是很久很久还不见爸妈回来而伤心落泪。这是现代社会的普遍现象，也成了大多数孩子成长的痛。它必将给孩子的心灵造成创伤，影响孩子的心理健康。因此在幼儿园，特别是农村幼儿园开展相关的教育活动，则成为重要的学习内容。现以《爸爸妈妈，我爱你》为主题设计系列教学活动，供教师们参考。

【主题活动目标】

一、让孩子了解爸爸妈妈在外的工作，知道他们在外工作的辛苦，要更多地关心爸爸妈妈

二、引导孩子感受周围人的关爱，知道父母不在身边，要听长辈的话，让爸妈放心

三、让孩子初步了解写信的方式，并在写信过程中表达对父母的感情

四、在主题活动中培养幼儿的社会适应能力。

【主题活动准备】

一、召开家长会，明确开展该主题活动的意义

（一）与家长分析目前留守孩子的现状，向家长宣传开展主题活动的重要性，激发家长积极参与配合的意识

（二）让家长明确孩子在主题活动中学习与发展的目标，建立共同教育孩子的愿景

（三）了解留守儿童的特点，向家长征集意见和建议。

（四）了解家长能为开展主题活动提供的有利的资源，并要求家长为孩子准备相关的照片、向孩子介绍父母在外工作的情况

二、活动环境创设

创设主题墙，随着主题教育活动的开展而不断丰富。

活动一　谈话活动：爸爸妈妈去哪儿了

一、活动目标

（一）知道爸爸妈妈在哪里，初步了解他们的工作，并能用较完整的语言表达出来

（二）理解爸爸妈妈打工是为了家庭的生活与幸福

（三）在调查的过程中，知道与长辈（监护人）打交道

二、活动准备

发放调查表（附后）；活动前查看幼儿的调查表，并与个别

幼儿交流。

三、活动过程

（一）说说"我的爸爸妈妈在哪儿"

师：小朋友昨天回家问了爸爸妈妈，现在请大家拿出调查表，告诉大家：你的爸爸妈妈在哪儿工作？

小朋友交流自己访问的结果。

（教师事先浏览孩子们的调查表，在孩子们交流的过程中不断给予提示，并要求孩子用完整的语言表达，如：我的妈妈在广东工作，我的爸爸在深圳打工等）

（二）了不起的爸爸妈妈

师：小朋友们，你们的爸爸妈妈在全国各地，他们主要做什么工作？

归纳：小朋友的爸爸妈妈在外地有的当保安、有的制鞋子、有的做电脑、有的做手机……，他们好能干哦，你们的爸爸妈妈真了不起！我们一起伸出大拇指，给爸爸妈妈们点个赞，并大声说"爸爸妈妈，你们真能干，你们真了不起！"

（三）了解"爸爸妈妈为什么去外面打工？"

师：小朋友们，你知道爸爸妈妈为什么要到外地打工吗？引导孩子们说一说。

归纳：在深圳、北京、上海、广州等大城市里有好多好多工厂，工厂里要生产很多东西，如电视机、手机、汽车、衣服等，做这些东西就需要很多很多的工人，爸爸妈妈需要挣钱养家，也想学习更大的本领，所以爸爸妈妈们就到那里去工作了。

（四）爸爸妈妈每次回家都给你带了什么礼物？收到礼物后心情如何？引导孩子们回忆父母给自己礼物后的心情

归纳：孩子们，你们的爸爸妈妈有的半年回家一次，有的一

年回家一次，每次回家都会带给你们好吃的、好玩的、最漂亮的衣服，还给你身边的人带回很多礼物，大家都很开心，你喜欢这样的爸爸妈妈吗？是的，你的爸爸妈妈在外地学习新本领，又赚钱给家里用，很不容易啊！

（五）手工活动：能干的爸爸妈妈

师：在调查表中，小朋友画上了自己的爸爸妈妈，也写下了他们的电话号码（一定要记住他们的电话号哦），现在请小朋友将调查表用你认为最美的方式进行装饰（可用绘画、粘贴的方式），然后张贴在主题墙上。

（六）活动自然结束

附调查表：

尊敬的家长（监护人）：

我班正在开展《爸爸妈妈，我爱你》的主题教育活动，为了使孩子更多地了解爸爸妈妈在外地打工的情况，请您协助孩子完成下面的调查表，可以用文字记录下来，也可以用图画画下来，无论什么方式，一定要让孩子明白其中所表达的意思，谢谢您的配合！

爸爸妈妈去哪儿？

爸爸	妈妈
画出爸爸的样子	画出妈妈的样子
爸爸在哪儿？	妈妈在哪儿？
爸爸做什么工作？	妈妈做什么工作？
爸爸多长时间回家一次？	妈妈多长时间回家一次？
爸爸的电话号码：	妈妈的电话号码：

活动二　爸爸妈妈辛苦了

一、活动目标

（一）参观附近的工厂，让幼儿了解打工人群的工作环境

（二）了解爸爸妈妈打工时的情景，知道他们工作很辛苦

（三）用不同的方式表达对父母的关心

二、活动准备

（一）与附近的工厂联系参观事宜

（二）每个孩子带一张父母在外打工的照片（有工作场景为佳）

（三）主题墙上准备中国几个大城市的板块（如图）

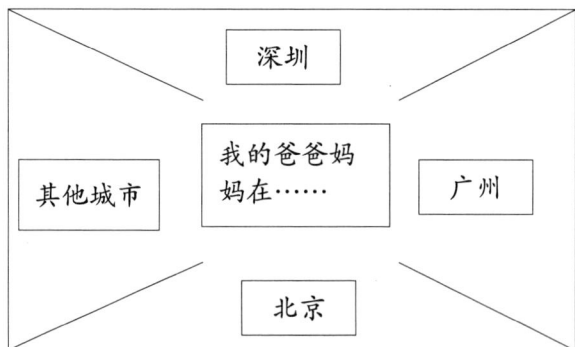

（四）如条件允许，可联系一位打工回乡的务工人员或孩子的家长来助教

（五）记录笔和纸

（六）抒情的背景音乐

三、活动过程

（一）参观工厂，了解工人工作的场景，回园后进行交流（找不到工厂可放视频）

工人们在做什么？他们的工作环境怎么样？你有什么感受呢？

（二）爸爸妈妈的工作

师：爸爸妈妈他们是怎样工作的？请小朋友们来介绍一下。

小朋友们拿着照片向大家进行介绍，教师给予补充、提炼。

归纳：从爸爸妈妈工作的照片中可以看到他们工作有的很认真，有的很辛苦，有的要做好多好多的事情，其实每一个小朋友的爸爸妈妈在外面都不容易。

（三）打工阿姨（叔叔）讲故事

师：今天，老师请了一位特别的老师，她（他）来给大家分享打工的故事。

（要求助教向小朋友介绍他们一天的打工生活）

归纳：每天的工作很辛苦，第二天还要继续，所有打工的爸爸妈妈他们都一样，但是为了让你们能上幼儿园，为了能让家里生活得更美好，他们还要不断地坚持。

（四）讨论

爸爸妈妈在外工作很辛苦，你用什么方式向他们表达对他们的关心？

引导孩子们讨论。

归纳：写信、打电话、发短信、视频问候、去看他们、送礼物……这些方式都可以传达你对他们的关心，爸爸妈妈也很喜欢，我们要多用这些方式表达对父母的爱。

（五）爸爸妈妈，我想对你说……

师：如果给爸爸妈妈打电话或见到他们，你想对他们说什么？（孩子们边说，老师边做记录）

"爸爸妈妈辛苦了""妈妈我爱你"……

师（配上背景音乐）：孩子们，你们对爸爸妈妈说的话，他们听到后一定非常感动，因为你们的关心，你们对他们的爱，对他们来说非常重要，有了你们的爱，他们会更加安心工作，有了你们的爱，他们会更加放心打工，因此，我们有爱就要大声说出来，大声喊出来，现在大家一起跟着老师大声喊：

爸爸妈妈——你们辛苦了！

妈妈——我爱你！

爸爸——我爱你！

爸爸妈妈——我——爱——你！！！

四、活动延伸

（一）在照片下写上"爸爸在××做××工作"字样，贴在相应的城市栏内。

（二）将小朋友的语言记录张贴在主题墙上（教师帮助写）。

（三）引导小朋友对照主题墙上的照片进行统计，看看全班小朋友的爸爸妈妈在中国哪些城市打工，每个城市有多少人？还可以根据他们不同的工种进行分类统计。

活动三　关心我的长辈

一、活动目标

（一）初步感受周围人给予的关爱

（二）懂得爸爸妈妈不在身边，要听长辈的话，让父母放心，做懂事的孩子

二、活动准备：纸、笔

三、活动过程

（一）提出以下问题，引导幼儿交流

1.爸爸妈妈不在家，是谁照顾你？

2.他们每天为你做些什么？（小朋友之间相互交流）

3.他们做得最让你开心的事情是什么？

归纳：爸爸妈妈不在家，但是他们都将你托付给一个非常喜欢你的人，这个人给你做饭，给你洗衣，带你逛街，送你上幼儿园……

4.除了这个人，还有谁为你做过什么事？陪你玩过？让你开心过？

小结：其实在你的周围，关心你的人有很多很多，他们像爸爸妈妈一样关心你、照顾你、疼你爱你，虽然爸爸妈妈不在家，我们并不孤单。

5.怎样才让爸爸妈妈放心？

小结：只有你们听长辈的话、尊敬他们，爸爸妈妈才更放心！

将孩子交流的语言记录，展示在主题环境里，平时引导小朋友认读。

活动四 爸爸妈妈来信了（可考虑电话、视频、电子邮件）

一、活动目标

（一）进一步感受父母对自己的关心与爱心，增进与父母的感情

（二）初步认识信，知道"信"是交流沟通的一种方式

二、活动准备

（一）主题开展前，按照调查表提供的联系方式，给孩子的爸爸妈妈发短信，要求他们给自己的孩子写一封信，并将信寄到幼儿园

（二）感人的背景音乐

（三）邀请其他老师来班协助工作

三、活动过程

（一）认识信

1. 引发孩子的兴趣

师：这段时间，老师为小朋友们收了很多特别的礼物，你们猜猜是什么？

2.（出示一大叠信），这是你们的爸爸妈妈寄给你们的，他们把想说的话，把对你们的期望都写成文字，装在信封里，想知道写的是什么吗？

3. 老师点名发信，让小朋友体会到信封上面一定要有收信人名字。

（二）尝试读信

师：拿到了爸爸妈妈的信，请你们小心拆开，自己读一读，看看他们给你写了些什么？

师：信上说了些什么？（请小朋友们说一说），如果看不懂，这是因为我们认字还不多，不着急，今天老师为你们请来了读信的老师，来帮助你们。

（三）分组读信

小朋友3～5人一组，协助的教师帮他们读信，并要求读后让小朋友简

单复述。（在分组读信的过程中找一份最感人的信）

（四）集中分享

1. 爸爸妈妈在信中写了什么？（个别交流）

2. 听了爸爸妈妈写给你们的信，你们的心情怎样？（与小朋友分享）

3. 现在老师给你们读一位小朋友的信（配音乐）

小结：爸爸妈妈的信让我们感到很开心、很温暖，很幸福，他们不在身边，却在另一个地方想着我们，牵挂着我们，所以我们要天天快乐，让他们放心哦。

（五）诗歌《孩子，我们爱你！在另一个地方》老师自由创作

（六）组织幼儿将信贴在主题墙内，以便平日观看、阅读

活动五 社会实践活动——给爸爸妈妈写信（打电话）

一、活动目标

（一）初步了解写信的方式，并独立完成写信到寄信的过程

（二）学习用不同的方式说出自己想说的话，表达对父母的感情

二、活动准备

各种纸、各种笔、信封（上面已打印收、寄件人地址，无姓名）、胶水、邮票。了解附近邮局或邮箱。

三、活动过程

（一）导入

师：孩子们，我们都收到过爸爸妈妈给我们的信，感觉到他们时时刻刻都在想念我们、关心我们。今天我们也给爸爸妈妈写信，把你想说的话，把你对他们的关心通过信传达给他们。

师：如果给他们写信，你想写什么？（让孩子们充分表达）

师：我们写信的过程中可能会遇到很多困难，如不会写字，但老师知道你们有一项很强的本领——画画，遇到不会写的字就用画或者其他符号代替，或者干脆画一幅画，爸爸妈妈一定能看懂的。

（二）写信

师：信是写给爸爸或者妈妈的，第一句就要写上爸爸、妈妈，你们好！后面可按你的想法可写可画。

小朋友们用自己的方式给爸妈写信，教师巡视指导。

（三）装信

师：写好的信，要到爸爸妈妈的手上，必须要有信封，老师为你们准备了信封，请小朋友看看上面写了些什么？（孩子们认读，老师告诉他们那是爸爸妈妈的具体地址，那一串数字是邮编。）按折信——装信——封口——贴邮票步骤，完成整个过程。

（四）寄信

师：给爸爸妈妈的信完成了，如何才能到他们手上呢？引导幼儿讨论

师：现在老师带你们到邮局（邮箱处），亲手将信寄给爸爸妈妈。

活动自然结束。

附：致家长的一封信

尊敬的家长朋友：

主题活动结束了，但我们对孩子的教育还要延续。孩子的父母将宝宝托付给我们，是对我们极大的信任，我们不仅要从生活上给予关照，还要从学习上给予关心；不仅关注他身体上的冷暖，更要做到心灵上的呵护。

……

幼儿园作为孩子生活成长的重要场所，我们将担负孩子健康成长的重任，愿我们共同携手，为孩子营造一个温暖的成长空间！

说明：致家长（监护人）的信，目的是让家长（监护人）长期地、更多地关注孩子的心理健康，承担家长的责任、社会的责任！

设计手记：

"爸爸妈妈为什么不带我，而要跑到广州打工？"，这是孩子们提出的最原始的问题，它是现代留守儿童从心底里的呐喊。看到孩子的问题，我的心是酸楚的，生活中多少次看到过孩子与父母分别的场面，多少次为分别时孩子们伤心欲绝的情景而心疼。在孩子们发出的"爸爸妈妈为什么不带我，而要跑到广州打工？"的声音里，也许是对父母的抱怨，也许是对父母的不理解，而更多的是对亲情的渴望，对爱的呼唤！

设计完这个主题，我的心释然了，虽然爸爸妈妈出去打工是社会发展的必然现象，是一时无法改变的事实，但是通过这个主题能够帮助孩子从离别的忧伤中走出来，给他一个健康快乐的心理环境，温馨的生活成长环境，这是他身边的家长及教育工作者们义不容辞的责任。

《指南》指出：适应社会是幼儿社会学习的主要内容，也是其社会性发展的基本途径。"爸爸妈妈，我爱你"这个主题就是针对"父母外出打工，留守儿童情感缺失"这一社会现象而设计的。通过基于孩子生活的活动，让孩子们理解父母、关心父母、感恩父母，感恩身边的人，从而不断发展孩子适应社会生活的能力。因此幼儿园教师，特别是农村幼儿园教师，要借拟这个社会背景，深入挖掘其潜在的教育价值，促进孩子的学习与发展。

注：以上文字方案（下同）是多个（系列）主题活动用的方案，如果只有一个活动则只需在其中的一个主题中选择一个活动内容为例即可。

| 第十二章 |
科学领域主题活动文字方案

我爱探索"小小露珠"主题活动（适合大班，秋季）

【活动设计缘由】

大自然是一本读不完又活生生的书，是一幅看不够的美妙画卷，是孩子们成长的最好课堂。在温暖季节的清晨（特别是在农村的深秋季节），人们在路边的草，树叶及农作物上经常可以看到露珠。在以前的填鸭式的教育中仅仅是教师告知幼儿露珠的形成，并没有什么更进一步的教育活动，即使有也是教师灌输一些简单的知识而已。而《纲要》指出：幼儿园教育应尊重幼儿，相信幼儿，以游戏为基本活动，关注个别差异，促进每个幼儿富有个性的发展，倡导幼儿自主学习，注重幼儿在实践中探索。因此，设计了"小小露珠"活动。

【主题活动目标】

走进大自然，引导幼儿观察露珠的形态，培养幼儿观察与写生的能力。

通过实验活动，引导幼儿了解露珠的形成与作用，让孩子认识与热爱大自然。

【主题活动准备】

召开家长会

目的：宣传开展主题活动的重要性，激发家长积极参与配合的意识。明确孩子在主题活动中学习与发展的目标，向家长征集

关于开展这个主题的建议。了解家长能为开展主题活动提供的资源，收集与主题相关的图片、书籍等。

【活动环境创设设想】

墙面设计：

主题墙：随着主题教育活动的开展而不断丰富（呈现孩子探索与学习的过程）。

语言区墙面：张贴幼儿收集的各种植物上的露珠图片进行张贴。

科学区墙面：展示幼儿外出观察露珠的照片，配上幼儿观察时的提问或语言。

美术区墙面：展示幼儿绘画作品（外出写生作品、露珠形成的作品、露珠与植物的对话作品、露珠与动物的对话作品、小水滴旅行记连环画、露珠的用途作品等）。

角色区墙面：《绿丛中的"小水晶"》《小水滴旅行记》背景图2副。

区域材料的投放

语言区：有关露珠的图书（科普绘本《绿丛中的"小水晶"》《小水滴旅行记》）；赞美露珠的诗歌、散文；与主题相关的文字图片等。

科学区：雨、雾、露珠形成的实验材料若干、操作记录笔纸若干。

美工区：广告颜料、水粉纸、蜡笔绘画与涂鸦的工具；提供与露珠有关的连环画、故事图书、供幼儿欣赏的赞美露珠的绘画作品。

角色区：提供绘本故事《绿丛中的"小水晶"》《小水滴旅行记》中相关角色的头饰、手偶、服饰、故事磁带等供幼儿表演。

活动一　发起活动

一、活动目的

（一）引发幼儿对露珠的关注

（二）关注幼儿的谈话与兴趣点

二、活动准备

在语言区投放大量与露珠有关的图片、故事书、诗歌与散文书籍；在幼儿园室外一角有种植的荷叶盆景，上面有些许的露珠，教室内有因早晨走过草地被露水浸湿的鞋袜，浸湿的裤脚上还有残留的稻草

三、活动中注意的关键点

观察幼儿对环境的关注点、兴趣点

及时记录幼儿的谈话

针对幼儿的谈话随时给予回答和设问

针对幼儿的关注点和兴趣点给予再次环境材料的投放（如图文并茂的答案等）

活动二　谈话活动

一、活动目标

（一）能用较完整的语言表达在哪里可以看到露珠

（二）知道露珠无处不在，给人们的生活与工作带来诸多不便

二、活动准备

活动前发放调查表"露珠在哪里？"

查看幼儿调查表并进行过交流

三、活动过程

（一）说说"露珠在哪里？"

1. 对照收集的调查表，说说露珠在哪里？

要求：幼儿用完整连贯的语言表达；老师用图文并茂的方式

记录在彩色纸上，供主题墙展示与幼儿茶余饭后进行再次分享。

2.教师小结：

在温暖季节的清晨，人们在草、树叶及农作物上经常可以看到露珠。

3.装饰调查表

请幼儿将调查表用最喜欢的方式进行装饰（绘画、涂色、粘贴……）

4.张贴：要求幼儿装饰调查表后张贴在主题墙指定的范围内（教师规划图形与范围）。

四、活动自然结束

附调查表

尊敬的家长：您好！

我班正在开展"小小露珠"的主题教育活动，为了使孩子了解在哪些地方有露珠，请您早上起来带着孩子到室外观察，在哪些植物的表面有露珠，并协助孩子完成下面的调查表，可以用文字写下来，也可以用图画下来，还可以将有露珠的实物剪下来后粘贴在调查表上，无论用什么方式，一定要让孩子明白在哪些地方可以看见露珠，谢谢您的配合！

露珠在哪里？

幼儿姓名：	家长姓名：
	×××幼儿园
	时间：

活动三 观察与访问

一、活动目的

（一）知道露形成与消失的时间

（二）将露珠出现的地方用图文并茂的方式进行记录

二、活动准备

供幼儿记录用的记录板、笔与纸。

教师可以用相机拍摄幼儿观察的镜头；教师也可以用简笔画记录孩子的观察（速写纸或笔）。

户外观察的时间与线路要事先规划，确保观察安全有序进行。

通知家长户外观察活动的时间及地点，确保观察时间充裕。

与当地气象员或有相关经验的人员联系（能熟知并讲解露珠最多的季节和形成的时间）

露珠在植物上的图片若干（草、树叶、稻谷、菜叶——具体名称等）。

三、活动过程

（一）活动前安全教育（听指挥、守纪律，注意安全）

（二）边走边看边讲（发现哪些植物上有露珠）

（三）找事先观察好的干净地方将露珠出现的地方画下来

（四）访问事先联系好的工作人员

露珠在什么时间会出现？什么时候会消失？为什么？在什么季节会最多？

（五）回园分享

我发现了：露珠在哪里？（幼儿说、教师记录——出示准备好的图片与文字）

我了解了：露在夜间形成，日出以后，温度升高，露珠就蒸发消失

（六）教师小结

容易形成露珠的物体，是表面积相对大的（如荷叶）、表面粗糙的（如水稻叶子）、导热性不良的物体（如稻草）。在清晨，

人们在露天走的时间长了，头发会被露水淋湿，等到太阳出来一晒，露又不见了。

（七）展示活动

1. 让幼儿再次修饰观察时创作的作品，并展示在主题墙上

2. 将幼儿观察与访问的照片配上相应的文字展示在主题墙上

3. 将回园分享活动中教师记录纸《我发现了》粘贴在主题墙上

四、活动延伸

（一）在美劳区提供"露珠在哪里"的图片若干，在区域活动时指导幼儿欣赏与临摹，并将幼儿优秀的美术作品展示在美劳区的墙上

（二）将教师准备好的图片与相关文字投放在语言区和美工区，让幼儿进行认读与临摹

活动四　童话故事《小露珠》

一、活动目标

理解故事内容，感受小露珠无私的品格。熟悉故事中人物的对话，在对话中感悟到小露珠的美丽可爱。利用道具、服饰在一定情境下表演。

二、活动准备

课件《小露珠形成的过程》

故事中人物的服饰、道具及故事磁带

三、活动过程

（一）播放课件，营造氛围，引领幼儿情景体验

1. 回忆：大家看见过小露珠吗？它是什么时候出现，又在什么时候消失的？

2. 播放课件：展示小露珠的形成过程。师述：夜幕降临了，草叶上、花朵上、禾苗上出现了一颗颗小露珠。小露珠爬呀、滚呀，

越来越大，越来越亮，到黎明的时候，已经有黄豆粒那么大了。

（二）师生互动，引领幼儿移位体验

1. 提问：你们喜欢小露珠吗？小朋友们喜欢小露珠，动物植物也很喜欢小露珠，这是什么原因呢？（播放课件）

2. 创设对话情境，学说散文中的对话。

3. 师生互动，展开对话情境。

小结：小动物们都喜欢小露珠，因为它亮亮的、圆圆的、闪闪的，小露珠就是这样心甘情愿地帮助这些植物们，植物们非常喜欢小露珠，它们不仅仅喜欢小露珠美丽的外表，更喜欢小露珠为别人带来快乐的美好心灵

（三）说演结合，引领幼儿角色体验

1. 出示课件。展示《小露珠蒸发图》，仔细观察画面，然后用自己的话说说小露珠是怎样回家的。（培养幼儿仔细观察的习惯和口头表达能力）

2. 现在小露珠就要回家了，植物很舍不得它走，会怎样挽留它呢？（引导幼儿用语言表达）

3. 自主选择合作伙伴，分角色排练"小露珠和植物们告别"的情景。（小组成员分工明确，相互合作，仔细揣摩角色的动作、神态、语气）

4. 上台表演。

四、活动延伸

将课件投放在表演区，供幼儿表演时用，投放故事中相关人物的头饰、服饰及道具，供幼儿表演与对话。

将故事中的相关文字与图片张贴在语言区及美工区，供幼儿认读与临摹。

将幼儿表演照片配上相应的文字展示在主题墙上

活动五 家庭小实验：露珠的形成

一、活动目标

了解露珠形成的条件，知道露珠是一种自然现象

二、活动准备

玻璃瓶、冰箱

三、活动过程

（一）将玻璃瓶放在冰箱内，温度调至0度

（二）3小时后取出玻璃瓶，并观察玻璃瓶表面出现的现象

（三）用图文并茂的方式记录发生的情况

（四）与家长讨论：原本玻璃瓶没有水珠，为什么从冰箱取出后玻璃瓶上会出现水珠呢？（请家长记录孩子的语言并在第二天与同伴分享）

将幼儿实验、分享时的照片配上文字展示在主题墙上。

资源包：

一、散文诗：露珠赞

我喜欢露珠，我赞美它。

每年夏至秋之际，我喜欢早起在外边散步，此时晨风吹来，格外清爽。

火红的太阳从东边慢慢升起，在万道霞光中呈现出一个美妙、崭新的世界。

看，那无边树叶闪动着无数晶莹的珍珠，像天上的星星，像好多双眼睛。

这就是人们喜欢的小露珠。

我爱露珠，它比珍珠更珍贵，比宝石更晶莹，比星星更明亮，我喜欢它。

二、故事：小水滴旅行记

我们是小水滴，我们的家是大海，那儿有可爱的鱼儿，碧绿的水草，还有美丽的珊瑚！一天，空中飞来一群大雁，向我们招呼："小水滴，快上来，跟我们一起去旅行吧！""大雁姐姐，我们没有翅膀，怎么飞起来呀？""你们可以请太阳公公帮帮忙嘛！"大雁姐姐说着，就急匆匆地飞走了。

第二天，太阳公公刚起身，大伙说："太阳公公，我们要去旅行，可是没有翅膀，请你帮个忙吧！"太阳公公点点头，微微笑。太阳公公升起来，放射出万道金光，照得我们睁不开眼，浑身暖烘烘的。不一会儿，我们的身体变轻了，慢慢地离开了大海，向空中飞去。大家快乐地叫起来："我们长翅膀啦！我们长翅膀啦！"原来，我们都变成水蒸气了。

飞呀飞呀，我们觉得有点冷了。我们三个一伙，五个一群，紧紧地抱在一起，越抱越紧。一会儿，都变成了一颗颗很细很细的小水滴。风爷爷带着我们在空中飘来飘去，人们把我们叫作白云。哎呀，我们的身体怎么这么沉，越飞越累，越飞越慢，都有点飞不动了。过了好一会，我们想，到大地上玩玩多好呀！风爷爷好像猜到了我们的心思，"呼啦～呼啦～"刮起风来。

这时，我们里面有些大胖子，冷得缩成一团，又变成了小水滴，还来不及和我们告别就落下去了。只听见地上的小娃娃们欢呼起来，"下雨了！下雨了！"

大伙排着队又流进了大海。

该活动是让孩子在老师的引导下了解小水滴"在大海里游动——在太阳照射下蒸发——在空中漂浮——变成雨落下来——汇入大海"的过程。

三、视频：小水滴旅行记。

| 第十三章 |
健康领域主题活动文字方案

"我在长大"主题活动（适合中、大班）

【设计原由】

孩子到三岁，已有自我意识。他们对自己非常好奇，想了解自己的身体。他们会在镜子前左瞧瞧右瞧瞧，看看自己的模样。会咧着牙齿做个鬼脸，甚至还会用手摸摸自己的肚子，想要知道里面装的是什么。大人为什么与我不一样呢？我什么时候才能长大呢？我长大需要多久？我为什么不能一年长两岁啊？"我在长大"这个活动旨在让幼儿了解人体的生长规律，学习与掌握健康的生活方式，培养健康的饮食习惯，积极参加运动，促进身体健康发育，并让幼儿在学习中学会与人合作，培养幼儿的社会适应能力。

【活动总目标】

让孩子了解人体主要部位的名称和各部位的功用，懂得爱惜自己的身体；知道人是在吸收了食物中的各种营养后才慢慢长大的，做到吃饭不挑食，并有良好的饮食习惯；知道要多锻炼身体。在主题活动中培养幼儿的社会适应能力，学会与人合作，树立健康良好的生活态度。

活动一：人是怎么来的

一、活动目标

（一）训练幼儿用完整语言表达视频内容，初步了解人出生的过程，懂得人从小就要学会生存技能

（二）从长辈处了解自己所说的第一个字、第一句话、第一次走路的样子，懂得自己长大是不容易的，学会对长辈感恩

二、活动准备：视频《人体漫游记》

三、活动过程

（一）播放视频《人体漫游记》

网上下载英国 BBC 广播公司出版的《人体漫游记》片断，组织幼儿观看视频，让幼儿了解人从小就要学会的生存技能，如：走路、说话、自我意识等。

（二）提问

师：视频里面播放了什么？

让幼儿说出人从新生儿起就逐步学会的技能，引导幼儿用完整的语言表达，如：学习说话，学习走路，摔倒了会扶着物体爬起来等。

根据视频内容引导幼儿用较完整的语言说出来。

（三）我说的第一句话

师：每个小朋友从一岁多就开始说话了，谁知道自己小时候最早说的第一句话是什么吗？（请幼儿轮流站起来说。如果小朋友说不出来，根据收集的表格内容给予提示）

归纳小朋友说的第一句话的内容，一般只会说一个字或一个词，如：哦、哎、妈妈、爸爸、姐姐等。

（四）我第一次走路的样子

师：你是什么时候开始独立走路的？还记得你第一次走路的样子吗？

用语言描述或者请幼儿模仿自己小时候走路的样子。

小结：小朋友刚刚学会走路的时候身体都是不稳的，会扶着墙壁或者床从一个地方走到另一个地方，会经常摔倒，需要大人

扶着双手才能走路，因此照看的人会很辛苦。

（五）长辈们辛苦啦

从爷爷奶奶和父母处了解自己从小是谁带大的。重点了解大人们在带小宝宝时所付出的劳动，懂得大人们为自己长大所付出的艰辛，学会感恩。

如：每天要吃多少次奶，换多少次尿不湿，半夜生病的时候去医院看医生等。

（六）交流展示调查表

师：在调查表中，小朋友贴上了自己小时候的照片，也在大人的帮助下写下了自己说的第一句话，呈现了第一次走路的样子，请大家与其他的小朋友交流分享调查表中的内容。最后将调查表张贴在主题墙上。

四、活动结束

附调查表；

尊敬的家长：

我班正在开展"我在长大"主题教育活动，为了使孩子更清楚地了解自己小时候说的第一句话，第一次走路的样子，请您协助孩子完成下面的调查表，可以用文字写下来，也可以用图画下来，无论用什么方式，一定要让孩子明白其中所表达的意思，懂得感恩父母与长辈。谢谢您的配合！

我小时候是如何走路、说话的？

小时候的样子（用文字与照片来说明）：	
第一次说的话：	第一次走路的样子：

活动二　生病很痛苦

一、活动目标

（一）知道人生病后很不舒服，懂得应吃干净卫生的食品，并积极参加锻炼，增强身体素质

（二）能较清楚地表达自己的探索与发现

二、活动准备：各种食品袋、食品盒、饮料瓶等

三、活动过程

（一）谈话导入

幼儿观看情景短剧：一老师（课前商量准备好的协助者）捂着肚子进入班级，嘴里轻声地"哎哟哎哟"叫着，主讲老师关切地问："××老师，你怎么啦？"并问小朋友："你们知道是怎么回事吗？"（幼儿猜测）

那个老师说：我肚子痛。昨天出去玩，买了一瓶牛奶喝了，但没注意到牛奶是过期的，喝了过期的牛奶就生病了。

（二）观察感知，找食品的保质期

师：老师是怎么知道喝过的牛奶是过期的呢？（盒子上有时间）

师：看看桌上的各类食品袋、食品盒、饮料瓶等，找找它们的保质期。

师：一般来说，饮料的保质期在哪里？（瓶口上）

师：盒子包装的保质期在哪里？（盒子底部）

师：袋装食品的保质期在哪里呢？（袋口边上）

小结：买来的任何食品都要在保质期内，不能吃过保质期的、霉变、发臭、发黑、变形、变味的食品。

(三)请幼儿说说自己生过哪些病

如：感冒发烧、呕吐、肚子痛、拉肚子等。并让幼儿说说生

病时的感受。

（四）讨论：怎样不生病

幼儿讨论并小结，说说不生病的方法。如：多运动锻炼身体，多喝开水，按时吃饭睡觉，不用脏手拿东西吃，饭前便后要洗手，吃干净新鲜有营养的食物等。

四、活动结束

说明：

"人长大为什么需要那么久？""人为什么不能一年长两岁啊？"这是孩子原始的问题。设计这个主题，旨在帮助孩子了解人体生长的过程，让孩子懂得保护好自己的身体，学习与掌握良好的饮食习惯，并积极参加体育锻炼，愉悦自己的身心，在身体与情绪上做一个健康的社会人。幼儿园教师，特别是农村幼儿园教师，可以将活动分解成两个或者三个来进行，因为每一个活动的容量是非常大的，在一个课时里不可能完成，应尽量去挖掘这些活动中潜在的教育价值。

| 第十四章 |

艺术领域主题活动文字方案示例

1. 器乐主题活动（适合中、大班）。

【活动设计缘由】

《指南》描述："每个幼儿心里都有一颗美的种子。幼儿艺术领域学习的关键在于充分创造条件和机会，在大自然和社会文化中萌发幼儿对美的感受和体验，丰富其想象力和创造力，引导幼儿学会用心灵去感受和发现美，用自己的方式去表现和创造美。"这表明，大自然、大社区就是对孩子进行艺术教育的源头活水。农村许多自然物如小石头、各种豆子、小木棍、竹子、树叶等只要稍加利用便可以用来开展丰富多彩的艺术活动。现以部分乐器为主题设计艺术活动，以供教师参考。

【活动目标】

通过各种形式让幼儿了解常见的打击乐器名称，让幼儿能分辨不同打击乐器的声音。

认识 2 ～ 3 种当地有特色的乐器，并愿意尝试其演奏方法。

学会利用自然物自制打击乐器，培养幼儿的动手能力与创新意识。

能大胆参与打击乐演奏活动，感受合作表演的乐趣。

【活动准备】

一、召开家长会，明确目的

（一）让家长明确孩子在主题活动中学习与发展的目标，建立共同教育孩子的愿景

（二）了解家长能够提供的对开展主题活动有利的资源。如家中是否有当地特色的乐器、是否有会乐器的家长

（三）与家长明确在开展主题活动过程中需要家长配合的工作

如与孩子共同收集各种各样的自然物或废旧材料、与孩子自制一样乐器带到幼儿园等

（四）收集各种乐器实物，有关乐器介绍的图书，卡片、演奏会视频等

二、活动环境创设

（一）设立主题墙，贴上各种乐器的图片或挂上乐器实物。

（二）在表演区投放一些购买或自制的乐器及打击乐图谱供幼儿自由表演用。

（三）在美工区提供一些自然物或废旧材料供幼儿自制打击乐器使用。

（四）将幼儿开展主题活动的照片或亲子作业纸张贴于主题墙，供幼儿交流、回忆。

活动一　认识打击乐器

一、活动目标

初步认识打击乐器及其分类方法。

调动幼儿的学习兴趣与积极性，引导幼儿创造性地参与音乐实践活动。

体验合作演奏的乐趣。

二、活动准备

打击乐人手一件，多媒体。

《加油干》打击乐图谱。

三、活动过程

（一）认识乐器

1.聆听由打击乐做伴奏的《加油干》。

（1）师：播放音乐《加油干》，这段音乐用了什么乐器来伴奏？

（2）师：今天老师给小朋友带来了很多乐器，你们想不想试一试？

2.幼儿自由选择乐器并回到位置坐好。

（二）接触乐器

师：现在请你们边动手敲，边动耳听，边动脑想，看看手中的乐器都能发出哪些不同的声音，你能不能在这么多的乐器中听到你的乐器的声音。幼儿用各种办法去尝试、去分析、去记忆这些声音。教师引导幼儿熟悉乐器名称并了解其演奏方法。

幼儿展示自己创造的声音。（以个别或小组的方式进行展示）

（三）创造性地参与音乐实践活动

1.小组讨论，根据乐器发出的声音给乐器分类。

2.将分好的乐器敲一敲、摇一摇。

3.在教师引导下，讨论每组乐器在材质上的特点。（如金属类、木质类等）

4.在教师的设计分配下，利用分好类的打击乐器为乐曲《加油干》伴奏。（图谱见上图，教师也可以根据班级幼儿的实际情形另外设计图谱）

四、小结：

这些乐器都是以敲击为主，因此我们把这些乐器统称为打击乐器。小朋友们想不想自己也拥有一件打击乐器呢，其实这些乐

器在我们身体上都能找到。

活动二　我们的身体小乐器

一、活动目标

探索身体能发声的部位与方法，激发幼儿对身体乐器探索的兴趣。

能利用身体小乐器为歌曲伴奏，体验合作奏乐的乐趣。

学习节奏型：X XX ¦ X XX ¦　　　XX XX ¦ XX XX ¦ X X ¦ X0 ¦

二、活动准备

用身体当乐器演奏的视频片断。

《瑶族舞曲》图谱

6 3 3 6 ¦ 2　　2 1 ¦ 7. 2 1 7 ¦ 6. 5 3 ¦

音乐《瑶族舞曲》节奏图谱见左图。

6. 7 1 2 ¦ 3. 5 3 2 ¦ 1 2 3 2 1 ¦ 6 — ¦

5. 6 1 6 ¦ 1. 2 3 5 ¦ 3 3 5 2 3 5 ¦ 3 — ¦

6 3 6 3 ¦ 6 2 6 2 ¦ 1 2 3 2 1 ¦ 6 — ¦

三、活动过程

（一）播放视频片断与幼儿一同欣赏（无乐器完全用身体乐器伴奏的歌曲），激发幼儿探索身体乐器的兴趣师：刚才我们观看了视频，你们看到了什么？他们用身体的哪些部位发出声音来？用怎样的方式让身体发出声音来？

师：你们能让身体发出声音来吗？你用什么样的方式让身体发出声音？（拍、敲、捻、击、跺、踏、口技等）

幼儿尝试探索用不同的方式、不同的部位进行发声。

（二）用自己的身体小乐器发出好听的声音

1. 将幼儿分成小组，让幼儿讨论如何让自己的身体发出好听的、有节奏的声音。教师参与幼儿的讨论并将幼儿创编的好听的节奏记录下来。

2. 各小组展示自己创编的节奏。

3. 在教师的引领下，分别学习各组创编的节奏与演奏的方法。如，（X XX¦ X XX¦）或幼儿创编的其他节奏型。

（三）利用身体乐器为歌曲《瑶族舞曲》伴奏

1. 教师与幼儿一起熟悉《瑶族舞曲》图谱。

2. 利用身体乐器为乐曲伴奏。

3. 将同伴的身体当作乐器，为歌曲伴奏。（如，一名幼儿将手伸出来，另一名幼儿在他的手上或身体上拍出节奏，为乐曲伴奏）

4. 与同伴合作为歌曲伴奏。（如，一组幼儿拍重拍，另一组幼儿拍弱拍）

（四）身体小乐器演奏会

请小朋友利用身体为熟悉的歌曲伴奏。(如，《加油干》《郊游》等)

四、延伸活动

将《瑶族舞曲》图谱投放到表演区供幼儿继续学习使用。教师也可将幼儿熟悉的歌曲制成简单的图谱投放到表演区，让幼儿有更多练习节奏的机会。

活动三 常德渔鼓

常德渔鼓是一种湖南省的汉族民间曲艺，源于唐代的《九真》《承天》等道士曲，大约在明代中叶开始与常德当地汉族民歌相融合，形成具有地方特色的常德渔鼓，在常德流传甚广，演唱道具主要是渔鼓筒。读者可根据自己所在幼儿园的情况，选择本地常见乐器。

一、活动目标

认识家乡特有的打击乐器——常德渔鼓。自制打击乐器常德渔鼓。表演常德渔鼓。

二、活动准备

（一）邀请擅长"常德渔鼓"表演的艺人来园表演，或准备"常德渔鼓"表演视频片断。

（二）自制渔鼓筒的材料：竹筒、塑料膜、橡皮筋等。

三、活动过程

（一）欣赏"常德渔鼓"艺人表演或欣赏视频"常德渔鼓"演唱片断

师：你们知道刚才的表演是一种什么样的表演形式吗？它有什么特点？使用了哪些打击乐器？

再次欣赏"常德渔鼓"表演，引导幼儿关注"常德渔鼓"以唱为主、以说为辅的演唱形式，并激发幼儿对"常德渔鼓筒"的兴趣。

（二）认识渔鼓筒，了解其演奏方法

渔鼓筒介绍：用竹筒制作，长65～100厘米，鼓面直径13～14厘米，一端蒙以猪皮、羊皮或油膜（猪膀胱膜）而成。演奏时，左手竖抱渔鼓，右手拍鼓面，指法有"击"（四指同时拍击）、"滚"（四指连续交替单击）、"抹"（四指击鼓止音）、

"弹"（四指屈指连续交替击弹）。

（三）自制渔鼓筒

1. 教师演示渔鼓筒的制作方法与步骤。

2. 幼儿选择材料制作渔鼓筒。

3. 先完成的幼儿根据教师提供的"常德渔鼓"演唱视频学习演唱。

（四）在老师的引领下用自制的渔鼓筒进行"常德渔鼓"表演。

四、活动延伸：

将自制的渔鼓筒投放至表演区供幼儿表演用。

提供更多的"常德渔鼓"演唱视频供幼儿学习欣赏。

教师选择适合幼儿演唱的"常德渔鼓"片断排练节目，以供"打击乐演奏会"表演用。

活动四 小小演奏会

一、活动目标

（一）引导孩子将主题开展过程中所获得的经验用艺术的形式进行表达、表现

（二）通过演奏会的前期、中期与后期的各项活动，培养孩子们的自主意识、合作意识与解决各种问题的能力

（三）为孩子提供运用各种技能进行思考、创作、表达的机会与平台

二、活动准备

（一）与幼儿一起商量确定即将开始的演奏会

回忆主题开展过程中，学过的打击乐或会唱的歌曲，师生共同确定要演奏或演唱的节目，并共同确定演奏会节目单。

（二）师生共同商议每个节目演职人员

每位幼儿都要参与其中，教师与幼儿共同确定每个节目的演

员表，并用表格的方式记录下来，张贴在教室显眼的位置。

（三）师生共同讨论演奏会前需要准备的各项工作

需要进行的准备工作大致如下：

邀请海报的制作，服装道具的制作，演奏乐器的准备。教师可根据幼儿的能力或特长进行分组准备。节目的练习与彩排。

三、正式演出

邀请幼儿的爸妈或幼儿园其他班级小朋友、老师参加"小小演奏家"演奏会。

四、演奏会后主题总结

2. 艺术欣赏主题活动（适合中、大班）

【活动设计缘由】

绣花鞋垫是中国民间传统的手工艺品，在中国广大农村家庭随处可见。绣花鞋垫不仅制作方法别具一格，而且形式和内容富有浓郁的传统文化色彩；清新、活泼、健康、富有创造性，散发着浓郁的乡土气息，表达了广大人民群众美好的思想情感和独特的审美情趣；形式上具有强烈的装饰特点；内容上既贴近幼儿的生活，又是幼儿感兴趣的。可以说一双小小的鞋垫既具有较高的艺术欣赏价值，同时又包含了丰富的文化生活内容，其可利用的教学资源是十分丰富的。因此在幼儿园，特别是在艺术欣赏品相对匮乏的农村幼儿园利用绣花鞋垫开展艺术领域（美术）的活动是非常可行和有意义的。现以"绣花鞋垫"为主题设计系列教学活动，供教师们参考。

【活动目标】

了解绣花鞋垫的作用，知道绣花鞋垫是中国传统的民间工艺品。

了解绣花鞋垫的制作过程，激发幼儿对纳鞋垫之人的敬佩之心。

感受绣花鞋垫的色彩美、图案美、对称美，能大胆表达对美的感受和体验。

激发幼儿对美的事物的热爱，培养幼儿的审美能力和创造表达美的能力及动手能力。

【活动准备】

一、致家长一封信

信的主要内容：告知家长将要开展的主题活动及主题活动开展的意义。了解家长可能提供的主题教学资源（绣花鞋垫、制作鞋垫的主要材料、家长义工等）。在主题开展过程中家长需要配合的事项等。

二、幼儿进行操作练习的材料

针、各色线、鞋垫底样、糨糊、废布头、十字绣等

三、活动环境创设

创设主题墙或设立绣花鞋垫展示区。随着主题教育活动的开展不断丰富主题环境。让幼儿充分与主题环境产生互动。

活动一　绣花鞋垫大收集

一、活动目标

（一）能根据老师提出的要求，收集不同图案的绣花鞋垫，引发幼儿对即将开始的主题活动的兴趣

（二）能用比较准确的语言描述自己所收集的绣花鞋垫的特点

（三）初步感知绣花鞋图案的多样性与内容的丰富性，并能根据一定的分类标准进行分类

二、活动准备

（一）致家长一封信

（二）每位幼儿收集一双绣花鞋垫。"绣花鞋垫大收集调查表"（附后）

（三）活动前查看幼儿的调查表，了解幼儿收集鞋绣花鞋垫的情况，并与个别幼儿交流

三、活动过程：

（一）说说"我收集的绣花鞋垫"

1.请幼儿仔细观察自己收集到的鞋垫，并按照"我是从哪里收集到的鞋垫""我收集的鞋垫的图案是（动物、植物、字类还是其他类）""我收集的鞋垫的主要色彩""是否喜欢"等方面进行交流。

2.请小朋友与身边的好朋友交流自己收集到的鞋垫，教师走到幼儿身边倾听、参与、指导幼儿的交流。

3.请几名幼儿面向全班幼儿进行交流。教师重点引导孩子按照讲述思路进行交流。

4.教师可通过图或文字提示幼儿的讲述思路。（如从哪里收集——鞋垫图案——主要色彩——是否喜欢？几方面进行交流）

（二）对收集到的各种不同鞋垫进行分类

1.师生共同确立分类标准。

2.按收集到的鞋垫大小进行分类。

3.按图案特点分类。（动物图案、植物图案、字类或其他等）

（三）制作统计表，对分类结果进行统计

1.讨论统计表的制作方法。

2.按大小分类。

统计全班收集的鞋垫有多少？其中大鞋垫有多少？小鞋垫有多少？

3.按图案特点分。

动物图案有多少？植物图案有多少？字类图案有多少？其他有多少？

（四）装饰调查表，并将装饰好的调查表展示于主题墙

（此环节亦可按排在区角活动时间完成）

四、小结

（一）表扬能通过自己的努力收集到鞋垫、能发现鞋垫图案秘密、能开动脑筋进行分类统计的小朋友。

（二）提出问题，引发幼儿进一步探究鞋垫的秘密

1.为什么鞋垫上面要绣上字？这些字表示什么意思？绣上动物、植物图案又表示什么意思？

全班一共收集 （　）双。其中：			
动物图案	植物图案	图文类	其他
（　　　）	（　　　）	（　　　）	（　　　）

2.鞋垫是怎么做出来的？

附调查表：

数量（双）	从哪里收集到	主要图案（请你画下来）	有什么颜色	是否喜欢
收集人：			收集时间：	

我收集到的绣花鞋垫

活动二　绣花鞋垫的秘密（欣赏）

一、活动目标

了解绣花鞋垫的作用，知道绣花鞋垫是中国传统的民间工艺品。

感受绣花鞋垫的色彩美、图案美、对称美，能大胆用语言进行表达。

二、活动准备

将幼儿收集到的绣花鞋垫经过挑选后布置在教室的欣赏墙上。

三、活动过程

（一）欣赏绣花鞋垫

1. 看一看，摸一摸，说一说，觉得这些鞋垫怎么样？

2. 播放视频，你喜欢哪一双，为什么？引导幼儿从色彩美、图案美、对称美方面观察欣赏。

师：两只鞋垫看上去有什么特点？老师边提问边将一双鞋垫合在一起再打开。

师：这一双双鞋垫就像一幅幅漂亮的、讲究对称的画一样，它们是画出来的吗？（抛出问题，留下悬念，引起幼儿进一步探究的愿望）

3. 幼儿再次欣赏绣花鞋垫，通过实际观察、比较讨论，激起幼儿对纳鞋垫之人的敬佩之情。

（1）摸摸看正反面有什么不一样？

（2）我们看看反面有多少线疙瘩？一双鞋垫反复绣了多少次？你觉得绣鞋垫之人怎么样？

（二）了解绣花鞋垫的作用

1. 实用价值。

2. 了解绣花内容所寄托的美好祝福。

（三）师生共同将收集来的鞋垫布置在主题墙或展台上，并为每双鞋垫制作标签

四、活动延伸

在美工区提供卡纸，供幼儿制作纸鞋垫。

活动三 绣花鞋垫是怎样做出来的

一、活动目标

了解绣花鞋垫的制作工艺，知道绣花鞋垫是中国民间传统的手工艺品。

尝试动手制作绣花鞋垫底样，培养幼儿的动手能力。

进一步激发幼儿对纳鞋垫之人的敬佩之情。

二、活动准备

邀请一位会纳鞋垫的妈妈或奶奶来学校。

绣花鞋垫工艺步骤样稿、供幼儿操作的材料。（打底——沿边——绣制——填白）

绣花鞋垫制作流程 PPT。

三、活动过程：

（一）请家长义工向幼儿展示绣花鞋垫的制作工艺

1. 打底：把废旧的衣服拆洗干净或新布放在稠的面汤里浆过，展开铺在平坦的地板上擀平。用硬纸板画出十字绣鞋垫的大小，拓在骨子上，用铅笔画个样，用剪刀裁下骨子，再用糨糊在骨子上贴上几层布底就打好底了。

2. 沿边：也叫绣边，绣边会采用各种图案，边图虽然不是主图案但是十分讲究，讲究比例、讲究精细、讲究美观、讲究吉利。

3. 绣制：纳鞋垫是很费工夫的，一般一双十字绣鞋垫要一个星期才能完成。首先要找好花样，然后根据花样选好线，再一针一针开始漫长制作。

4. 填白：用浅色的线填白，漂亮的一双十字绣鞋垫就做好了。再在另一面贴上一层布，遮住针角就更完美了。

（二）教师利用 PPT 与幼儿一起回忆绣花鞋垫的制作工艺及各步骤要领

（三）幼儿体验绣花鞋垫的制作工艺

1.将幼儿分成四组或幼儿根据自己的兴趣选择自己想体验的鞋垫制作步骤。

2.教师与家长义工分别进行指导。

（四）活动小结与提升

四、延伸活动

将打底材料、未完成的鞋垫样稿投放至区角，供幼儿继续探索尝试。

活动四　绣花鞋垫设计师

一、活动目标

用自己喜欢的图案装饰鞋垫。

用自己喜欢的图案、色彩对鞋垫进行平面装饰。

通过鞋垫图案设计，激发丰富的想象力。

二、活动准备

鞋垫实物若干、范例、范画。鞋垫商店 PPT。

勾线笔、水彩笔、纸鞋垫。

三、活动过程

（一）欣赏老师准备的鞋垫工艺品，再次引导幼儿观察、欣赏鞋垫的图案美、色彩美与对称美，激发幼儿的创造欲望

（二）讨论：假如你是绣花鞋垫设计师，你准备设计什么样的图案？用什么样的色彩？让幼儿充分表达自己的想法

（三）幼儿体验

1.画一画，请几名幼儿到台前设计一幅鞋垫图案。

2.教师根据幼儿绘画过程中出现的问题进行讲解。

（四）幼儿作画

师：今天我们来当绣花鞋垫设计师，设计一双颜色、花纹漂亮的鞋垫。设计图案时应注意什么？涂颜色的时候又要注意什么？

（五）幼儿作品讲评

（六）将幼儿的作品布置在主题墙上，供相互学习欣赏

四、活动延伸

提供粘贴材料，让幼儿进行绣花鞋样设计。

| 第十五章 |
奥尔夫音乐活动文字方案

歌唱活动《大西瓜》（适合中班）

　　活动介绍：该内容是由传统粤语歌谣《大西瓜》改编而来。教案将传统的童谣演绎成利用奥尔夫音乐教学法的教育活动。

　　活动目标：

　　一、熟悉歌曲《大西瓜》，体验边歌边舞的乐趣

　　二、通过游戏、图谱及乐器合奏初步感受歌曲的节拍以及乐句的韵律变化

　　器具准备：

　　一、多媒体、图谱、无音高乐器（响板、响棒、手鼓）

　　二、大西瓜道具，音乐及动画《大西瓜》，自制多媒体课件

　　活动过程：

　　一、活动前做小游戏、稳定幼儿情绪

　　幼儿随音乐《围个小圈圈》入活动室，围成一个"大西瓜"。

　　根据幼儿的年龄特点，设计游戏"大西瓜"，以西瓜游戏为引子进入活动。

　　二、引题（由谜语引出课题）

　　师：身穿绿衣裳，肚里水汪汪，生的籽儿多，个个黑脸膛，这是什么？

　　（猜谜语是孩子比较喜欢的一种游戏方式，以谜语引出主题，让孩子充满了期待与好奇。）

三、播放视频(粤语歌曲《大西瓜》的动画),让幼儿初步感受歌曲

师:刚才里面唱了什么?你听到了什么?这首歌跟我们平时听的歌曲有什么不一样?

通过直观的视频播放,加上动画和歌词的引导,孩子对歌曲产生了极其浓厚的兴趣。

教师简单小结:

(小结过程中,主要引导幼儿明白歌词的意思,让幼儿讨论西瓜籽吃进肚子头顶真的会长出西瓜吗?吃进肚子会怎么样呢?让幼儿充分发挥想象,交流自己的想法)

四、游戏

(一)"听西瓜"(拍西瓜)道具,大大的西瓜皮球

师:老师今天也带来一个大大的西瓜,我们一起来拍拍这个西瓜熟不熟吧?

(通过拍实物道具让孩子游戏,感受拍西瓜的乐趣,同时感受固定节拍,从而对音乐节拍产生浓厚的兴趣)

随音乐一起做固定拍的练习,突出音乐的节拍、韵律。

师:刚才拍了,听听,熟了吗?

(二)切西瓜游戏

从拍西瓜是否熟到切西瓜,让孩子在(🍉🍉🍉🍉 大西瓜)在切开的西瓜部分做"切断"的动作,感受乐句的变化。切西瓜的过程中,感受乐句突出的音乐节拍、韵律的变化。

1.幼儿围成一个大西瓜,老师来切西瓜

师:我现在需要一个更大更大的西瓜,小朋友能摆成一个大西瓜吗?

2.在歌曲的结束部位"切"开西瓜,切到的孩子把手举高,

供大家"品尝"。

这个环节主要是让孩子感受歌曲的结束，增强孩子的听辨能力，熟悉或掌握音乐的节拍、韵律。

3.请个别孩子来切西瓜，巩固掌握音乐的节拍、韵律。

4.在乐句结束的地方来切西瓜。

师：一个西瓜不够吃，现在我要换一种切法了，多切点西瓜来吃。看看我是怎么切的哦？

该环节比之前的歌曲结束段落增加了一些音乐节拍、韵律的难度，主要是让孩子感受乐句的结束。

5.再请个别孩子来切西瓜，让幼儿进一步掌握音乐的节拍、韵律。

（三）播放动画图谱（见下图），让幼儿进一步感受乐句节拍、韵律的变化

大西瓜（啊呜，做吃的动作）

多好哇（啊呜）

个个都想（做吃的动作）

吃——（啊呜）

师：切了这么多西瓜，真好吃，老师带来了一张图谱（见上图），可以跟着我一起来唱吗？

通过播放动画图谱，进一步表现歌曲乐句节拍、韵律的变化。

师：看看图谱，我们一共切了几次西瓜呢？

五、肢体合奏

（一）出示图谱（见下图谱），随音乐，看图谱练习肢体动作，进一步感受乐句变化。

X　X　X　–

拍手　手　手　腿

响棒　响棒　响棒　手鼓

X　X　X　–

拍手　手　手　腿

响棒　响棒　响棒　手鼓

X　X　X　–

拍手　手　手　腿

响棒　响棒　响棒　手鼓

（二）看指挥轮奏（见上图谱）

六、乐器合奏

派发响棒和手鼓，看指挥轮揍。

幼儿在活动层层递进的铺垫中，对歌曲有了深刻的印象，通过乐器的演奏进一步让幼儿感受歌曲的固定拍以及乐句韵律的变化。

活动后的思考：

这首歌曲原为粤语歌曲，对于孩子和老师都是新的尝试，这种既传统又新鲜的教学方式是比较有趣的。本次活动教学的重点是掌握歌曲乐句节拍、韵律的变化。所以在开展这个环节时，老师需要层层铺垫，始终围绕"大西瓜"的主题，突出表现歌曲乐句节拍、韵律的变化。整个活动在歌唱教学的方式中不仅让幼儿体验了游戏的有趣，也增加了歌唱的浓郁气氛，增强了幼儿的节拍、韵律感。

| 第十六章 |
幼儿园教具、玩具、手工设计经典范例

本章内容导读

　　本章以在全国调研时发现的具有代表性的自制教具、玩具为范例，同时，还展示了从湖南幼儿师范高等专科学校教育专业学生手工作品中精选出的一百多种手工作品。这些教具、玩具以及手工作品具有绿色、环保、价廉、实用的特点，其中很多作品幼儿园都能按照图片指导幼儿做出来。编写本章旨在为广大读者自制教具、玩具、手工作业提供参考。

人类要发挥自己的潜能，不能变为"成品"的奴隶，特别是幼儿不可只局限于现存的玩具，为科技成果所累、所禁锢。合理、充分利用周围的资源，让幼儿动手动脑去做，培养孩子的动手能力与创新精神，让孩子受益终生，是幼儿园手工活动的出发点。

我们在全国相关幼儿园进行调查走访中发现很多环保、绿色、简单、实用的幼儿园教具、玩具以及富有特色的室内装饰，多数作品还可从选料、着色等角度进行改进和提高，这里只作抛砖引玉。

第一节　自制幼儿园教具、玩具精选

当前，多数幼儿园没有自己制作的教具、玩具，要么是市场上买来的新玩具，要么只有少量陈旧破烂、不知用了多少年的塑料玩具，上课时也作教具用。越是小型幼儿园此问题越突出，农村幼儿园更是如此。究其原因一是资金紧张，无钱添置；二是园主图省事，没有鼓励、要求教师组织幼儿利用当地物产资源自己制作教玩具。其实幼儿园可以动员幼儿把用过的物品带到幼儿园，改造后做成教具、玩具。这样既节省了资金，又让幼儿自己动手，参与到教育活动中来，提高幼儿动手能力，同时幼儿又有了新玩具。

生活中，一块废旧的泡沫塑料，一个用完纸后的卷纸芯，一个无用的塑料瓶子，都能神奇地变化成我们手中的教具。这不是只有魔术师才会变的"魔术"，幼儿教师、幼儿园小朋友们一样可以做到，或者还做得更好。只要我们有心，用身边的废旧物品创造出好玩的教具、玩具是完全可以的。这些自制教具、玩具作品的材料都是取自生活，构思巧妙，创意非凡，一定能提高幼儿的动手能力和创造能力。还可要求家长加入进来，这样一方面增强亲子互动，一方面还能让家长回味一下童年，增

加无限的乐趣。

一、巧做绳龙、手鼓教具

让幼儿将家中废弃奶粉桶带到幼儿园，洗净，除去尖锐可能伤手的部分备用。

（一）幼儿舞龙活动的"绳龙"

将8～15只奶粉桶打出木棍能插入的洞，插入大小适合幼儿的光滑木棍做幼儿舞龙的手柄，再在7～12米的绳子上等距离固定牛奶桶（见图16-1），在第一个奶粉桶上做一个龙头头像，最后一个奶粉桶上做一个龙尾装饰，一条幼儿园舞龙活动的"龙"就做好了。老师可做一个不用绳子连接的奶粉桶做教具，教幼儿舞龙活动动作要领、方法。一个幼儿园可根据班额大小做2～4条绳龙即可，各班轮流用。幼儿对此活动特别感兴趣，幼儿园也不用花钱。大家不妨试试。

图16-1　湖南省安化县湘英双语幼稚园自制绳龙及幼儿舞龙操

（二）奶粉桶做的"手鼓"

将上述准备好的奶粉桶用原装盖子盖好，让幼儿做手鼓用，模拟朝鲜族的腰鼓舞。也可以用红丝带系好由幼儿挂在胸前做腰鼓用。幼儿很兴奋，学得特别快，见图 16-2，16-3。

图 16-2 手鼓操（1）

图 16-3 手鼓操（2）

二、别致有趣的幼儿健身圈

让幼儿将平时喝完的酸奶瓶洗净后带到幼儿园，清理毛刺，用细铁丝串起来（如图16-4）。注意将连接处的铁丝接头拧紧后隐藏于一个大点的奶瓶中，防止铁丝头划伤幼儿的手。编一套幼儿健身圈操并配上固定乐曲，教会幼儿，然后每天幼儿随音乐做健身圈操。由于奶瓶是幼儿自己带来的，健身圈也被幼儿视为自己做的，幼儿活动时特别起劲，尤其适合冬天在室外做热身活动操时使用（见图16-4、16-5、16-6）。

图16-4，湖南省常德市第一幼儿园用空酸奶瓶制作的"幼儿呼拉圈"

图 16-5 湖南省常德市第一幼儿园的"幼儿呼啦圈舞操"

图 16-6 湖南省常德市第一幼儿园做"幼儿呼啦圈集体舞"

三、巧用废物做低碳教具

（一）用空易拉罐、奶粉桶、废旧泡沫塑料块等做幼儿举重器械

让幼儿将自家废弃的空易拉罐、奶粉桶洗净后交到幼儿园，将家中购买电器后的废旧包装泡沫塑料块、废旧盆子、废旧拖把杆也交给幼儿园备用。根据一个班的幼儿数量，用胶布捆绑制成如图 16-7、16-8、16-9、

16-10、16-11 的举重杠铃。

图 16-7 湖南省鼎城区实验幼儿园自己制作的低碳教具——幼儿举重杠铃（1）

我们建议在泡沫塑料块做的杠铃片上，从大到小用红、蓝、黄、绿、白五色笔写上相应的数字，使之更接近真实的杠铃。也可按以下所注颜色把泡沫塑料块涂成相应颜色：25 千克（红色）；20 千克（蓝色）、15 千克（黄色）；10 千克（绿色）；5 千克（白色）、2.5 千克（红色）、2 千克（蓝色）、1.5 千克（黄色）、1.0 千克（绿色）和 0.5 千克（白色）。

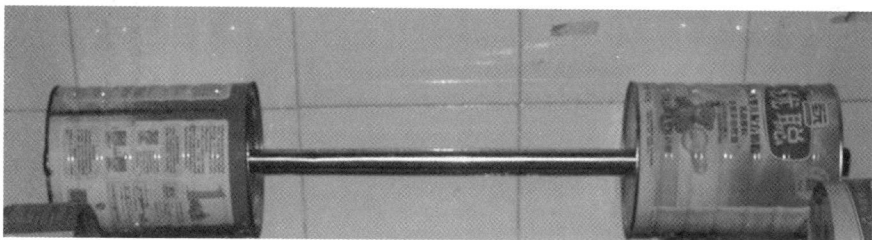

图 16-8 湖南省鼎城区实验幼儿园自己制作的低碳教具——幼儿举重杠铃（2）

我们建议将做杠铃片的两个奶粉桶涂成红色、蓝色、黄色、绿色、白色相间色圈子，这样更接近真实的杠铃，也更加有趣。

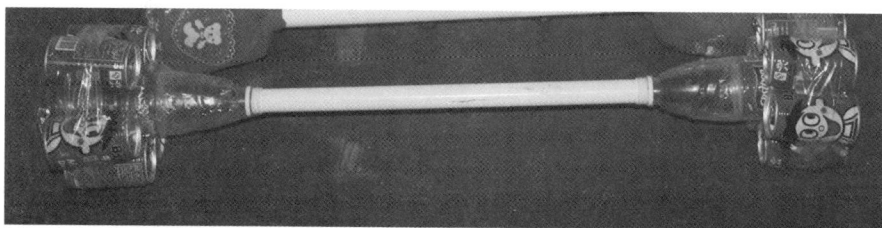

图 16-9 湖南省鼎城区实验幼儿园自己制作的低碳教具——幼儿举重杠铃（3）

如果将相同颜色的易拉罐做在一起，更吸引幼儿一些。

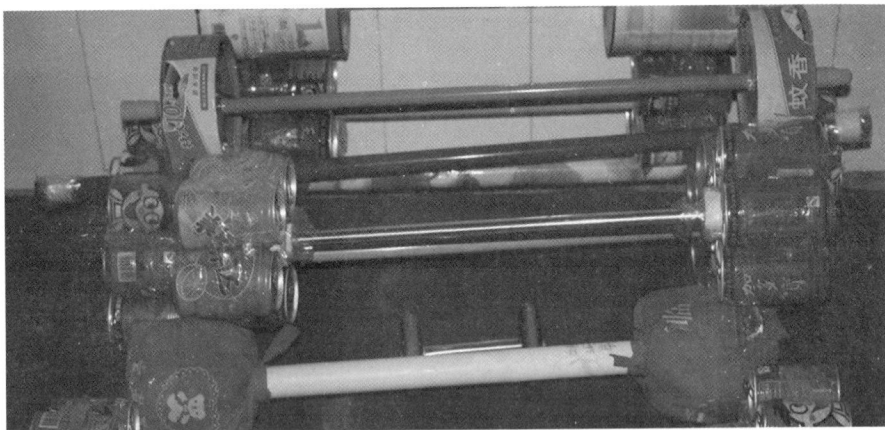

图 16-10 湖南省鼎城区实验幼儿园自己制作的各种幼儿举重活动用的杠铃（4）

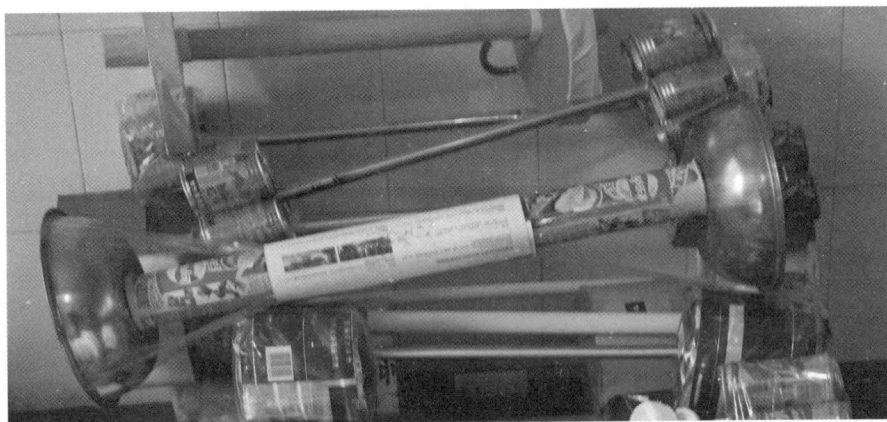

图 16-11 湖南省鼎城区实验幼儿园自己制作的各种幼儿举重活动用的杠铃（15）

（二）用废旧物品做幼儿园墙画

图 16-12 用纽扣制作的花树贴在楼梯边

图 16-13 用废旧碟片、瓶盖等制作的宣传墙画

图 16-14 用废旧水瓶做的各种工艺品

图 16-15 用废旧牛奶盒子与吸管做的拉杆箱包

图 16-12、16-13、16-14、16-15 为湖南省鼎城区实验幼儿园低碳教育活动中部分幼儿的作品。

（三）用废旧物品做幼儿自己用品。

指导幼儿用自己带来的废旧纸袋、纸盒子等画画、着色、组装，使废旧物品变为幼儿自己可用的物品或装饰品。如图 16-16、图 16-17、16-18

图 16-16 湖南省鼎城区韩公渡中心园利用废旧物教学后，将幼儿作品挂在走廊内供欣赏

图 16-17 湖南省常德市美吉幼儿园利用废旧物品教幼儿手工后，将幼儿作品挂在幼儿活动室

图 16-18 山东省曲阜市书院街道中心幼儿园，利用废旧物品教幼儿手工制作成各种玩具、植物后陈列在固定区域让幼儿欣赏；还让幼儿用自己喜欢的彩色纸做成树叶，贴上自己的小照片，再全班汇总做成一棵大树作为班级树，幼儿天天看到自己动手制作成的作品，从心底产生对幼儿园的依恋

（四）将当地的民俗用品教幼儿改装后陈列在幼儿园，既锻炼了幼儿的动手能力，又可以教育幼儿热爱家乡。如图 16-19、16-20、16-21、16-22、16-23、16-24 所示。

图 16-19 陕西户县庞光镇中心园将当地农民画作和幼儿在民用草垫子上画的自己图画陈列在幼儿园走廊，把幼儿手工作品集中陈列在幼儿活动室，让幼儿天天能看到自己动手制作的作品，使他们充满了自豪感

图16-20 四川乐山市金山镇蓓蓓幼儿园利用当地民用的草帽、葵扇等幼儿常见的日常用品，让幼儿涂抹上自己喜欢的颜色或画上喜欢的图案后悬挂在幼儿园的走廊、楼梯等处，既装饰了幼儿园又陈列了幼儿的作品彩绘，幼儿天天看着十分开心

图16-21 幼儿在沙池中自由玩沙　　　图16-22 幼儿玩沙用的各种竹制玩、工具

图16-23 一个班的幼儿可在沙池中自由尽情玩耍

图16-24 用竹节制作的幼儿高跷

311

图 16-21、16-22、16-23、16-24 是浙江省安吉县递铺镇霞泉幼儿园利用当地盛产的竹子和河沙，因地制宜做成的幼儿喜欢的玩具。如竹子做的水枪、高跷、铲子、渡水槽等玩具和一个大沙池。让幼儿在沙池中尽情玩耍，甚至为沙池建有水龙头，引水让幼儿在沙池中建水库、水渠、水田，还为幼儿玩沙配有下沙池专用的高筒子水鞋。此种利用当地盛产的物品制作幼儿教具、玩具，既有益于幼儿健康，又不用大的投入，值得广大农村幼儿园仿效。

下面我们介绍几种自制教玩具：

1. 湖南省常德市教育局组织的教具玩具展览展品：

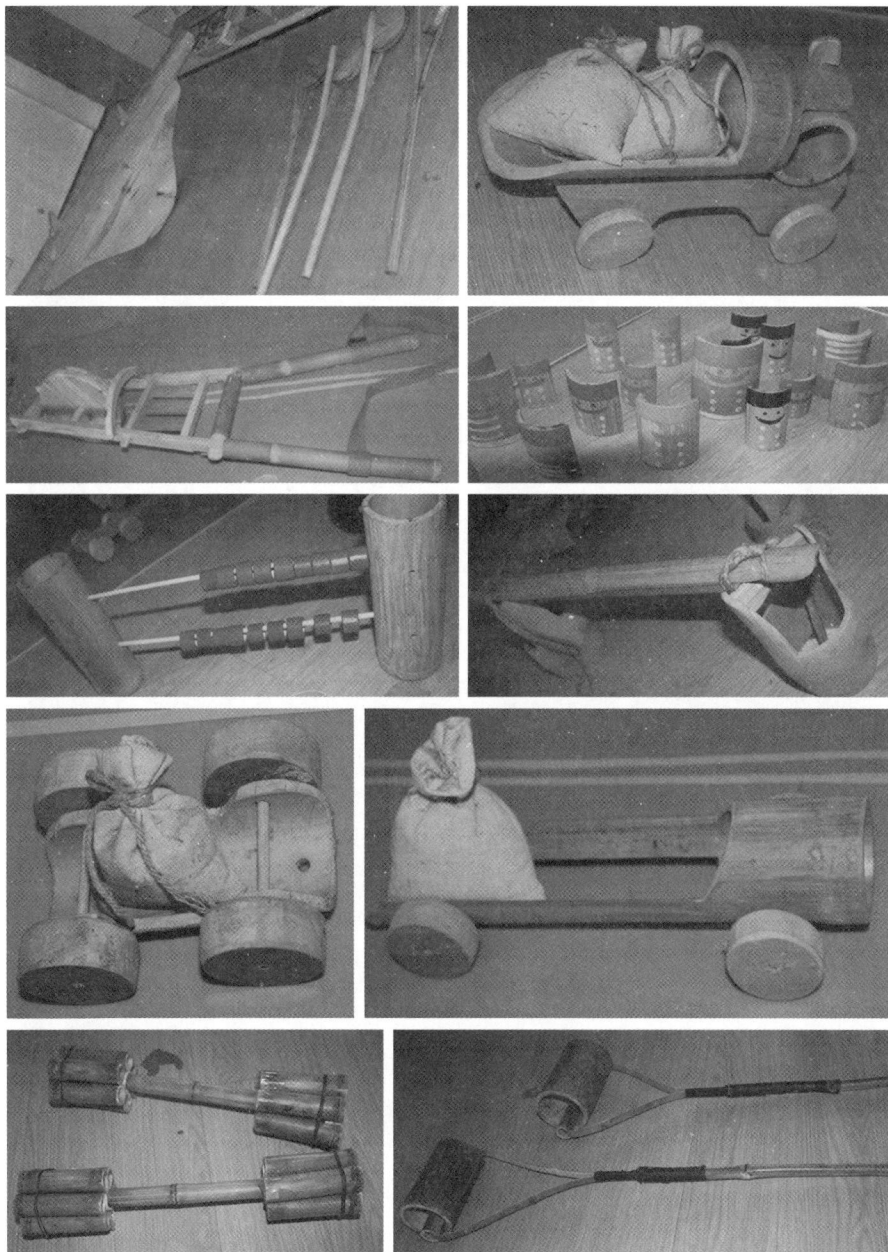

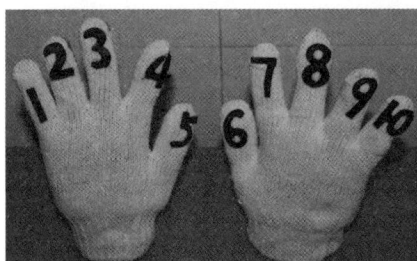

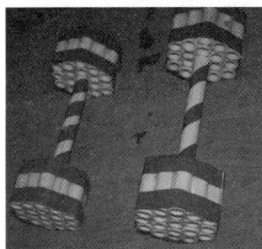

以下是湖南省常德市西湖区新世纪幼儿园自制教玩具：

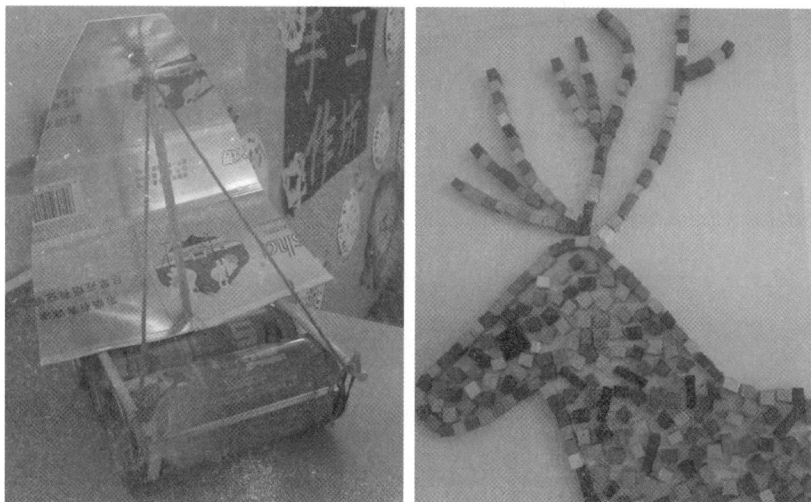

2. 湖南省汉寿县中心幼儿园和机关幼儿园自制教具、玩具：

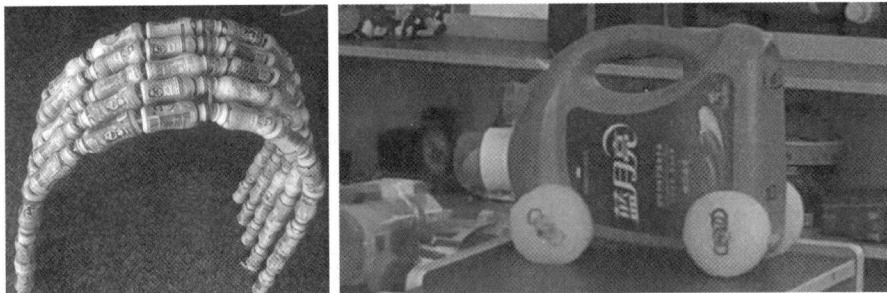

3. 湖南省汉寿县安琪幼儿园幼儿培育的植物：

第二节 幼儿手工作业精品范例

幼儿手工是指幼儿徒手或借助简单工具，运用折叠、切割、组合、填充等，加上变形手段使物质材料形成有一定空间的、具有实感形象的造型活动。它有别于一般意义上的手工技艺劳动。成人手工劳动注重造型结果，即手工艺制品的艺术性、技能性与实用性。幼儿手工注重制作造型过程，而非造型结果。对幼儿来讲，手工制作过程是集玩耍、学习、启迪、实用于一身的学习活动，是充满快乐与情感体验的过程。

不论过去与现在，幼儿园中手工制作属美术范畴、艺术领域，是《指南》中幼儿教育的五大领域之一，它是幼儿美术教育不可或缺的重要组成部分，也可算作幼儿活动或作业，是幼儿园因地制宜地实施合格教育的重要一环。

对幼儿来说，手工的学习和操作过程，是促进其情感态度、能力、知识、技能、空间设计、想象与组织能力等方面协调发展的过程，并为今后的设计、创造能力发展奠定良好的基础。

幼儿手工有助于幼儿的身体和心智的发展；有助于其认知能力的发展，提高其审美能力；有助于幼儿思维发展及独立解决问题能力的养成；有助于幼儿学习其他知识和综合能力的提高；有助于发展幼儿的观察力、记忆力、想象力和创造力。手工制作特别是立体造型物的制作，对幼儿空间思维能力、艺术思维的形成与发展的影响是其他学习所不能比拟的。

手工制作过程中程序性、合作性、主体性和审美性很强，它有助于幼儿良好生活习惯、学习习惯的形成；有助于培养幼儿热爱生活、热爱家乡的良好品质；更有助于幼儿建立良好的人际合作关系、合作态度和团队精神。

从幼儿园诞生到现在，经过多年实践证明，幼儿园进行手工制作教育在幼儿健康、道德、智力、情感和审美的养成与发展方面具有独到的促进作用。所有幼儿园都要重视幼儿手工制作活动。

下面我们从绿色环保、原材料低价易得、制作简单实用、幼儿喜闻乐见等因素考虑，选择出有代表性的作品，供读者借鉴。

（以下作品除另有说明者外都是湖南幼儿师范高等专科学校教育专业学生的作品）

一、利用一次性纸杯子、纸筒、纸片为主料的手工作品

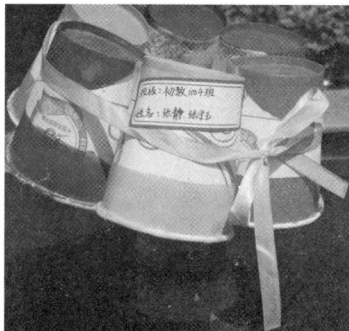

图 16-25 六眼台灯

图 16-26 五眼台灯

图 16-27 三眼台灯

图 16-28 二眼路灯

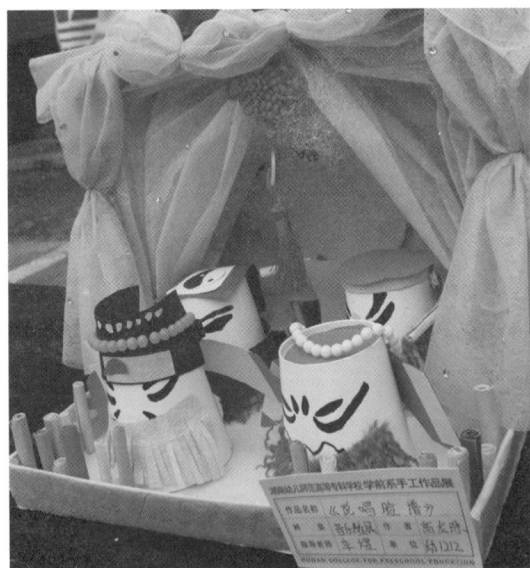

图 16-29 纸杯脸谱盒

图 16-30 数学教具

图 16-31 纸杯小矮人

图 16-32 纸杯动物卡通

图 16-33 纸杯动物园

图 16-34 我喜欢的纸杯小动物

图 16-35 纸杯姑娘

图 16-36 纸杯动物开会

图 16-37 纸杯风车与数字教具

图 16-38 我的纸杯小宝宝

图 16-39 纸杯蝴蝶

图 16-40 纸杯爱心筒

图 16-41 纸玫瑰花

图 16-42 纸筒人

图 16-43 纸杯脸谱

图 16-44 纸杯菊花与王子

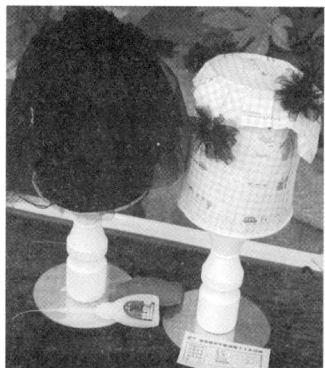

图 16-45 纸杯帽子　　　　图 16-46 纸杯蝴蝶王

图 16-47 奶盒城堡　　　　图 16-48 小动物开大会

二、易拉罐类手工作品

图 16-49 用易拉罐制作的铁菊花

图 16-50 用易拉罐制作的文具

图 16-51 用易拉罐制作的花盘

以上图 16-49、16-50、16-51 为湖南省鼎城区实验幼儿园幼儿作品。

图 16-52 用易拉罐制作的花钵与凳子　　图 16-53 用易拉罐制作的猫头鹰

图 16-54 用易拉罐制作的酒吧凳　　　　图 16-55 用易拉罐制作的太师椅

图 16-56 纸杯猪与易拉罐椅

图 16-57 易拉罐制作的宫廷椅

图 16-58 用易拉罐制作的花椅与花篮

图 16-59 用易拉罐制作的机器人

三、一次性餐具制作的作品

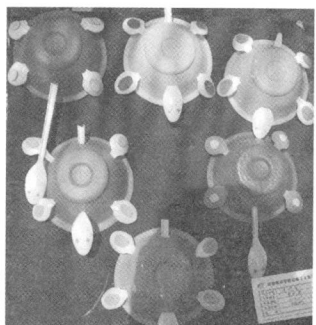

图 16-60 用泡沫碗、勺制作的甲鱼

图 16-61 用泡沫餐盒制作的汽车

图 16-62 泡沫碗、勺制作的海底世界

图 16-63 塑料笔与勺的组合

图 16-64 塑料勺、管制作的蔬菜瓜果

图 16-65 用泡沫碗、勺制作的昆虫

图 16-66 用一次性筷子制作的升旗台

图 16-67 塑料勺制作的灯罩

图 16-68 用蛋壳、一次性筷子制作的猪舍　　图 16-69 用塑料吸管制作的爱心钟

四、蛋壳类手工作品

图 16-70 用蛋壳制作的娃娃头　　　　　图 16-71 用蛋壳制作的京剧脸谱

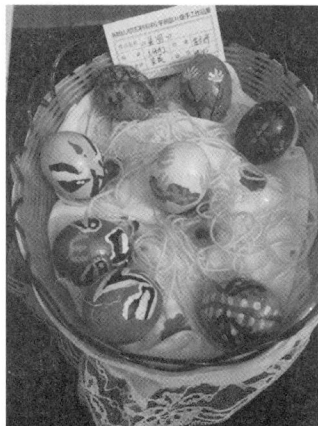

图 16-72 蛋壳上的想象画　　　　图 16-73 用蛋壳制作的农家小院

图 16-74 用蛋壳制作的快乐家族

图 16-75 用蛋壳制作的圣诞礼盒

图 16-76 用蛋壳制作的表情脸谱

图 16-77 用蛋壳制作的头像

五、纸盒与纸质类手工作品

图 16-78 用纸片制作的小鸟

图 16-79 用纸片制作的房子

图 16-80 用纸片制作的花形时钟

图 16-81 用纸片制作的猫头鹰

图 16-82 用纸盒制作的娃娃

图 16-83 用纸片制作的鲸鱼

图 16-84 用纸片、瓶盖制作的数字教具　　图 16-85 用纸片制作的数字积木

图 16-86 用纸片制作的数字加法教具　　图 16-87 用纸片制作的西瓜与数字

图 16-88 用纸片制作的数字教具　　图 16-89 用纸盒、纸杯制作的教具时钟

图 16-90 用纸片制作的举重机器人

图 16-91 用纸片制作的算数教具

图 16-92 用纸制芭蕾舞人

图 16-93 用纸片、纸杯制作的小动物

图 16-94 纸片制作的海底世界

图 16-95 用废纸片制作的子母袋

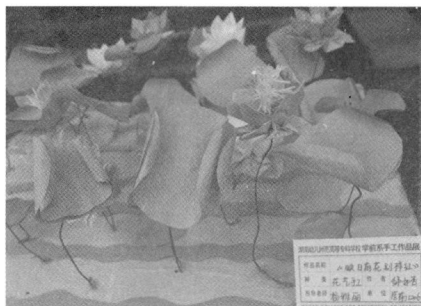

图16-96 用纸片制作的荷叶与荷花

图16-97 用纸片卷制的机器人

图16-98 用纸片折制的天鹅

图16-99 用纸片折制的菠萝

六、废旧酒瓶类手工作品

图16-100 用一只废旧啤酒瓶与
毛线做的花瓶

图16-101 用一只啤酒瓶与麻线制作的花瓶、果盘

图 16-102 用两只废旧啤酒瓶与制作毛线的花瓶

图 16-103 用画在三只啤酒瓶上的山水画

图 16-104 用画在四只废旧啤酒瓶画上的荷花

图 16-105 用五只啤酒瓶与纸片制作的卡通动物

图 16-106 用五只啤酒瓶与毛线制作的花瓶

图 16-107 用画在六只啤酒瓶上的花

七、奶瓶、奶盒、塑料瓶子、瓶盖制作手工作品

图 16-108 用奶盒、烟盒制作的机器人

图 16-109 用奶盒、易拉罐制作的机器人

图 16-110 用奶盒、纸片制作的数字教具

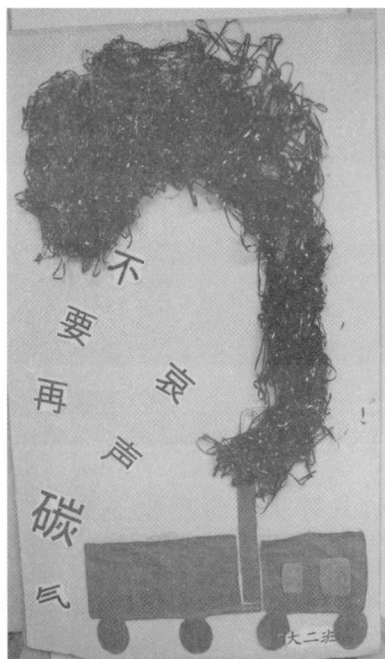

图 16-111 湖南鼎城区实验幼儿园用废磁带制作的环保画

图 16-112 用废纸箱制作的艺术品

图 16-113 用废纸箱制作的机器人时钟

图 16-114 用废纸盒制作的取款机

图 16-115 用废纸片、塑料瓶制作的小猪车

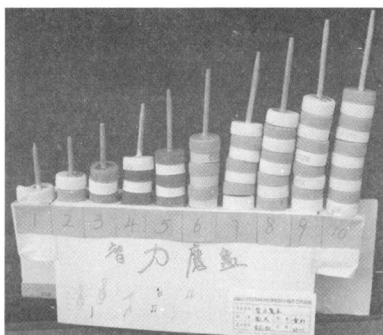

图 16-116 用塑料瓶盖制作的数字教具

图 16-117 湖南鼎城区实验幼儿园用瓶盖制作宣传画

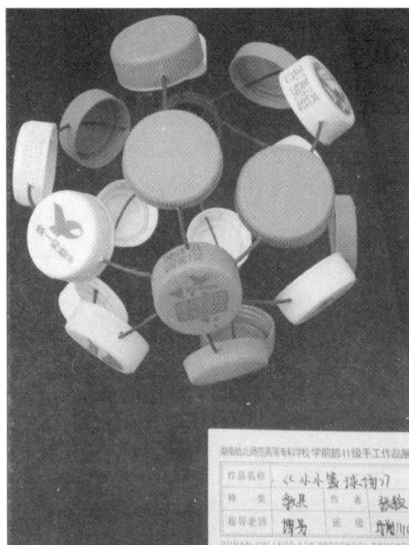

图 16-118 用塑料瓶盖制作的球体

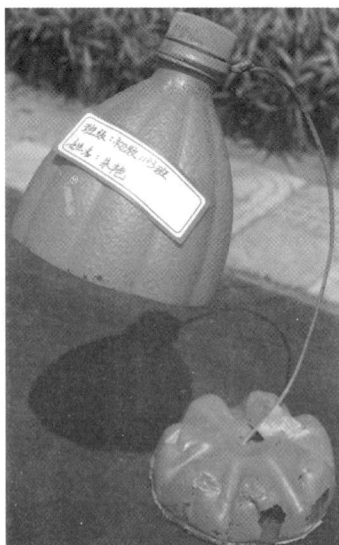

图 16-119 用塑料瓶盖制作的台灯

图 16-120 塑料瓶制作的小动物

图 16-121 塑料纽扣制作的彩球

图 16-122 用塑料瓶盖制作的机器人、狗

图 16-123 塑料瓶、盖、
纽扣制作的水粉画

八、废旧碟片、泥塑、纸塑类作品

图 16-124 用废旧碟片制作的时钟教具

图 16-125 用废旧碟片制作的玩具

图 16-126 泥塑茶具

图 16-127 用废旧报
纸制作的花瓶

图 16-128 纸编花帽

图 16-129 用纸片制作的花

图 16-130 用纸、塑料瓶制作的花瓶

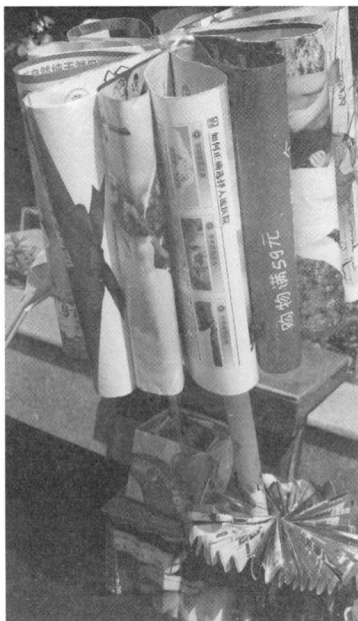

图 16-131 纸制花灯

图 16-132 纸制数学教具

图 16-133 用纸、砂石制作的海岛风光

图 16-134 泥塑餐点美食

图 16-135 泥塑冷饮食品

图 16-136 泥塑动物园

图 16-137 泥塑冰激凌

图 16-138 泥塑花盆餐点

图 16-139 石头、泥塑农家小院

图 16-140 泥塑马与用纸制作的相机

图 16-141 用毛线制作的娃娃

图 16-142 纸制花与线绕瓶

图 16-143 泥塑菊花

图 16-144 泥塑动物家园

图 16-145 用电线制作的人物

九、食材、食品类手工精品

图 16-146 用南瓜、西红柿制作的玩具

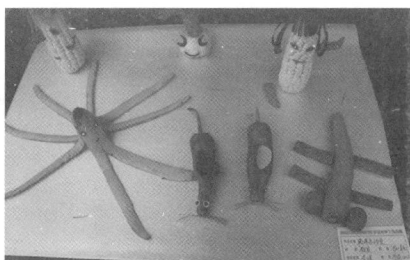

图 16-147 用玉米、胡萝卜、香蕉皮等制成的作品

图 16-148 用桔子、苹果、瓶盖、纽扣制成的作品

图 16-149 用竹子制作的乐器

图 16-150 用毛线、塑料瓶绕制的作品

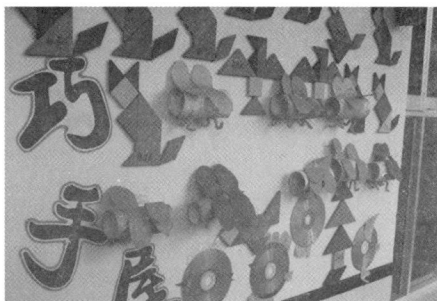

图 16-151 用纸片、纸筒、废碟片制作的作品

十、幼儿心中的小角、杂院

图 16-152 竹制农具角

图 16-153 纸制街道角

图 16-154 罐制玩具角

图 16-155 用松果、树根制作的精灵角

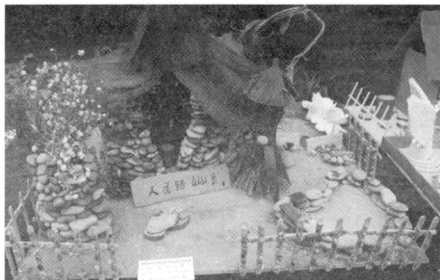

图 16-156 用小石子、棕丝制作的小院　　图 16-157 用稻草、石子制作的农家小院

图 16-158 用纸盒制作的城市一角

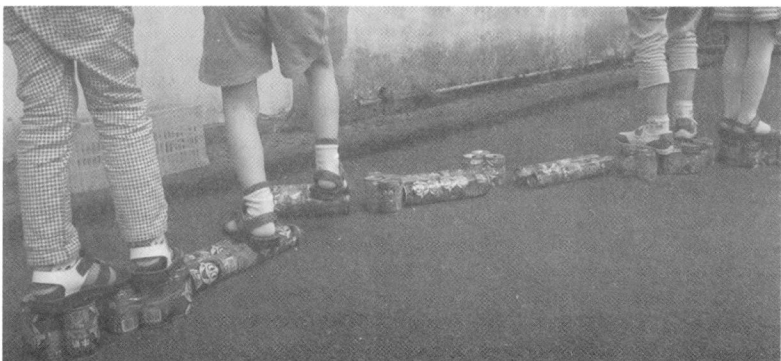

图 16-159 用易拉罐制作的"桥"

| 参考文献 |

1. 单中惠著，刘传德 . 外国幼儿教育史 [M]. 上海教育出版社，1997.

2. 陈汉才 . 中国古代幼儿教育史 [M]. 广东高等教育出版社， 1996.

3.（意）蒙台梭利著， 卢乐山译 . 蒙台梭利的幼儿教育 [M]. 北京师范大学出版社，1985.

4.（意）蒙台梭利著，廖启端译 . 蒙台梭利科学幼教法 [M]. 科学普及出版，1990.

5.（意）蒙台梭利著，任代文译 . 蒙台梭利幼儿教育科学方法 [C]. 人民教育出版社，1993.

6.（意）玛利亚·蒙台梭利著，金晶、孔伟译 . 童年的秘密 [M]，中国发展出版社，2006.

7.（意）蒙台梭利著，黄丽平译 . 蒙台梭利的儿童教育方法 [M]. 哈尔滨出版社，2009.

8.（美）霍华德·加德纳著，沈致隆译 . 多元智能 [M]. 北京新华出版社，1999.

9. 霍力岩编 . 多元智力理论与多元智力课程研究 [M]. 教育科学出版社，2003.

10. 陈杰琦，克瑞克维斯基，维恩斯编，方钧君译 . 多元智能的理论与实践：让每个儿童在自己强项的基础上发展 [M]. 北京师范大学出版社，2005.

11. 沈心燕主编 . 多元智能幼小衔接课程学前班（下册 教师指导用书）[M]. 农村读物出版社，2007.

12.（美）霍华德·加德纳著，沈致隆译 . 智能的结构 [M]. 浙江人民出版社，2013 年 7 月 .

13. 胡小勇，回俊青，罗端娥编著．多元智能教学实训教程 [M]．南京师范大学出版社，2008.

14. 陶西平著．多元智能在中国（借鉴多元智能理论与实践研究）[M]．首都师范大学出版社，2012.

15.（日）多湖辉著．管教孩子的技巧 [M]．天津：天津科学技术出版社，2005.

16.（日）仓桥物三著，李季湄译．幼儿园真谛 [M]．华东师范大学出版社，2014.

17. 朱家雄总主编．瑞吉欧与中国幼儿教育改革 解读童心 [M]．百家出版社，2004.

18. 屠美如著．向瑞吉欧学什么：《儿童的一百种语言》解读 [M]．教育科学出版社，2002.

19.（瑞）让·皮亚杰著 傅统先译：儿童语言与思维 [M]，文化教育出版社，1980.

20.（瑞）让·皮亚杰著，傅统先译．教育科学与儿童心理学 [M]．文化教育出版社，1981.

21.（瑞）让·皮亚杰著，傅统先译．儿童的心理发展 [M]．山东教育出版社，1982.

22.（瑞）让·皮亚杰著，王宪钿，张梅玲译．发生认识论原理 [M]．商务印书馆，1983.

23.（瑞）让·皮亚杰著，傅统先，陆有铨译．儿童的道德判断 [M]．山东教育出版社，1984.

24.（瑞）皮亚杰著，李其维译．态射与范畴 [M]．华东师范大学出版社，2005.

25.（瑞）巴蓓尔·英海尔德，让·皮亚杰著，陆有铨译．儿童早期逻辑发展 [M]．山东教育出版社，1987.

26.（瑞）让·皮亚杰著，陆有铨译．成功与理解 [M]．山东教育出版社，

1989.

27. 陆有铨著 . 皮亚杰理论与道德教育 [M]. 北京大学出版社，2012.

28. 黄晓星著 . 迈向个性的教育 (一位留英美学者解读华德福教育) [M]. 广东教育出版社，2002.

29. 李泽武著 . 我在英格兰学师范：华德福教育亲历记 [M]. 四川大学出版社，2004.

30. 吴蓓著 . 请让我慢慢长大 亲历华德福教育 [M]. 天津教育出版社，2008.

31. 马玲编著 . 孩子的早期阅读课 [M]. 文化艺术出版社，2011.

32. （德）卡尔·奥尔夫，古尼尔特·凯特曼合编 ，廖乃雄译 . 节奏—旋律练习 [M]. 同济大学出版社，1986.

33. 李妲娜，修海林等编著 . 奥尔夫音乐教育思想与实践 [M]. 上海教育出版社，2002.

34. 陶行知著，江苏省陶行知教育思想研究会，南京晓庄师范陶行知研究室编，陶行知文集 [C] . 江苏人民出版社，1981.

35. 张雪门著，幼稚教育新论 [M] . 中华书局，1936.

36. 张雪门著，幼稚园课程编制 [M] . 商务印书馆，1931.

37. 陈鹤琴著 . 儿童心理之研究（上册）[M]. 商务印书馆，1925.

38. 陈鹤琴，廖世承合编 . 智力测验法（第 5 版）[M]. 商务印书馆，1930.

39. 陈鹤琴，阴景曙合编 . 新实习 [M]. 儿童书局，1936.

40. 杨春绿编，陈鹤琴校 . 儿童科学玩具 [M]. 华华书店 1947.

41. 陈鹤琴著 . 活教育的教学原则（第 5 版）[M]. 华华书店，1948.

42. 陈鹤琴著 . 家庭教育 [M]. 教育科学出版社，1981.

43. 北京教育科学研究所编 . 陈鹤琴教育文集 [M]. 北京出版社，1983.

44. 陈秀云，陈一飞著 . 陈鹤琴文集 [M]. 江苏教育出版社， 2007.

45. 张毅龙主编 . 陈鹤琴教学法 [M]. 教育科学出版社，2007.

46. 陈鹤琴著，陈秀云，柯小卫选编．陈鹤琴教育思想读本·活教育 [M]. 南京师范大学出版社，2012.

47. 陈鹤琴著，陈秀云 柯小卫编．儿童游戏与玩具 [M]. 南京师范大学出版社，2013.

48. （德）福禄培尔著，孙祖复译．人的教育 [M]. 人民教育出版社，1991.

49. 张宗麟编著．乡村教育经验谈（第四版）[M]. 世界书局，1935.

50. 陶行知主编，张宗麟 陈鹤琴等合著．幼稚教育论文集 [M]. 上海儿童书局，1932.

51. 沈佰英著 张宗麟校．幼稚园的故事 [M]. 商务印书馆，1933.

52. 张泸编．张宗麟幼儿教育论集 [M]. 湖南教育出版社，1985.

53. 陈鹤琴主编．儿歌 [M]. 江苏人民出版社，1956.

54. 吕明编．儿童创意手工大全 [M]. 吉林摄影出版社，2012.

55. 卢进文，田宝军等主编．幼儿园应用手工 [M]. 河北大学出版社，2012.

56. 顾树森著．中国历代教育制度 [M]. 江苏教育出版社，1981.

57. 刘迎接，贺永琴主编．学前营养学 [M]. 复旦大学出版社，2014.

58. 王新建主编．防范与应急 [M]. 吉林出版集团有限责任公司，2012.

59. 游涛，李慧中主编．幼儿教师教育 [M]. 辽宁民族出版社，2009.

60. （法）卢梭著，李平沤译．爱弥儿 [M]. 商务印书馆，1981.

61. 王天一著．苏霍姆林斯基教育理论体系 [M]. 人民教育出版社，2003.

62. （美）劳拉·E. 贝克著，吴颖译．儿童发展（第 5 版）[M]. 江苏教育出版社，2002.

63. （美）D. 埃尔金德著，刘光年译．儿童发展与教育 [M]. 华东师范大学出版社，1988.

64. （美）塞廖尔·G. 萨瓦著，陈曦红译．为什么要进行幼儿教育 [M].

人民教育出版社，1980.

65.（英）查理·达尔文著，翟飚译.物种起源 [M].人民日报出版社，2005.

66.顾明远著.我的教育探索 [M].教育科学出版社，1998.

67.单中惠主编.杜威教育名篇 [M].教育科学出版社，2006

68.刘国正主篇.叶圣陶教育文集（二卷）[M].人民教育出版社，1994.

69.张燕，邢利娅主编.幼儿园管理案例及评析 [M].北京师范大学出版社，2000.

70.阮树琴主编.儿歌 100 首 [M].中国人口出版社.

71.晨风，童书编著.快乐童谣（彩虹卷、太阳卷）[M].中国人口出版社.

72.山香教师资格考试命题研究中心主编.国家教师资格考试考点精析与上机题库 综合素质 幼儿园 [M].首都师范大学出版社，2013.

73.钟启泉总编，综合素质（幼儿教师资格考试书）[M].华东师范大学出版社，2013

74.周敏改编.美绘本青少年版《伊索寓言》[M].北京少年儿童出版社，2010.

75.武玉桂编.365 幼儿睡前故事 [M].吉林美术出版社，2005.

76.胡巧玲著.十二生肖的故事（彩图注音版）[M].四川天地出版社，2010.

77.(日)角野荣子著，佐佐木洋子（图），张慧荣译.小象的大便（彩图注音版）[M].21 世界出版社，2010.

78.人民教育出版社中学语文室.听话和说话 [M].人民教育出版社，2004.

79.赵晓燕编著.中华成语故事 [M].北京大众文艺出版社，2010.

80.人民教育出版社中学语文室.幼儿文学作品选读 [M].人民教育出版社，2004.

81.庆子·凯萨兹编，吴小红译.我的幸运一天 [M].江苏少年儿童出

版社，2007.

82. 蔡振生主编．中华传统美德故事 [M].山东人民出版社，2008.

83. 周弘著．101 个当场打动子女的激励故事 [M].京华出版社，2004.

84.（日）中江嘉男著，赵静，文纪子译．想吃苹果的鼠小弟 [M].南海出版公司，2014.

85. 教育部，3 ～ 6 岁儿童学习与发展指南 [Z]，2012.

86. 教育部，学位授予和人才培养学科目录 (2011 年)[S].

87. 杨利伟著，天地九重 [M]，解放军出版社，2010.

88. 范明丽，庞丽娟．当前我国学前教育管理体制的主要问题、挑战与改革方向 [J].学前教育研究，2013（6）.

89. 杨莉君．蒙台梭利教育法需要科学地解读和本土化 [J].人民教育，2004（11）.

90. 冯晓霞，朱细文．瑞吉欧教育理念中的儿童与教师 [J].学前教育，2000（12）.

91. 山崎高哉，樊秀丽．日本学前教育的新构想 [J].学前教育研究，2012（8）.

92. 庞丽娟，熊灿灿．我国学前教育指标体系的现状、问题及其完善 [J].学前教育研究，2013（2）.

93.(美) 霍华德・加德纳著，沈致隆译．多元智能理论二十年 [J].人民教育，2003（17）.

94. 刘文，何丹．幼儿多元智能的发展特点及其气质、父母教育方式的关系 [J].学前教育研究，2012(6).

95. 陈杰琦．多元智能理论应用中需澄清的三个问题 [J].人民教育，2004(22).

96. 张金秀．多元智能理论与全球教育转型—2010 年北京多元智能国际研讨会综述 [J].比较教育研究，2011(3).

97.(美) 霍华德・加德纳著，沈致隆译．我是怎样提出多元智能理论的

[J]. 人民教育，2008(9).

98. 刘占兰、高丙成. 中国学前教育综合发展水平研究 [J]. 教育研究，2013(4).

99. 王林. 保育员的职业道德与素养 [J]，学前教育研究，2012（10）.

100. 沈致隆，多元智能理论的产生、发展和前景初探 [J]，江苏教育研究，2009.3C.

101. 沈致隆，多元智能理论译文中的疑点和讨论 [J]，江苏教育研究，2009.3C.

102. 沈致隆，星星之火终成燎原之势 [J]，江苏教育研究，2009，3C.

103.（美）霍华德·加德纳，沈致隆，关于多元智能的对话 [J]，江苏教育研究，2009.3C.

104. 王丽华：强化问题意识 培养幼儿创新能力 [J]，教育导刊(下半月），2011（07）.

105. 费广洪，申继亮：儿童提问的发展特征研究综述 [J] 教育理论与实践（第12卷），2003（4）.

106. 何亚柳：科学领域中幼儿提问的特点及教师回应策略 [J]，西华师范大学学报(哲学社会科学版），2007（3）.

107. 张秀娟：怎样对待幼儿的提问 [J]，教育文汇，2005.3.

108. 姜玲：教师如何对待幼儿的提问 [J]，教育导刊，2003（2，3）.

109. 严冷等. 中外幼教机构工作人员聘任条件的比较——基于对各国(地区) 幼教机构规程的分析 [J]. 学前教育研究，2011（8）.

110. 周卫勇. 依据法律强化教师健康与安全教育，全力保障幼儿身心健康与安全——来自澳大利亚的经验及其对我国的启示 [J]. 学前教育研究，2010（7）.

111. 蔡迎旗. 美国幼儿保育与教育中的政府职能 [J]. 外国教育研究，2011（7）.

112. 陈仓. 猴子用常识判案 [N]. 潮州日报，2014（02）.

| 后 记 |

　　每一位幼儿家长应当树立这样的意识：尽管不能给孩子优越的条件，但完全可以塑造他的优秀性格；尽管不能给孩子高贵的出身，但完全可以培养他良好习惯。我们相信没有任何一项事业比造就优秀的孩子更伟大，而我们的任何成功都不能弥补在孩子教育问题上的失败。

　　生活中有很多初为父母、初为爷爷奶奶、外公外婆的朋友找我，让我帮助选一本有关幼儿教育先进理念的书。这些现代父母、父母的父母们虽然大多具有较高的文化水平，但很多却是幼儿教育"盲"。他们都想摆脱上一代父母们的传统但欠科学的幼儿教育理念，特别想用现代科学的理念教育好自己的孩子，使其成为社会的栋梁。但由于他们要为生计而忙碌，闲暇少，所以急切想找一本理念科学合理、内容全面综合、操作简洁实用的指导性理念用书，用以指导其教育自己的孩子。

　　近年来，我也遇到很多毕业生让我为其推荐先进的幼儿教育理念与工作指导的综合性书籍，因为他们在工作中遇到了幼儿教育理念欠缺的现实问题，深感自己幼教理念的欠缺与思路地茫然，又想快速补充。

　　对此我深感为难。面对花花绿绿、数不胜数的幼儿教育用书，不是太专业深奥、就是浅显太单调，或欠综合，或动不动就是大部头专著，实难在较短的时间内看完看懂、掌握运用、解决实际问题。

　　为此，我们在众多幼儿教育书籍中寻找、采撷众家的精华，经过收集、加工、提练、综合，结合课题组在全国调研的数据、结论和研究的成果，再加入多年幼儿园实际工作经验、观察所得体会，历时三年终于整理形成了本书主要内容。但愿能为广大幼儿教育工作者和家长了解掌握幼儿教育核心理念、方法提供有效的帮助，为其实践操作提供综合性保障支撑。

　　这有如蜜蜂采花酿蜜。蜜蜂把无数美丽鲜花的精华采撷回巢，再进行认真地酿制得到香甜的蜂蜜。花的精华只有经过蜜蜂采集、酿制后才成为蜜糖、才对人类有更大贡献。蜜蜂是在酿蜜，又是在酿造人类最甜的生活。蜜蜂虽然奔波劳碌，却也勇往直前。而作为一个现代幼儿教育者，我们亦当如此。

主　编